¡Toquemos madera!

Margarita Candón
y Elena Bonnet

¡Toquemos madera!

Diccionario e historia de las supersticiones españolas

Círculo de Lectores

Prólogo

Cada mañana desayuno con mi madre. Es el momento que suele determinar cómo será mi día, porque dicen que mi madre tiene *una bola.* Para hablar de mi madre necesitaría mucho más que un libro, pero ahora lo que importa es *su bola.* Entre bromas y veras mis amigas le cuentan cosas y después le preguntan: «¿... Y qué dice *su bola*?». Y siempre acierta. Yo nunca he necesitado preguntarle porque siempre me dice, con mucha anticipación, lo que va a suceder, si... Y aunque no siempre me gusta, acierta.

Recuerdo como una de las primeras sensaciones plenas de regocijo y anhelo el momento de la mañana en que mi madre escogía el traje que me iba a poner para salir. Mi madre les había puesto nombres míticos a mis batitas de vichy: *la perla azul, la perla rosa...*, con el encanto que siempre ha rodeado los hechos más cotidianos de mi vida. Ello configuró la magia, la intemporalidad y el juego que desde entonces señorea mi existencia.

Mientras desayunábamos hace unos días me di cuenta de que me había puesto la blusa del revés (esta blusa también tiene *su nombre*), y como lo más natural dije mecánicamente mientras sorbía una taza de café: «Hoy tendremos visita». Mi madre asintió, mientras yo le daba la vuelta a la *perla beige* y la besaba antes de coger la escoba para llegar puntual a mi trabajo.

Cuando Elena y yo terminamos el libro *A buen entendedor...* teníamos un material casi tan extenso como el libro escrito, configurado por relatos supersticiosos que iban parejos con los lugares comunes que habían sido motivo de nuestro trabajo pero que no se podían incluir en él porque no formaban parte del habla sino de la existencia. Y este bagaje fue el inicio de esta aventura en el tiempo, en los mitos y en las entrañas de lo personal, en donde no siempre lo racional es lo importante.

El mito condiciona nuestra existencia casi del mismo modo que nuestro lenguaje. Por diversión, y durante unos pocos minutos, leemos el horóscopo del día, que es lo poco, o único, personal que nos ofrece un periódico terrorífico y amenazador. Inmediatamente lo olvidamos pero, bueno, si nos ha dicho que el día va a ir bien, que no tendremos trastornos físicos y que al día siguiente podremos confiar en la buena suerte material, que nuestro número de la suerte es el tres y el día de la semana el jueves, siempre nos cabe entregarnos a esa esperanza de alivio de nuestro día que nos brinda el cronista, a quien siempre agradeceremos los amenos segundos que con su imaginación nos ha proporcionado la lectura de nuestro destino diario.

Me asombra comprobar, ahora que voy a escribir la introducción de este libro, ensayo o estudio que nos propusimos realizar, y en el que afortunadamente nos perdimos, sumergiéndonos en un mundo mítico del que aún constatamos secuelas, compañías y presencias de otras formas y creencias, que las notas tomadas como origen y guía de investigación no nos sirvieron en absoluto a partir del primer símbolo que nos propusimos estudiar. Ellos, los símbolos, tomaron carta de naturaleza y comenzaron a aparecer aquí y allá, bajo diferentes formas, años e incluso siglos y representaciones. El mismo símbolo representaba una idea y su contraria, e incluso posteriormente una tercera, según fuese transformada o utilizada como símbolo de diferentes ideologías. Se transformaba a través del tiempo y de las tendencias evhemeristas, que es «la tendencia de hacer de toda divinidad una personalidad que vivió en otra época», lo que «ha sido manejado constantemente por las autoridades esclesiásticas para deshacer o, por lo menos, desvirtuar los antiguos mitos paganos». (Julio Caro Baroja, *Algunos mitos españoles.*)

Así pues, y dado que los sustos no fueron tan grandes como el placer que nos empezó a producir el recorrido, a veces voluntario y otras no tanto, por este mundo desconocido y sugerente, hicimos nuestra la frase de H. W. Garbutt: «Un hombre no puede vivir sin hechizos o encantos», y decidimos entregarnos al estudio del origen de aquello que, fantasía o no, constituye una base importante de nuestro substrato cultural. El *Fausto* de Goethe dice: «Aquello que heredaste de tus padres, adquiérelo para poseerlo».

De aquí podemos pasar a una lectura más seria o a un intento de razonar por qué es más conveniente ir a la peluquería a cortarse el pelo cuando la luna está en cuarto creciente que en cuarto menguante o por qué no nos conviene en absoluto pasar por debajo de una escalera.

Y después a otra mucho más seria todavía: qué creencias estuvieron a punto de acabar con los gatos o por qué unos colores determinan una guerra o ciertos símbolos un exterminio. Todo ello ofrece una lectura muy estricta, pero que al mismo tiempo pierde su significado con el paso de una frontera inaprehensible, establecida por el tiempo, por las creencias, por la furia y por el absurdo que ostenta el querer dominar, o el poder.

Los estudios que hemos consultado analizan los hechos antropológicos y psicológicos que determinan la superstición, pero no dónde está su origen o qué la motiva y populariza. Vamos a intentar de forma amena, pero no despreocupada, conocer el origen de por qué cuando hemos de pasar un examen *tocamos madera,* o por qué le decimos «¡Jesús!» o «¡salud!» a la persona que estornuda. O por qué hacemos una promesa cuando deseamos conseguir alguna cosa.

El ser o no ser supersticioso se lleva dentro, al igual que el síntoma de superstición que se padece. Se puede ser supersticioso divertido, supersticioso trágico, supersticioso del estilo «todo me resbala», supersticioso enmascarado... pero: ¿qué hace el supersticioso? ¿En qué grado de angustia vive? ¿O realmente la superstición le ayuda en su desorientación? ¿Qué es la superstición? ¿Cómo incide en la vida del hombre?

Para los clásicos latinos la *superstitio* es una ciencia extraña a la fe religiosa y contraria a la razón.

Para los griegos es la *deisidaimonia*, exceso de piedad; beatería, en fin.

Plauto llama *superstitiosus* al adivino o adivina. Cicerón y san Isidoro la derivan de *superstes* (supérstite: que sobrevive), y dicen que al principio se llamaba *superstitiosus* a aquellos que diariamente hacían sacrificios y rezaban oraciones para que los dioses les conservasen la vida. Lactancio dice que los *superstitiosus* son aquellos que dan culto a sus antepasados. Servio afirma que las supersticiosas son las mujeres de mucha edad, dadas a excesivas prácticas de piedad y religión, y que sobreviven a los de su tiempo. Lucrecio sigue otro camino y señala que superstición es el excesivo y vano temor de las cosas que están sobre nosotros como los astros o los dioses (*super stantium –> super statio –> superstitio*). Santo Tomás define el sentido teológico de la superstición y sostiene que «la superstición es un vicio opuesto a la virtud de la religión, por exceso, no porque la superstición concede al culto divino más que la verdadera religión, sino en cuanto se da culto divino a quien no debe darse o a la manera que no debe darse».

El Diccionario de Winnick la define así: «Una creencia sin base real en la ciencia ni en la religión. La mayoría de las supersticiones son vestigios de sistemas caducados, de creencias...».

Mano derecha y mano izquierda de la superstición son el amuleto y el talismán. Se distinguen en que los primeros son defensivos, mientras que los talismanes son ofensivos; se emplean, por ejemplo, como adorno de las armaduras, cuyos poderes, al mismo tiempo, darán el triunfo a su poseedor. Además, para que los amuletos cumplan bien su cometido es necesario llevarlos sobre sí, mientras que el talismán basta con poseerlo.

Es Plinio quien emplea por primera vez la palabra amuleto.

Pascal llevaba cosidos en el forro de sus trajes inscripciones místicas que creía eficaces contra la duda y la desesperación que con frecuencia le asaltaban. Robert Boyle usaba unos polvos preparados con huesos de cráneo humano para curar las hemorragias de la nariz.

Helmont y Zwelter decían que el sapo preservaba de la peste.

Plinio opinaba que Zacalías de Babilonia había dedicado un libro a Mitrídates sobre la influencia de las piedras preciosas en el destino humano, y por él sabemos que la calcofanita es un buen amuleto para los actores trágicos, y que el heliotropo nos hace invisibles. El marqués de Villena, en su libro *Arte Cisoria,* también habla de una hierba que se llama andrómeno, con la que una persona puede hacerse invisible. ¡No sabemos nada...!

Otro de los libros a tener en cuenta es la *Clavícula de Salomón,* uno de los tratados de magia más célebres de todos los tiempos, atribuido erróneamente al rey Salomón. En él puede verse una de las más antiguas reproducciones del Pentáculo, la estrella de cinco puntas a la que en el pasado se le atribuía valor mágico, e incluye también las reglas sobre cómo debe trazarse.

La invasión de Occidente por la población asiática trajo un cúmulo de supersticiones que desde el primer siglo del Imperio comienzan a penetrar en el mundo romano. Vespasiano y Marco Aurelio hacen prodigios; César cree en los milagros; Tiberio da fe a los astrólogos; Septimio Severo anota cuidadosamente los oráculos que se refieren a su persona.

Los adivinos se hicieron imprescindibles. Muchos, adelantándose a la moda contemporánea, efectuaban consultas a domicilio. Los grandes, como ahora, no daban un paso ni tomaban una decisión sin que estuviera bien avalada por su adivino-astrólogo. Querían sentirse seguros, sin saber todavía que *la seguridad es sólo una ilusión...*

Y... como el reposo no es el destino del hombre, pues manos a la obra y ¡a trabajar!, porque «no es en las estrellas, sino en nosotros donde está nuestro destino», dijo ya Shakespeare...

La aventura por el camino de la superstición es una consecuencia de la preponderancia de la religión cristiana, para la que cualquier poder que no fuera Dios era una superstición, y prácticas tales como adivinaciones, hechizos, encantamientos y curas mágicas estaban prohibidas.

Junto a los verdaderos actos de magia había una multitud de actos y creencias menos importantes, a menudo llamados «errores vulgares» o «prácticas supersticiosas», que estaban igualmente desaprobadas, aunque en menor medida.

Sin embargo, ocurrió que fueron los sacerdotes que comprendían la creencia en ocultas ayudas suplementarias quienes usaron la «magia» de su propia religión para aliviar la ansiedad y el sufrimiento. Los ritos y objetos de la fe cristiana continuaron empléandose para actividades extrarreligiosas, tales como la utilización de biblias, la oración, la persignación, etcétera.

Plinio el Viejo, en su *Historia Natural,* recopila gran número de recetas y consejos fabulosos y, antes, Teofastro con su *Causae plantarum,* Dioscórides... Y aunque parezca increíble, estos recetarios y consejos se desarrollaron en todo su vigor a lo largo de la Edad Media. También la Biblia ofrece material de primera mano para las creencias supersticiosas; hombres como Beda el Venerable, san Agustín... son con sus escritos, probablemente sin querer, el caldo de cultivo apropiado a la superstición.

Pero no todo se queda para los antiguos; también tenemos supersticiones más modernas y cosmológicas como las relativas a *marcianos* y otros seres interplanetarios, inquietantes como las de Lovecraft, materialistas y naturalmente recientes, como los *anónimos*, y aún más actuales... y si alguien quiere aprender la última superstición en boga, que vaya una tarde al bingo. Allí verá el último grito de la superstición para ganar en el juego, y si no es demasiado complicada la podrá aplicar a algún otro deseo...

Y no te preocupes más, lector. Mucha suerte. Y si eres supersticioso, *toca madera.* Te lo decimos nosotras desde estas páginas; y si te apetece te ponen fondo musical Joan Manuel Serrat y Manolo Tena.

Y aunque no acompañes la palabra a la acción, estamos seguras de que la suerte te habrá sonreído al escoger la lectura de este libro si lo has interpretado bien y disfrutado de su contenido.

Pero, ¡ah! La seguridad es sólo una ilusión...

M. C.

La madera

La madera es la parte sólida de los árboles que está debajo de la corteza.

Las supersticiones relacionadas con la madera tienen a menudo carácter positivo:

Tocar madera

La superstición de tocar madera tiene su origen en la madera de la Santa Cruz y en la veneración de que han sido objeto las reliquias de trozos de madera de ella.

Se dice que cuando se menciona algo que se desea que suceda hay que tocar madera para que efectivamente el deseo se realice y no ocurra nada que lo impida.

También se dice que cuando alguien se jacta de algo, por ejemplo «nunca me he roto un hueso», tiene que tocar madera inmediatamente para que continúe la buena suerte que hasta ese momento le ha acompañado.

Cuando una persona hace gala de su buena estrella se cree que también debe tocar madera.

El crujido de la madera

San Juan Crisóstomo escribe en sus *Instrucciones Bautismales* (año 388): «Exhorto a los hombres y a las mujeres a evitar los presagios y las supersticiones... esta intromisión en sus vidas a través del graznido del cuervo, el chirrido de los ratones y el crujido de las vigas».

Existe la opinión de que cuando crujen los muebles de una casa es una señal de muerte.

Al parecer, las vigas que crujen y las mesas que chirrían son presagio de desastres o muertes.

La madera y otras supersticiones

Se decía que traía buena suerte encontrar por la mañana a alguien con una pata de palo. No había que mirar hacia atrás y seguirlo con la vista porque entonces se tendría un disgusto.

Se cree que poseer objetos de madera perfumada es augurio de buena suerte.

El carbón

El carbón es una materia sólida, ligera, negra y muy combustible, que resulta de la destilación o de la combustión incompleta de la leña o de otros cuerpos orgánicos.

Como todo aquello que tiene color negro, el carbón no podía escaparse de ser objeto de superstición, poseyendo connotaciones diversas tanto positivas como negativas.

Entre ellas está la vinculada a la noche de Reyes, en la que se opina que los Magos cambiarán los juguetes de los niños que se han portado mal por carbón.

Se suele hacer la comparación de la mala suerte o de la pena «negra como el carbón».

En los pueblos de las cuencas mineras se dice que para explotar una mina de carbón se deben empezar los trabajos el día de San Lorenzo, rememorando el suplicio padecido por el santo en la parrilla el 10 de agosto, que se tiene por el día más caluroso del año.

Se piensa que trae buena suerte llevar un trozo de carbón en el bolsillo. Por el contrario, pisar polvo de carbón trae mala suerte.

Existe una tradición según la cual cuando se va a estrenar una casa, lo primero que debe llevarse es aceite y carbón.

Si se sueña con carbón significa riquezas y buena suerte; pero si el carbón está encendido presagia intrigas y si está apagado, desgracias.

Se dice que remover el carbón en el fuego trae mala suerte y pobreza.

Los alfileres

Los alfileres han sido siempre objetos relacionados con prácticas hechicheras. Las supersticiones relativas a ellos son muy diversas, tanto positivas como negativas. En las prácticas de brujería la forma más común de convertirse en una bruja era recibir de otra un objeto determinado, normalmente un acerico o alfiletero. También se realizaba esta transmisión del poder diabólico si a la persona que aspiraba a entrar en esa cofradía le tocaba una bruja en trance de muerte.

El alfiler y el más allá

Plinio, en su *Historia Natural,* XXXIV, XLIV, plantea: «Tener varios alfileres que se hayan cogido de una tumba clavados en el umbral de una puerta es una protección contra las pesadillas nocturnas».

Se cuenta que de regreso de un funeral se acostumbraba a clavar un alfiler en la puerta por donde se había sacado el cadáver. Esto era una protección contra el diablo.

También se decía que si un alfiler se dejaba en el sudario, el alma del difunto se pasearía por las noches.

El alfiler y la salud

Para hacer desaparecer las verrugas se creía que había que tocarlas nueve veces con un alfiler nuevo y lanzarlo después por encima del hombro izquierdo.

Se decía asimismo que había que colocar un alfiler en la tierra y, cuando se oxidara, la verruga desaparecería.

El alfiler y las novias

Existe la creencia de que una novia no debe guardar los alfileres que han sujetado su vestido de novia porque trae mala suerte. Para que tenga buena suerte tiene que lanzarlos por encima de su hombro izquierdo o echarlos al fuego.

También se dice que la joven que quita el primer alfiler o uno de los primeros alfileres del velo de una novia encuentra novio, y si lo tiene, se casará pronto.

El alfiler hallado

Se cree que si se encuentra un alfiler en el suelo con la punta hacia la persona que lo ha encontrado no hay que recogerlo porque trae mala suerte. Por el contrario, si el alfiler que se encuentra tiene la cabeza dirigida hacia esa persona, recogerlo del suelo trae buena suerte.

Otra creencia es que encontrar un imperdible en el suelo trae buena suerte.

Como curiosidad mencionamos la anécdota relacionada con un alfiler que encontró el célebre millonario John Rockefeller y que le trajo muy buena suerte, ya que supuso el origen de su fortuna.

Dar un alfiler

Parece que cuando se pide algún alfiler, aguja u otro objeto con punta hay que pinchar un poquito al que lo recibe para que no se pierda la amistad.

También se dice que trae mala suerte recibir como regalo cualquier adorno, como por ejemplo un broche, que lleve un alfiler. Para contrarrestar la mala suerte hay que pagar algo simbólico por él.

Los alfileres y otras supersticiones

Se cree que llevar alfileres a bordo de un barco trae mala suerte.

Existía una superstición, cuyo origen se encontraba en la antigua Grecia, según la cual si se perdía cualquier cosa y no se encontraba había que clavar un alfiler en el asiento de una silla y decir «pincho al diablo». De esta manera se suponía que el objeto perdido se encontraba enseguida.

En la festividad de san Antonio de Padua (13 de junio), las jóvenes iban a la iglesia a cambiar un alfiler sin estrenar por otro que ya estuviese clavado entre los ropajes de san Antonio y, de esta forma, se garantizaba encontrar marido en el transcurso de ese año.

Se dice que poniendo alfileres nuevos dentro de los zapatos para así pisarlos al andar se olvidan los malos amores.

Los alfileres y los sueños

A quien sueña con alfileres se le auguran algunos problemas e inconvenientes.

Los cuchillos

Todos los instrumentos afilados, cortantes, hirientes, como los cuchillos, desde tiempos remotos han estado relacionados con las heridas, las mutilaciones, los sacrificios rituales, la muerte... Por tanto, éstos tienen carácter negativo para la superstición.

Su conexión con la brujería ha sido muy intensa: desde su utilización para prácticas rituales, hasta considerarlos como una de las señales que denotaban la presencia de brujas en un lugar, en forma de cuchillos cruzados clavados en la tierra.

El cuchillo como regalo

Desde muy antiguo se opina que trae mala suerte regalar cuchillos o cualquier otro objeto cortante como cuchillas, tijeras, etcétera, porque cortan el amor y la amistad. Para contrarrestar la mala suerte hay que dar a cambio una moneda, o pinchar muy levemente a la persona que lo recibe.

El cuchillo y la tormenta

Se dice que los cuchillos son objetos peligrosos cuando hay tormenta porque atraen al rayo; por tanto, hay que quitarlos de la mesa y esconderlos.

El cuchillo y la mesa

En la mesa no deben cruzarse en el plato el cuchillo y el tenedor, porque según la tradición popular es presagio de desgracias, aunque de acuerdo con los manuales de urbanidad es simplemente una falta de educación.

Tampoco deben cruzarse dos cuchillos sobre la mesa porque trae mala suerte; para contrarrestarla hay que golpear la mesa tres veces con la punta del mango de cada uno.

Se dice que no hay que dejar un cuchillo sobre la mesa con el filo hacia arriba porque trae mala suerte.

Si se está comiendo no se debe hacer girar el cuchillo, ya que el hacerlo presagia disgustos o desgracias en la familia.

En los aquelarres, las brujas que asistían a ellos nunca utilizaban cuchillos en la mesa por temor a que se entrecruzaran.

El cuchillo y el pan

Se dice que trae mala suerte el ofrecer un trozo de pan pinchado en un cuchillo (véase *El pan*).

El cuchillo y otras supersticiones

Si un cuchillo cae al suelo significa que un extraño vendrá a casa y también es símbolo de mala suerte. Para contrarrestarla, al parecer hay que dar la vuelta tres veces con el cuchillo alrededor de la cabeza.

También se cree que, cuando un cuchillo cae al suelo, la mala fortuna será para aquel a quien la punta del cuchillo se dirija.

Parece que encontrar un cuchillo significa un mal presagio o un disgusto.

Se supone que trae mala suerte afilar un cuchillo después de la puesta del sol. Si se escucha la flauta del afilador cuando se está haciendo un proyecto denota que se cambiará de opinión.

Soñar con un cuchillo tiene por augurio disgustos, riñas e infidelidades.

Los sueños con armas blancas, género al que pertenece el cuchillo, son presagio de riñas y enemistades; a quien sueña que las recibe se le pronostican próximos honores; si en el sueño se ve gente llevando armas es augurio de fatigas; y si se sueña que se es perseguido por gente armada es presagio de desasosiego.

Si en el sueño se ve una espada es símbolo de traición; si se posee la espada significa poder, pero si en el sueño se hiere a alguien con una espada ello pronostica un peligro de muerte.

El atizador

El atizador es un instrumento que se empleaba en prácticas supersticiosas relacionadas con la hechicería.

Al parecer los brujos adquirían sus poderes maléficos colocando un atizador sobre el fuego.

Cuando el fuego no ardía se acostumbraba a formar una cruz con el atizador y las tenazas o con la barra frontal de la parrilla. El origen de esta superstición se encuentra en la creencia de que el fuego había sido objeto de algún maleficio por los hechiceros del lugar, y al colocar el atizador formando la Santa Cruz y repitiendo al hacerlo un Padrenuestro o un Ave María actuaba como un contrahechizo, pues de esta forma se bendecía el fuego, que a partir de entonces ardía con fuerza.

También desde el primer momento en que se encendía un fuego se colocaba como medida precautoria el atizador formando la Cruz con las tenazas o la parrilla, a fin de protegerlo contra cualquier maleficio.

Se dice que trae mala suerte el dejar un atizador sobre la mesa.

Las tijeras

Las tijeras, al igual que los demás instrumentos que cortan, pinchan o hieren, tales como cuchillos, agujas, etcétera, han tenido siempre connotaciones negativas.

Todas las supersticiones relacionadas con ellas son por regla general de mal agüero.

Las tijeras y la amistad

Antiguamente se decía que este instrumento cortaba el amor y la amistad. En consecuencia, no se podían regalar tijeras a un amigo, porque la amistad desaparecería. Si, a pesar de ello, se aceptaba este regalo había que pagar por ellas algo simbólico a fin de contrarrestar el mal augurio.

Las tijeras y las bodas

Se creía que si unas jóvenes estaban cosiendo y tenían las tijeras abiertas y con las puntas dirigidas a una de ellas era señal de mal agüero. En la zona mediterránea se pensaba que el mal agüero era que la joven en cuestión no se casaría, lo que se podía contrarrestar exclamando: «¡Lagarto de Jaén!».

Las tijeras y la adivinación

Se utilizaban las tijeras junto con el cedazo para prácticas adivinatorias (véase *El cedazo y las tijeras*).

También se usaban como instrumento adivinatorio introducido en una Biblia (véase *La Biblia*).

Para conocer el sexo del niño que iba a nacer se colocaban sobre dos sillas iguales una navaja o un cuchillo en una y unas tijeras en la otra. Se cubrían los objetos con dos paños iguales de forma que no pudiera descubrirse el objeto oculto. Se pedía a la embarazada que se sentara en una de las sillas. Si se sentaba sobre la navaja o cuchillo sería un niño y si se sentaba sobre las tijeras sería una niña.

Esto demuestra que siempre se ha querido saber con antelación el sexo del futuro hijo, aun con medios tan rudimentarios y, desde luego, muy alejados de los utilizados por la ciencia actual.

Las tijeras y la salud: dolor de cabeza y dolor de entuerto

El dolor de cabeza parece que se curaba hirviendo agua, en un puchero nuevo. Cuando estaba hirviendo se volcaba el agua en una fuente honda y se ponía el puchero en ella boca abajo. Sobre el fondo del puchero se colocaban en cruz unas tijeras y un peine. Al cabo de un rato se veía cómo el agua de la fuente se metía sola en el puchero y se suponía que con la sorpresa se quitaba el dolor de cabeza.

Los dolores de entuerto se evitaban colocando unas tijeras debajo de la almohada de la recién parida sin que ella lo supiera.

La caída de las tijeras

Se supone que si una persona deja caer al suelo un par de tijeras y éstas se clavan en el suelo, es una señal de que la persona en cuestión abandonará pronto la casa.

Parece ser que si se clavan las dos puntas predicen boda, pero si sólo se clava una es señal de funeral.

Se cree que cuando se recogen unas tijeras del suelo hay que cerrarlas antes de recogerlas, porque no hacerlo trae mala suerte. También se cree que si no se cierran al recogerlas, para contrarrestar la mala suerte hay que calentarlas con las manos antes de usarlas.

Las tijeras y otras supersticiones

Se dice que encontrar una tijera abierta siempre trae mala suerte, así como encontrarlas encima de la cama tanto si están abiertas como cerradas.

Las tijeras y los sueños

Si se sueña con unas tijeras es augurio de contrariedades y riñas.

El cedazo y las tijeras

La coscinomancia es el arte de adivinar mirando a través de la tela de un cedazo, para ver lo distante, lo oculto y lo porvenir. En suma, es un arte de adivinar mediante un cedazo o tamiz y también de ejecutar el llamado conjuro del cedazo.

Esta superstición ya se encuentra en el libro de Teócrito los *Idilios* III: «Cuando quiero conocer si seré feliz en el amor... hago la pregunta a Aggrio. Es una sabia mujer... hace girar el cedazo y las tijeras y me dice la verdad, que te amaré pero no seré amado por ti».

En el siglo XV los gitanos habían introducido ya en España el conjuro llamado del cedazo y las tijeras. Este conjuro servía para conocer dónde había dinero oculto, para saber lo que hacía una persona ausente, para comprobar una sospecha, etcétera.

El cedazo había de tener en su parte cilíndrica un orificio por el que se pasaba, de dentro a fuera, uno de los ojos del mango de unas tijeras. Al coger desde fuera las tijeras el cedazo quedaba colgado, porque éstas permanecían abiertas por la parte interior. Otros realizaban el conjuro metiendo las puntas de las tijeras desde fuera y luego las abrían, quedando las dos puntas por el interior y los dos ojos por la parte externa.

El conjuro consistía en interpretar la quietud o los movimientos de giro o de péndulo del cedazo.

Este conjuro se recoge en un legajo de un proceso de la Inquisición de Toledo.

El sortilegio se iniciaba con unas oraciones en prosa o en verso: «San Simón, suerte quiero alcanzar, que me digas la verdad, las tijeras están agarradas, en el cedazo están clavadas; personas que recelo voy a nombrar; que ande el cedazo si la sospecha es verdad. San Simón que lo sabe lo declarará. Entro y consiento en el pacto criminal». Otra oración decía: «Por san Pedro y por san Pablo... que si he de lograr lo que deseo des una vuelta alrededor, y si no, estáte quieto».

En Galicia esta práctica se seguía utilizando a principios de este siglo, y el ritual comenzaba de la siguiente forma: *C'o poder de Dios e d'as areas d'o mar, dime penciriña, que ch'ei de preguntar* («Con el poder de Dios y de las arenas del mar, dime, cedazo, qué he de preguntar»).

Ordenaban después al cedazo que girase mientras lo sostenían con los dos dedos índices metidos en los ojos de las tijeras que, a su vez, lo sujetaban.

Si desaparecía un objeto en una casa, se utilizaba el tamiz y las tijeras para saber quién era el culpable del robo. Se clavaban unas tijeras en la madera del cedazo que sostenían dos personas. Había que balancearlo en posición vertical con los dos dedos. Se nombraban las personas sospechosas del robo y, cuando se decía el nombre del culpable, se presuponía que el cedazo giraba de repente.

La escoba

La escoba ha sido el vehículo por excelencia sobre el cual se trasladaban las brujas para asistir a los aquelarres.

Con estos antecedentes no es de extrañar que este instrumento de limpieza aparentemente inofensivo esté relacionado con las supersticiones de carácter negativo.

Julio Caro Baroja describe en su libro *Las brujas y su mundo* un viaje en escoba: «… algunas brujas llegan a la asamblea sobre palos y escobas, generalmente. Pero las hay que van montadas en un macho cabrío (acompañadas de dos niños que han raptado o seducido y que van a ofrecer a Satán) o sobre un dragón. Vuelan, además, por el aire, sierpes y monstruos».

Antes de emprender un vuelo, las brujas untaban las escobas y el dorso y la palma de las manos con un ungüento especial (véase *El murciélago*); a continuación se ponían la escoba entre las piernas y salían volando hacia el aquelarre.

Las visitas inoportunas se ahuyentan poniendo detrás de la puerta una escoba con el palo hacia abajo.

Entre los marinos existía la superstición de que si se colocaba una escoba invertida la mujer de un marino tendría una desgracia. También les traía mala suerte el que una escoba del barco se cayera al mar.

Al parecer, si se barren los pies calzados de una soltera o una viuda, éstas no se casarán.

Es creencia popular que trae mala suerte colocar una escoba sobre la mesa. También trae mala suerte comprar una escoba en Navidad o en el mes de mayo, ya que estas escobas barren fuera la familia y los amigos.

Los zapatos

El calzado ha dado lugar a supersticiones de todo tipo.

El zapato derecho e izquierdo

Plinio en su *Historia Natural,* XXVIII, VII, escribe: «Como contrahechizo existe la práctica de escupir dentro del zapato derecho antes de ponérselo».

Se suponía que para estar a salvo de maleficios había que escupir en el zapato derecho antes de ponérselo.

San Juan Crisóstomo en las *Homilías a los Efesios*, XII (año 390) dice: «El criado es un miserable si, al darme los zapatos, primero me da el del pie izquierdo».

Se tiene por mal agüero ponerse el zapato izquierdo antes que el derecho. Se creía que era un buen remedio contra el dolor de muelas ponerse primero el calcetín o media y el zapato izquierdos. Se dice que trae mala suerte equivocarse de pie al ponerse los zapatos.

Poner los zapatos en forma de cruz

Existía la creencia en un encantamiento eficaz contra los calambres y el reumatismo; quienes los padecían tenían que poner en forma de cruz los zapatos y los calcetines cada vez que se los quitaban.

Contra las pesadillas, se decía que había que colocar los zapatos y los calcetines en forma de cruz a los pies de la cama.

Dar la vuelta a los zapatos

Si se oía aullar a un perro por la noche parece ser que había que quitarse el zapato del pie izquierdo, escupir en la suela, colocarlo invertido en el suelo y poner el pie en el lugar donde se había escupido. Esto preservaba de cualquier maleficio y además lograba que el perro se callase.

Se creía que los zapatos colocados en la puerta de la habitación, uno hacia la salida y otro hacia la entrada, evitaban las pesadillas.

Se acostumbraba poner los zapatos boca abajo debajo de la cama para prevenir los calambres nocturnos. También se podían colocar los zapatos en la puerta del dormitorio, uno orientado hacia la entrada y otro hacia la salida.

Los zapatos viejos

Se decía que para prevenir las infecciones y las fiebres había que quemar los zapatos viejos.

Se cree que trae buena suerte quemar los zapatos viejos antes de emprender un viaje.

También se cree que cuando un amigo emprende un viaje, para que éste sea provechoso y feliz hay que lanzar detrás de él un zapato; algunos dicen que ha de ser el correspondiente al pie izquierdo. A este respecto hemos visto en innumerables películas americanas que se ata al coche en que parten los recién casados, amén de diversos objetos que hacen ruido, un par de botas o zapatos viejos.

Se decía que colgar un zapato viejo en la chimenea traía buena suerte.

Los zapatos nuevos

Parece ser que trae mala suerte colocar unos zapatos nuevos encima de la mesa, ya que presagia riñas en la familia.

Se dice que si unos zapatos nuevos chirrían, traen mala suerte.

Existe la creencia que si se recibe como regalo un par de zapatos nuevos hay que colocarlos sobre la punta para que traigan buena suerte.

También se cree que no debe ponerse el primer zapato a un niño en martes, viernes, ni en día previamente señalado porque padecerá de los pies.

Las medias

Las medias, como complemento del calzado, también han dado lugar a algunas supersticiones de diferente signo.

Se dice que si una joven lleva una media floja o caída es señal de que su novio le es infiel.

Se supone que trae mala suerte el que una mujer lave las medias antes de que se les seque el sudor del pie.

Soñar con medias de seda presagia mala fortuna. Si éstas son de hilo o de algodón augura un incremento patrimonial. Si se quitan anuncian la buena fortuna y, por último, si están rotas presagia inestabilidad.

Los cordones

Cuando se desata o rompe el cordón del calzado, a todos nos molesta, nos preocupa dar un traspié y deseamos encontrar un lugar para hacer la sustitución del roto o atarlo si sólo se ha soltado. Pero generalmente se ignora que este hecho está recogido por la superstición como un acontecimiento con connotaciones negativas.

Encontramos reflejada esta superstición en el libro de Cicerón *De Adivinatione* II: «El tropezar, romper un cordón y estornudar tienen un significado supersticioso digno de atención».

Se atribuye mala suerte a que se rompa el cordón de un zapato.

Al parecer, cuando alguien se da cuenta de que se le ha desatado el cordón del zapato tiene que dar nueve pasos antes de atarlo, porque de lo contrario se ata la mala suerte para todo el día.

Se cree que trae mala suerte dar un cordón nuevo a un amigo sin que éste dé a cambio uno roto.

Soñar con un cordón es presagio de muchas dificultades.

El paraguas

En su acepción actual la palabra paraguas se origina y conoce en el año 1817. Por ello no podemos rastrear su origen mucho más allá de nuestra época y, sin embargo, ya tiene carta de naturaleza en el mundo de la superstición. Porque todo objeto, aunque forme parte de la realidad cotidiana, también puede pertenecer a la realidad mítica o mágica si ha hecho méritos para ello, y parece ser que el paraguas sí los ha hecho.

Las supersticiones relacionadas con el paraguas tienen connotaciones negativas, sobre todo si el paraguas se halla bajo techo.

Según tenemos entendido, esta superstición es debida a la corriente negativa que se crea entre la casa y el paraguas, ya que la casa protege a sus moradores y no admite una protección complementaria, en este caso la del paraguas.

Se comenta que trae mala suerte abrir un paraguas dentro de casa. Si se abre sobre la cabeza significa que habrá una muerte en esa casa antes de que acabe el año.

También se dice que trae mala suerte colocar un paraguas sobre la cama o sobre la mesa.

Es creencia popular que hacer girar un paraguas trae mala suerte.

Si se cae un paraguas al suelo, al parecer es de mal agüero, sobre todo si lo recoge la misma persona que lo dejó caer; en cambio, trae buena suerte el que lo recoja otra persona.

Se cree que regalar un paraguas trae mala suerte.

Soñar con un paraguas augura una prosperidad momentánea.

El cigarrillo

La superstición relacionada con los cigarrillos dice que trae mala suerte encender tres cigarrillos con la misma cerilla.

Esta superstición tiene su origen en un suceso contado con referencia a diferentes guerras: la guerra de los bóers, la Primera Guerra Mundial, la Guerra Civil, etcétera. La historia que se narra es la de tres soldados que encendían su cigarrillo con la misma cerilla; el enemigo vio la llama de la cerilla del primer fumador, al encender el segundo cigarrillo apuntó, y disparó sobre el que encendió el tercero.

El espejo

El espejo es una lámina de cristal azogada por la parte posterior para que se reflejen y representen en él los objetos situados delante.

Las supersticiones relacionadas con los espejos están vinculadas a su calidad de intermediario para las artes adivinatorias y a la mala suerte que conlleva su rotura.

En la Primera Epístola a los Corintios, 13, 9-12 hallamos una importante referencia al espejo: «Conocemos sólo en parte y profetizamos también parcialmente; pero cuando llegue lo perfecto, desaparecerá lo parcial. Cuando yo era niño, hablaba como niño, razonaba como niño; cuando llegué a ser hombre, me despojé de las niñerías. Ahora vemos por un espejo y oscuramente, pero entonces veremos cara a cara». Tengamos en cuenta la importancia concedida a la palabra sagrada transmitida por el Antiguo Testamento, y obtendremos el caldo de cultivo idóneos para el desarrollo de una de las creencias supersticiosas más extendidas y populares.

Sprenger y Krämer en el *Malleus maleficarum* de 1486: «Los demonios tientan a las doncellas y a los jóvenes para caer bajo su poder, mediante los espejos mágicos y los reflejos que se pueden ver en las uñas de las brujas; utilizan el señuelo de que creen en la pureza de su amor, cuando lo cierto es que lo odian».

A través del espejo, los magos y los brujos realizaban toda clase de prácticas de hechicería, encantamiento, brujería, maleficio, sortilegio, predicción o adivinación. El espejo era la puerta mágica abierta a dimensiones desconocidas.

Esta sugestiva serie de poderes atribuidos al espejo a causa del enorme y mágico poder de su mediación ocasiona la creencia de que su rotura causa tremendos males, a veces irreparables, que perduran durante siete años.

El arte de la adivinación a través del espejo se denomina catoptromancia.

Por medio de los espejos también se consigue hipnotizar a algunas personas y manipularlas bajo este estado magnético.

La *Novísima recopilación de las Leyes de España dividida en XII libros... mandada formar por el señor Don Carlos IV. Impresa en Madrid. Año 1805,* contiene las leyes dictadas o restablecidas por don Jaime I en 1387, en Briviesca; don Enrique III, don Juan II, en 1410, en Córdoba; don Felipe II, en 1598, en Madrid, y don Fernando y doña Isabel en 1500, en Sevilla.

El título de la Ley I se refiere a los: «Castigos y penas de los adivinos, sorteros y agoreros, y de los que acuden a ellos»; y el título de la Ley II se refiere a la: «Prohibición del uso de hechicerías, adivinaciones y agüeros, y su pena».

Las adivinaciones que cita especialmente son: «Agüeros de aves, estornudos, palabras que llaman proverbios, suertes, hechizos; catar en agua ni en cristal, ni en espada ni en *espejo;* sobre cabeza de hombre muerto, ni de palmada de niño, ni de mujer virgen; encantamiento, cercos, *ligamientos* de casados y cortar la rosa del monte»... Estas supercherías se castigaban con pena de muerte.

Una creencia popular mantiene que la rotura de un espejo acarrea siete años de mala suerte o la muerte de alguna persona allegada.

La literatura de suspense moderna recoge esta superstición en la conocida novela de Agatha Christie *El espejo roto,* llevada al cine con el mismo título, y que hace referencia en el desarrollo de su trama al poema de Tennyson (1809-1892) «La dama de Shalott»: «... el espejo se rajó de parte a parte; la maldición ha caído sobre mí», exclamó la dama de Shalott...

Existen varios refranes sobre la rotura de los espejos:

«Un espejo roto no admite más remedio que comprar otro».

«El mal agüero del espejo roto es que hay que comprar otro».

Estos refranes parece que dan a entender que la mala suerte que acarreaba su rotura era debida a lo sumamente caros que antiguamente eran los espejos.

En determinadas regiones del norte de España, donde están muy arraigadas las supersticiones, se dice que algunas mujeres, antes de conquistar a un hombre, ofrecen su alma al diablo ante un espejo.

Soñar con espejos augura una traición.

Las velas

La tradición popular recoge diversas supersticiones que conceden a las velas propiedades mágicas.

Las velas como protección

En el *Malleus maleficarum* que, siguiendo la explicación de Julio Caro Baroja en el libro *Las brujas y su mundo*, era un gran código especialmente consagrado a los delitos de brujería, escrito por los dos hermanos predicadores Enrique Institor (Krämer) y Jacobo Sprenger y que se imprimió por primera vez en 1486, se dice: «Los brujos no pueden hacer daño a los que llevan velas benditas el día de la Purificación de Nuestra Señora. Es también apropiado encender una vela bendita y rociar con su cera el umbral de la casa».

Se decía que la luz de una vela bendecida protegía la casa de los malos espíritus.

Las velas y la salud

El día de la Candelaria se bendecían las velas en la misa mayor y después se utilizaban para curar heridas y enfermedades. A principios de siglo unas monjas vendían velas con una estampita incrustada en la parte inferior junto con un papelillo con polvos de canela. Las velas eran para las parturientas; al comenzar el parto se encendía la vela, la mujer tomaba los polvos y el parto terminaba cuando se consumía totalmente el trozo de vela que había sobre la estampita.

Se decía que los restos de las velas que se utilizaban en los funerales eran muy eficaces para curar las quemaduras.

Las velas y la adivinación

Antiguamente, en las velaciones de los recién casados, era de mal presagio el hecho de que se le torciese una vela a uno de los novios ya que significaba que iba a ser desgraciado en el matrimonio. También se creía que el primero que apagara la vela era el primero que moriría.

Las velas y los espíritus

Si la vela arde con tonos azulados se dice que hay un espíritu en la casa. Esta superstición la recoge William Shakespeare en la obra *Ricardo III*, acto V, escena III cuando narra la entrada del fantasma de Buckingham: «... la luz ardió azul. Ahora es plena medianoche...».

Las velas y la llama

Se decía que si había tres velas encendidas era preciso apagar una o encender una cuarta, ya que tres velas encendidas acarreaban malos presagios; esto era debido a que se solían encender tres velas alrededor del cadáver en los funerales.

Se cree que no se debe encender una vela con la llama de otra vela que después se apague, ya que trae mala suerte.

Las velas y los sortilegios

Según parece, para librarse de un amor no deseado y pesado se toma una hoja en blanco. Por una cara se escribe el nombre y apellido del pelmazo trece veces, y por la otra cara el de la persona que se quiere librar de él (otras trece veces y, asimismo, con el nombre y apellido); se quema el papel con una vela de color marrón y se añaden unas pulgaradas de pimienta negra. Se pone todo ello en un vaso con agua y se guarda durante cuarenta días en un lugar alto y oscuro. Al cabo de dicho plazo se envuelve en un plástico o tela negra y se tira a un río caudaloso o al mar. La persona en cuestión se da así por enterada de que no es bien amada.

Las velas y otras supersticiones

Actualmente se piensa que trae buena suerte apagar de un soplo las velas de la tarta de cumpleaños; al hacerlo hay que formular un deseo que no debe ser revelado.

Soñar con una vela significa un parto; si se sueña que la vela se enciende es símbolo de alegría; si en el sueño alumbra mucho, presagia diversión, pero si alumbra poco es señal de catástrofe; por último, soñar con varias velas anuncia la muerte de alguien.

La escalera

La mala suerte que la superstición atribuye a pasar bajo una escalera se debe a que cuando la escalera se apoya contra la pared forma un triángulo, que la tradición popular identificó con el símbolo de la Santísima Trinidad. Antiguamente el pueblo llano pensaba que estaba prohibido pasar por debajo de este arco sagrado.

Otra versión plantea que este triángulo corresponde al que formó la escalera por la cual se bajó el cuerpo de Cristo con la Cruz y el suelo. Se decía que en este triángulo vivían la maldad y el diablo.

Se supone que la persona soltera que pase bajo una escalera no se casará.

Para conjurar la mala suerte que la creencia popular atribuye al hecho de pasar bajo una escalera se suele recurrir a varios métodos, entre ellos cruzar los dedos índice y corazón al darte cuenta de a dónde te han llevado tus pasos, o bien escupir una vez bajo la escalera o tres veces después de haberla pasado.

En la Biblia, Génesis, 28, 12, se relata la visión de la escalera de Jacob, que se apoyaba sobre la tierra y tocaba con la cabeza en los cielos, y por la que subían y bajaban los ángeles de Dios.

No debe extrañarnos que teniendo en cuenta el origen religioso de esta superstición sea de buen presagio soñar que se sube una escalera y de mal agüero y contrariedades bajarla.

Fuera del mundo de los sueños, y dejando aparte el coscorrón que te puedes propinar, está considerado de buen augurio y signo de próxima boda caerte por la escalera si en ese momento la vas subiendo, y por el contrario de mal agüero y signo de asistencia a un funeral caerte si las estás bajando (atención y mucho cuidado porque podría ser el propio según la gravedad de la caída).

Dado el cuidado que hay que tener con las escaleras, se recomienda a quienes subiendo una escalera recuerden que han olvidado algo y se dispongan a dar media vuelta que no lo hagan: deben seguir su camino hasta el lugar al que iban y volver a bajar. Así lograrán evitar la mala suerte.

La cama

La cama, en la que pasamos descansando una gran parte de nuestra vida, debe estar bien orientada.

Las supersticiones relacionadas con este mueble están vinculadas a la buena o mala suerte que puede tenerse según esté colocada respecto a la construcción de la casa.

Se dice que trae mala suerte a un enfermo si su cama está colocada cruzando las tablas del suelo en vez de paralela a ellas, ya que en este caso tendrá una muerte lenta. Si la cama pertenece a una persona sana, se cree que esta colocación impide el sueño y aún peor, que puede acarrear una muerte en la familia. El origen de esta superstición está en la antigua creencia de que si se colocaba la cama atravesada respecto a las planchas del suelo se tenía al diablo en contra.

Al parecer, la cama en que se duerme habitualmente debe estar siempre orientada de este a oeste, con la cabecera hacia levante y los pies hacia poniente. Existe un refrán que dice: «Duerme con la cabeza al naciente y los pies al poniente y vivirás eternamente». El origen de esta superstición pertenece al folclore judío.

Se cree que las camas no deben estar cruzadas respecto de las corrientes subterráneas de agua (véase *El péndulo*).

Se dice que trae mala suerte colocar una cama en posición atravesada respecto de las vigas del techo.

Es creencia popular que no hay que colocar la cama con los pies hacia la puerta, ya que trae mala suerte. Esta superstición proviene del dicho de que los difuntos salen con los pies para adelante.

Parece que trae buena suerte levantarse por la parte derecha de la cama.

Se cree que trae mala suerte dar la vuelta a un colchón o cambiar la ropa de la cama en viernes o domingo, ya que según se decía antiguamente si se procedía de esta forma el diablo controlaría los sueños durante la semana.

Los cuadros

Los cuadros son objetos artísticos, para placer y deleite del que los posee o contempla, así como una forma de inversión, pero hay que tener mucho cuidado con los cuadros que se tienen colgados en casa porque, según parece, de su colocación depende alguno de los factores de la buena o mala suerte de esa casa.

Esta superstición procede de las antiguas Grecia y Roma. En aquellos tiempos se creía que cuando un rey, un gran hombre o una celebridad fallecían, su retrato sufría un considerable daño al caer por sí mismo del lugar en que estaba colgado, como si la cuerda hubiera sido rota mediante un toque invisible.

Si un cuadro cae al suelo sin razón aparente se tiene por un augurio de mala suerte.

Por otra parte, si el cuadro que cae es un retrato de un miembro de la familia, pronostica que habrá una muerte cercana en esa familia.

Se cree que los cuadros torcidos o inclinados auguran una desgracia si no se ponen rectos o a plomo.

Se dice que trae mala suerte tener cuadros colgados sobre la cabecera de la cama. También trae mala suerte colgarlos sobre el umbral de una puerta. Aquí, más que en una superstición se puede pensar en una prevención contra accidentes caseros provocados por la inexperiencia del que ha colocado la alcayata o el clavo.

Cuando se sueña con cuadros de colores vivos es presagio de una desgracia amorosa, pero si el cuadro es de colores oscuros, de inquietudes.

La habitación superior

La superstición relacionada con las actividades que se pueden realizar en las habitaciones superiores de una casa tienen connotaciones negativas.

El origen de esta superstición se encuentra en el Evangelio de San Marcos, 14, 14-18: «... y donde él entrare, decid al dueño: El Maestro dice: ¿Dónde está mi departamento, en que pueda comer la Pascua con mis discípulos? Él os mostrará una sala alta, grande, alfombrada, pronta. Ahí haréis los preparativos para nosotros. Sus discípulos se fueron, y vinieron a la ciudad, y hallaron como les había dicho, y prepararon la Pascua. Llegada la tarde, vino con los doce, y, recostados y comiendo, dijo Jesús: "En verdad os digo que uno de vosotros me entregará; uno que come conmigo"».

Se dice que traen mala suerte las habitaciones superiores de una casa si en ellas se realiza alguna actividad de carácter religioso, como preparar los adornos de la Navidad o Reyes, preparar las palmas para el Domingo de Ramos, rezar el rosario, etcétera.

El umbral

El umbral o entrada de una casa está vinculado a diversas supersticiones que informan del carácter negativo que se atribuye a la acción de pisarlo.

Esta superstición está recogida por san Agustín en *De Doctrina Christiana,* I, xx: «Similares prácticas supersticiosas son el pisar el umbral cuando se sale de casa por la puerta principal».

Parece que trae mala suerte pisar el umbral de una puerta.

Se atribuye mala suerte a dejar cualquier objeto en el umbral de la puerta.

Antiguamente se creía que la tierra del umbral de una casa tenía propiedades mágicas para curar diversas enfermedades.

Abracadabra

Palabra cabalística que se escribía de modo que formasen un triángulo, y a la cual se atribuía la propiedad de curar ciertas enfermedades. Se solía escribir en un papel –que se colgaba con un hilo blanco del cuello del enfermo para curar sus dolencias– del modo siguiente para indicar la progresiva reducción del mal:

·ABRACADABRA
BRACADABR
RACADAB
ACADA
CAD
A

El origen de esta palabra simbólica se encuentra en una de las diversas formas que adopta el diablo: ABRACACE, demonio de la herejía. Tiene cabeza de gallo y pies de dragón. He aquí los nombres que recibe el diablo en los tratados de demoniología, entre otros muchos:

BELCEBÚ. El señor de las moscas. Maestro de la calumnia y de la gula, poseedor de una talla enorme y de gran sabiduría, se sienta sobre un trono con la frente ceñida por una banda de fuego y tiene aire amenazador; aúlla como un lobo y vomita llamas.

LUCIFER. El lucero de la mañana. Es el príncipe de los aquelarres. Sus rasgos son bellos y melancólicos; tienta por el orgullo y la lujuria.

ASTAROT. Tesorero general de los infiernos. Es el diablo de la posesión. Se presenta a lomos de un horrible dragón, blandiendo una víbora a modo de cetro; su hedor es insoportable.

ASMODEO. El demonio destructor. Es el encargado de los incestos y de los pactos con los hombres. Tiene tres cabezas: de toro, de hombre y de carnero, cola de serpiente y pies de oca. Se le atribuye la superintendencia de las casas de juego y es el único diablo que come en público. Cabell cuenta de él que «tiene pasaporte inglés y muchos amigos humanos, entre ellos Oscar Wilde», y Álvaro Cunqueiro le responsabiliza de «la gran industria pornográfica europea».

LEVIATÁN. Gran almirante del infierno. Es el demonio de los políticos y de los diplomáticos. Ayuda a los hombres a alcanzar el poder y sólo gusta de poseer mujeres famosas.

BELIAL. Rey de la sodomía, la disolución y la impiedad. Se le representa como un bellísimo ángel montado en un carro de fuego. Es borracho, vicioso y gran conocedor del futuro. Tienta al hombre por la arrogancia y a las mujeres por la presunción; es el gran seductor de los adolescentes.

AMMÓN. El demonio de la fuerza y de la violencia; señor de los bosques. Toma la forma de un lobo negro y sólo se aparece de noche.

AZAZEL. Portaestandarte de los ejércitos infernales. Es el demonio emisario y el dios de los brujos. Se le presenta como un macho cabrío que se alimenta de semen y sangre menstrual.

Nebiros. El nigromante infernal. Ataca con males incurables a los hombres que no le obedecen; es un experto fabricante de ungüentos y pócimas.

Mammón. Príncipe de la avaricia. Se le considera enemigo mortal del Ángel de la Guarda.

Belfegor. El demonio de la pereza. Representante de los inventores, tiene siempre la boca abierta, de la que le sale una lengua bífida; se le identifica con la vagina de la mujer.

Leonardo. El diablo de la tristeza. Preside las misas negras bajo la apariencia de macho cabrío. Tiene tres cuernos, orejas de zorro, cabellos rojos e hirsutos y un rostro en el trasero. De carácter taciturno, es el jefe de los magos.

Lilith. El espectro de la noche. Es un demonio femenino que vuela sobre su larga cabellera, seleccionando a sus víctimas entre los hombres dormidos, a los que seduce. Se identifica con Eva y la serpiente; su maldad se atribuye a que fue la obra inacabada de Dios a causa del descanso del Sabbat.

La figura de cera

El remoto origen de la figura de cera como representación de la persona a quien se quiere dañar sigue manteniendo en la actualidad toda su vigencia en las prácticas contemporáneas de hechicería. Y aunque nos parece mentira, constantemente oímos hablar de este sistema empleado para hacer daño e incluso lograr la muerte de la persona objeto de este maleficio.

Horacio en las *Sátiras,* I, VIII, 35 a.C., escribe: «Así como la llama fue creciendo e incrementando su tamaño, la figura de cera fue disminuyendo y decreciendo. Es obra de los brujos y sus tenebrosos hechizos».

Ovidio, en las *Heroidas,* 20 a.C., dice: «Medea lanzó su maldición sobre el ausente, moldeó su figura en cera, y en su miserable corazón introdujo la fina aguja...».

Sprenger y Krämer en el *Malleus maleficarum* manifiestan: «Cuando una bruja hace una figura de cera... para hechizar a alguna persona... y daña la imagen, pinchándola o dañándola de cualquier otra forma, dañando en su imaginación a la persona hechizada; aunque la bruja efectúa el daño a la imagen... el diablo de manera invisible daña a la persona hechizada, atribuyéndose merecidamente este daño a la bruja...».

El ritual se realizaba de la siguiente forma: cuando una bruja deseaba hacer daño a alguna persona, acompañada de las demás brujas hacían una figura de cera que era bautizada por el diablo con el nombre de la persona que se deseaba dañar, le clavaban alfileres y la ponían encima del fuego; cuando la cera se derretía la persona representada iba cayendo enferma sintiendo un gran dolor, con la sensación de alfileres clavados en su cuerpo.

Se dice que para hacer daño a alguien se pueden utilizar, además de las tradicionales figuras de cera, las hechas con barro, madera, trapo, etcétera, a las que se incorpora algún elemento personal de quien se quiere hacer daño (cortes de uñas, pelo...). A estas figuras se les clavan alfileres en diversas partes para infligir dolor a la persona objeto de la maldición en las mismas zonas del cuerpo en que ha sido pinchado en imagen.

La Biblia

La Biblia es el Libro Sagrado de dos de las principales religiones monoteístas: la hebrea y la cristiana.

Las supersticiones relacionadas con la Biblia hacen referencia a su carácter protector y a su utilización como medio adivinatorio.

Se considera que trae mala suerte que una persona venda su Biblia personal.

Se dice que la Biblia protege del mal y por ello se deja a la cabecera de los enfermos y cerca de la cuna de los niños.

Parece que trae mala suerte quemar, romper o tirar una Biblia.

La Biblia se utiliza como instrumento de adivinación. Existen diversas formas de usarla para este menester. Por ejemplo: se introduce un instrumento de hierro, como pueden ser unas tijeras, una llave, etcétera, en un determinado pasaje de la Biblia; de acuerdo con lo que se quiera saber, se mueve el instrumento con los ojos cerrados y, según en qué punto se detenga, el párrafo que señale dará la respuesta a la pregunta que se haya formulado.

El libro

Los libros han sido utilizados desde la Antigüedad para prácticas adivinatorias. Por ello, las supersticiones relacionadas con los libros están vinculadas a estas prácticas.

San Agustín escribe en las *Confesiones*, libro IV, capítulo III, año 397: «Porque, decía él, si muchas veces queriendo alguno saber algo por suerte, y valiéndose para esto de los versos de cualquier poeta (en los que su autor dijo e intentó otra cosa muy distinta), suele suceder que el verso se acomoda y ajusta maravillosamente al asunto y negocio que se buscaba; no será mucho que del alma humana, movida de superior instinto y sin advertir esa emoción que se hace con ella, salga alguna respuesta por suerte y casualidad, no por arte ni regla, que se acomode y adapte a los hechos y asuntos de quien hace la pregunta».

Entre los romanos, a los poetas se les llamaba vates, que es tanto como decir adivinos, profetas… Y era tanta la admiración que les profesaban que creían que los versos que leían por casualidad presagiaban su porvenir.

Era costumbre abrir libros de poemas y biblias al azar; la página en la que había quedado abierto el libro se consideraba que contenía el consejo a seguir para los asuntos que en ese momento se estuvieran dilucidando o para la conducta a observar en el futuro.

La geomancia es el arte adivinatorio que se realiza valiéndose de cuerpos terrestres o líneas trazadas en la tierra. Entre los diversos tipos existentes está la geomancia por libro, que requiere poseer un libro geomántico. Este libro contiene recetas, suertes, contestaciones…; entre cada dos hojas hay un hilo que coge a ciegas la persona que desea la adivinación. Se abre el libro por donde indica el hilo que se cogió y allí se encuentra la respuesta y la opinión sobre los secretos del futuro que se desean conocer.

Aunque pertenece a la cultura oriental, el libro más conocido en relación a las predicciones es el *I Ching* o *Libro de las Mutaciones*, que probablemente es el texto más antiguo conservado por la humanidad.

Los naipes

Las supersticiones relativas a los naipes están vinculadas a su uso para las artes adivinatorias.

Las cartas o naipes han sido utilizados desde tiempos muy remotos para el arte adivinatorio llamado cartomancia, vulgarmente llamado echar las cartas, con el que se adivina el futuro a través de la interpretación de las figuras.

Esta superstición se introdujo en España hacia el siglo XV por moriscos y gitanos, copiándola de un juego egipcio que se hacía con 78 planchas que tenían grabados jeroglíficos y figuras simbólicas. La primitiva baraja para echar las cartas constaba de 78 naipes: de éstos, 22 tenían figuras simbólicas; 16, figuras humanas y 40 eran cartas de puntos o tantos. En la actualidad se emplea la baraja corriente española de cuarenta naipes.

Cada naipe tiene uno o más significados considerado aisladamente, y ese significado se modifica con arreglo a la mayor o menor proximidad de otras cartas.

Por ejemplo, el as de oros implica victoria o fortuna; la fortuna es mucho mayor si salen cerca otros ases. Algunos dicen que si es la primera carta que sale, no se debe seguir echando las cartas porque su buena suerte anula todo cuanto puedan decir las demás cartas. El as de copas representa a la casa propia o a la casa en que se habita. El as de espadas supone firmeza. El as de bastos significa traición, picardía o algo nuevo. Y diversas cosas el resto de las cartas.

Otra modalidad de juego adivinatorio muy extendido es el tarot, que se compone de 78 naipes llamados arcanos. Su origen es oscuro: hay quien lo considera el único libro que ha quedado de las bibliotecas iniciáticas egipcias; otros lo tienen por un antiguo juego extendido entre los gitanos y otros creen ver en él simbologías alquímicas. La lectura del tarot se hace con métodos distintos, algunos de ellos procedentes de la interpretación de la Cábala.

El llamado conjuro de los naipes, según consta en declaraciones recogidas en los legajos de la Inquisición, consistía en una forma de adivinación del porvenir y de revelación de secretos, que tenía que hacerse en el suelo y con montones de cinco cartas.

Las supersticiones relacionadas con el juego de las cartas son variopintas.

Se dice que el afortunado en el juego de las cartas es desafortunado en el amor.

Parece que soñar con naipes significa una pérdida de dinero.

Si en una partida de cartas a alguien le sale una sucesión de cartas negras (espadas o bastos), se le pronostica una desgracia familiar. En el juego el as de espadas significa la muerte.

Existe una superstición relacionada con el juego en general, y muy especialmente con el juego de las cartas, que consiste en girar la silla cuando se tiene una mala racha, ya que hacerlo significa dar un giro a la suerte. Hay personas que hacen girar la silla cuatro veces sobre una de sus patas, aunque también hay quienes dicen que esta forma de giro trae mala suerte.

Esta costumbre tiene su origen en la creencia en la brujería; si alguien era sospechoso de hechicería tenían que tomarse toda clase de precauciones: dar la vuelta a un objeto era una forma común de hacer magia, pues de esta forma se neutralizaba el poder maligno de la supuesta bruja.

Las cadenas de cartas

Las cadenas de cartas, también llamadas cadenas de la suerte, es una práctica que surge a principios de este siglo en el seno de algunas sectas religiosas de Estados Unidos, y que posteriormente se ha extendido por todo el mundo.

Se trata de escritos anónimos enviados por supersticiosos o burlones. Las que envían los supersticiosos suelen contener una oración que es fundamental para traer buena suerte, mientras que las enviadas por bromistas suelen contener datos y amenazas para el que rompa la cadena.

En ambos casos comienzan diciendo que el escrito se ha de copiar un número determinado de veces y debe enviarse al mismo número de personas. Estos escritos aseguran que, si se cumplen las condiciones impuestas, al cabo de un determinado plazo de tiempo se obtendrá el deseo solicitado y se amenaza con toda clase de desgracias al que no cumpla con su contenido y rompa la cadena. Se suelen citar como ejemplos nombres de personas que han sido favorecidas por la suerte o que han sufrido descalabros al seguir o romper la cadena, según el caso.

Existen personas que por su carácter especialmente crédulo han tenido dudas sobre la veracidad del contenido de estas cartas y han ido a consultar a una autoridad moral, cuyo consejo ha sido en muchas ocasiones el de romperlas e ignorar su contenido, ya que algunas personas han llegado a obsesionarse con él.

Hay otra modalidad que consiste en un juego de pirámide mediante el envío de dinero, postales, etcétera.

Los nudos

Los nudos se han utilizado desde épocas muy remotas tanto para prácticas hechiceras como con fines curativos. Por ello, las supersticiones relacionadas con los mismos tienen doble sentido, positivo o negativo, según las circunstancias.

Los nudos y las ligaduras

Plinio en la *Historia Natural,* XXVIII, IX, plantea: «El parto puede acelerarse si el hombre del que ha concebido la mujer desata su cinto y después de haberlo atado alrededor de la cintura de su mujer lo desata, añadiendo al mismo tiempo esta fórmula: "Lo he atado y lo desataré", marchándose acto seguido».

Los nudos se han utilizado en las prácticas de las hechiceras para hacer ligaduras con el propósito de impedir que la persona o personas víctimas del maleficio tuvieran descendencia.

Se decía que las brujas podían causar la ligadura del novio en el acto de la boda haciendo un nudo en una cuerda o un pañuelo, o bien diciendo en voz baja: «Yo os ato». Para contrarrestar este maleficio, los familiares ponían al novio una moneda de plata en la planta del pie derecho o le metían, sin que se diera cuenta, granos de trigo en el bolsillo.

En los procesos de la Inquisición se recogen gran número de recetas para realizar ligaduras. Por ejemplo, para que una pareja no pudiera tener descendencia los brujos hacían uno o varios nudos en una cuerda de forma especial, se escondía bajo un altar y al día siguiente se tocaba con ella a uno de los miembros de la pareja.

Al que sueña con nudos se le augura un impedimento.

Los nudos y la salud

Plinio en la *Historia Natural,* XXX, xxx, manifiesta: «Para curar las fiebres se suele poner una oruga en un trozo de lino con un hilo pasado tres veces alrededor y atado con tres nudos, repitiendo a cada nudo la razón por la que el mago realiza esta operación».

Se decía que para curar las hemorragias nasales había que hacer nueve nudos en un trozo de hilo de seda rojo que se ataba alrededor del cuello; estos nudos tenían que ser hechos por nueve personas, uno por cada una.

Como remedio contra las verrugas era costumbre hacer en una cuerda tantos nudos como verrugas y enterrarla en un sitio que estuviera oculto para todo el mundo.

Para aliviar las torceduras se solían hacer nudos en una cuerda, mojándola con saliva a cada nudo que se hacía.

La soga del ahorcado

La soga que había servido para ajusticiar a una persona se consideraba un amuleto propicio para la curación de diversas enfermedades.

Plinio en su *Historia Natural,* XXVIII, XII, escribe: «Aplicando sobre la frente el barro obtenido vertiendo vinagre sobre los goznes de la puerta de entrada se alivian los dolores de cabeza, lo mismo que si se vendan las sienes con la soga con la que un hombre se ha ahorcado».

Se decía que la soga de un ahorcado servía para curar las fiebres y otras enfermedades, como el dolor de cabeza.

Igualmente se creía que un trozo de la soga con la que un suicida se hubiera colgado era un talismán contra cualquier accidente y curaba los ataques de epilepsia si se llevaba alrededor del cuello.

Sin embargo, soñar con un ahorcado tiene carácter negativo; al parecer, significa que se tendrá un pleito con resultado desfavorable.

El péndulo

El péndulo, en su forma más simple, está compuesto por un cuerpo rígido que oscila suspendido de la extremidad de un hilo inextensible. El péndulo se ha utilizado desde la Antigüedad como instrumento de adivinación.

El origen de esta superstición se halla en la antigua Grecia. Los griegos llenaban un recipiente con agua, y dejaban caer un anillo colgado de un hilo y con igual peso en cada lado. El hilo se ataba a un dedo y era una forma de invocar a los dioses para confirmar alguna cuestión en litigio; si lo que se proponía era cierto, el anillo por sí mismo golpeaba la pared del recipiente un número determinado de veces.

Se dice que para adivinar si una chica se casará o no se ata un anillo de boda a un cabello o hilo y se sumerge en un vaso; si el anillo golpea la pared del vaso pronostica que no se casará, pero si gira alrededor del vaso se casará una vez si lo hace rápidamente y dos si lo hace despacio.

Parece que un anillo de boda atado a un cabello o hilo también sirve para adivinar dentro de cuántos años se casará una persona. Se saben contando el número de veces que el anillo golpea el vaso dentro del que se ha introducido.

Se cree que para saber el sexo del niño que va a nacer se ata el anillo de boda a un hilo y se mantiene encima del vientre. Si oscila será una niña y si gira será un niño.

El péndulo se ha utilizado tradicionalmente como instrumento adivinatorio por los zahoríes, personas que pretenden adivinar lo que está oculto, especialmente debajo de la tierra, sean tesoros o manantiales. Esta actividad recibe el nombre de radiestesia, y es un supuesto arte adivinatorio mediante la percepción de las radiaciones y emanaciones de los distintos cuerpos.

En la actualidad está muy de moda buscar corrientes subterráneas bajo las casas, para cambiar la orientación del mobiliario a fin de conseguir mejorar la salud de los moradores de la vivienda, si es que están afectados por dichas corrientes subterráneas.

El pozo

Los pozos y las fuentes están vinculados desde la Antigüedad a supersticiones que hacen referencia a sus virtudes curativas, así como a la adivinación y a la concesión de deseos.

Plinio en la *Historia Natural,* XXVIII, XI, dice: «Hay que mezclar el agua de tres pozos diferentes en igual proporción, y después de beber parte de ella en un recipiente de barro nuevo hay que administrar el resto a los enfermos de fiebres terciarias en el momento en que sube la temperatura».

Numerosos pozos y fuentes han tenido fama de que sus aguas curaban determinadas enfermedades, tales como la cojera, las inflamaciones, etcétera.

Se suponía que los pozos servían para la adivinación. Por ejemplo, echando en ellos alguna ropa de la persona enferma de la que se quería saber si viviría o moriría: si flotaba significaba que se recuperaría, pero si se hundía no había ninguna esperanza.

Para saber si algo era o no era cierto, o bien si algún acontecimiento se produciría o no, se formulaba la pregunta y se echaban al pozo alfileres o piedras; si al caer subían burbujas a la superficie, se decía que la respuesta era afirmativa.

Plinio el Joven en su *Epistolario*, VIII, VIII, dice: «La fuente emerge (...) y (...) se abre a la vista ancha clara y transparente, de modo que se pueden contar las pequeñas monedas que se han arrojado».

Al parecer, tirar monedas a un pozo o una fuente trae buena suerte. También se dice que si se formula un deseo se cumplirá. Antiguamente se utilizaban alfileres con el mismo propósito.

En todas partes existen fuentes a las que se echan monedas a cambio de un deseo; de estas fuentes tiene fama universal la Fontana de Trevi, en Roma, donde los turistas acostumbran a echar unas monedas formulando el deseo de volver.

Amuletos, talismanes, mascotas

La palabra amuleto deriva del latín *amuletum.* Plinio la emplea por primera vez. Históricamente, los amuletos son objetos usados con miras supersticiosas, y a los que se atribuye poder de preservar o de proteger contra los sortilegios, enfermedades, accidentes y otros males. Estas exclusivas cualidades lo distinguen del talismán.

Todos los pueblos, sobre todo en la Antigüedad, han empleado toda clase de materiales como amuletos.

Entre las piedras:

El *ágata,* que se supone da la victoria a los atletas y fertilidad al campo arado si es de un solo color; trae la discordia a las familias si es parecida a la piel de hiena.

El *diamante,* pacificador del espíritu.

El *jaspe* verde esmeralda con línea transversal en el centro, favorable al orador.

La *amatista,* contra la embriaguez.

El *coral,* en su especie gorgonia, destruye los torbellinos y protege contra el rayo, etcétera.

Entre los metales:

Las láminas de *oro* y *plata* para proteger la salud.

El *hierro,* con el que se trazaban círculos en tierra o figuras en el aire por tres veces en torno de un niño para alejar de él todo maleficio.

El *cobre*, a un triente de cobre creía ligada su fortuna la familia Servilia, que por esto honraba con sacrificios a aquella pieza; al sonido de este metal se atribuyó poder de desvanecer las apariciones funestas, etcétera.

También se utilizaban como amuletos algunos animales así como sus miembros y productos; cosas afectas al hombre o partes de su organismo: cálculos biliares, el primer diente caído de un niño y que no haya tocado el suelo, astillas de un patíbulo, reliquias de un sentenciado o de una persona muerta en accidente, huesos y dientes taladrados o amuletos fabricados con discos redondos de huesos sacados del cráneo por trepanación; figuras de divinidades, joyas antiguas, etcétera.

La palabra talismán procede del griego *télesma*, rito religioso.

Los talismanes son caracteres, figuras o imágenes grabados sobre metal u otra sustancia que corresponden a los signos celestes, a los que se atribuyen virtudes portentosas. Los talismanes tienen virtudes esencialmente ofensivas, mientras que los amuletos son defensivos. Además, los talismanes conceden sus supuestos dones al que los posee, guárdelos donde le convenga, mientras que los amuletos para que sean efectivos tienen que llevarse encima.

En todas las épocas, aun en las más remotas, los talismanes tuvieron gran divulgación entre los pueblos, sin distinción de categorías. Los hindúes empleaban unos talismanes llamados *talys*, para que los matrimonios fueran fecundos y poderosos; en unas castas consistían en una plancha de oro redonda, sin nada grabado, en algunas en un colmillo de tigre, y en otras eran simples piezas de platería sin forma determinada. Entre los griegos se decía que el Paladión de Troya era un talismán protector de la ciudad, mientras que entre los hebreos se hizo célebre el legendario anillo de Salomón, en el que se suponía grabado el nombre de Jehová y nada era imposible para el feliz mortal que lograba poseerlo. Los árabes grababan en sus talismanes frases coránicas, debido a la prohibición de poner imágenes que pudiesen estimular la idolatría.

Los talismanes se hacían de diferentes piedras y metales, dependiendo sus propiedades de la naturaleza de esas sustancias y de las inscripciones y figuras grabadas en las mismas. El Sol se correspondía con el oro, y conseguía afecto general, protección de los poderosos, riquezas, honores, confianza y respeto. La Luna, con la plata, daba potencia contra las enfermedades y valor para vencer cualquier accidente en los viajes. Marte, con el hierro, confería invulnerabilidad, fuerza y vigor. Júpiter, con el estaño, facilitaba el triunfo en todas las empresas. Venus, con el cobre, favorecía a los enamorados. Saturno, con el plomo, concedía facilidad en los partos. Mercurio, con el metal de su nombre, prodigaba elocuencia, discreción y cualidades persuasivas.

Las inscripciones consistían en los signos del Zodíaco. Las piedras preciosas tenían una correspondencia exacta con los astros: el Sol se correspondía con el jacinto; la Luna con la esmeralda; Marte con la amatista; Júpiter con el berilo; Venus con la cornalina; Saturno con la calcedonia; Mercurio con el topacio.

Asimismo se asignaban cualidades mágicas a cada una de las piedras preciosas: la turquesa daba inmunidad en caídas peligrosas; la esmeralda concedía la predicción de lo futuro; el rubí hacía dichoso y alegre; el zafiro infundía poder curativo por la simple imposición de manos; el Jaspe detenía las hemorragias, etcétera.

Las mascotas son animales vivos, que originariamente acompañaban y daban buena suerte a un regimiento. Actualmente, la mascota designa también a los animales domésticos que se supone traen buena suerte a su dueño. Impropiamente se llaman mascotas a las figuras de animales que se llevan colgados como adornos.

El oro

El oro es el más noble de los metales y la superstición siempre lo ha asociado a significados positivos.

Su color cuando es puro es amarillo brillante, ligeramente rojo y con gran lustre metálico. Las antiguas civilizaciones lo asociaron con el Sol.

El sueño que siempre ha perseguido el hombre de obtener oro a través de otros metales dio origen a la alquimia. La alquimia era un conjunto de doctrinas esotéricas que tendían a demostrar en la práctica, con la transmutación en oro de los metales viles, la transformación del hombre común en hombre espiritual. Este cambio se realizaría a través de la piedra filosofal, que era el elemento mediante el cual se podían transmutar los metales viles en oro.

Los orígenes de la alquimia se remontan, probablemente, a la Antigüedad griega. Se desarrolló con los gnósticos, en particular con Zósimo de Panópolis, pasó después a los árabes y floreció de nuevo en Occidente en el siglo XII, a raíz de traducciones de textos árabes.

Plinio relata en la *Historia Natural*, XXXIII, IV: «Existe la historia del anillo de oro de Midas que hacía invisible a su portador cuando le daba la vuelta en su dedo; ¿quién no admite que esto no es prodigioso? El anillo de oro tenía que llevarse en la mano izquierda; pero no en una mano romana, ya que la costumbre en Roma era llevar un anillo de hierro como símbolo del valor en la batalla».

Según la tradición popular, frotando un anillo de oro sobre las verrugas éstas desaparecen. También desaparecen los orzuelos si se pasa sobre ellos un anillo de oro, especialmente si es el anillo de boda.

Para curar las enfermedades del ganado se daba a beber al animal enfermo agua en la que se había introducido una moneda de oro.

También se daba a beber este agua a los niños que estaban enfermos debido al mal de ojo, pues actuaba como contrahechizo.

Se dice que llevar aros de oro en las orejas sirve para proteger los ojos contra las enfermedades.

Los marineros acostumbraban a llevar aros de oro en las orejas, ya que, siguiendo con la tradición, el marino que llevaba uno de estos aros nunca se hundiría con su barco. También existe la versión que dice que los marinos que llevaban un aro de oro en la oreja eran los que habían dado la vuelta al mundo.

Soñar con oro es presagio de que no se conseguirá lo que uno ambiciona.

En la cartomancia, los oros de la baraja se interpretan como dinero o herencia próxima.

La plata

La plata es un metal blanco, brillante, sonoro, dúctil y maleable. Es el metal relacionado con la Luna.

Las supersticiones referidas a la plata son muy variadas.

En primer lugar, la plata se utilizaba para pagar a los adivinadores del porvenir.

Teócrito en los *Idilios*, III, escribe: «Cuando deseo saber si seré dichoso en el amor... hago la pregunta a la sabia Aggrio y le pago con plata».

Se decía que si se quería conocer el porvenir había que pagar con plata.

También se utilizaba la plata como amuleto de buena suerte. A este respecto se pensaba que lo que traía más suerte era llevar una moneda de plata en el bolsillo.

La plata se utilizaba igualmente para conjurar los maleficios. Para ello, las novias se ponían en el zapato una moneda de plata.

Para las leyendas relacionadas con la licantropía, una bala de plata es el único medio para acabar con los hombres-lobo.

En la Antigüedad se utilizaba la alquimia para conseguir plata. A este respecto hubo en Logroño, en el año 1610, un auto de fe en el que fue penitenciado un sujeto que se dedicaba a engañar a sus conciudadanos diciendo que obtenía plata metiendo en un crisol trozos de estaño, otros metales bajos, pedazos de estolas y albas, óleo santo, agua bendita e incienso sin bendecir.

Soñar que se vende plata es presagio de fortuna, pero si se sueña que se compra anuncia desgracias.

El hierro

El hierro es un metal que como casi todos ellos está asociado con las prácticas supersticiosas, generalmente con carácter positivo ya que viene acompañado de la buena suerte.

El hierro y la salud

Plinio en su *Historia Natural,* XXXIV, XLIV, XLV, dice: «Muchas enfermedades se curan mediante la cauterización, pero especialmente la mordedura de un perro rabioso, ya que en el momento en que el mal se extiende por la mano y el paciente muestra síntomas de hidrofobia experimenta una mejoría si la herida se cauteriza. Para muchas enfermedades, pero principalmente para los casos de disentería, se utiliza como poción el agua en la que se ha introducido un hierro candente... La herrumbre también se encuentra entre los remedios utilizados, ya que con ella Aquiles curó a Télefo, obteniéndola de una jabalina; por ello se suele representar a Aquiles rascando la herrumbre de la jabalina con su espada. La herrumbre se obtiene normalmente rascando clavos viejos con una herramienta de hierro mojada en agua. Tiene la virtud de cerrar heridas y secarlas y aplicada en forma de linimento alivia la sarna y también se usa para curar erisipelas, picores, panadizos, hinchazones y gota».

Se decía que una vieja espada colocada al lado de la cama era un remedio contra los calambres.

Se creía que llevar un anillo de hierro protegía contra el reumatismo.

Para evitar las enfermedades en la familia, se colgaba

una hoz o cualquier otro instrumento de hierro en la cabecera de las camas.

Para curar las verrugas había que frotarlas con algún objeto de hierro, preferiblemente si estaba herrumbroso.

El hierro como amuleto

Plinio en su *Historia Natural*, XXXIV, XLIV, narra: «El hierro se emplea para usos medicinales además de ser un instrumento para la cirugía. Si se traza un círculo con hierro o con la punta de un arma de hierro se da tres veces la vuelta alrededor de un niño o un adulto, estarán protegidos contra todo mal; tener clavos extraídos de tumbas clavados en el dintel de una casa es una protección contra las pesadillas nocturnas».

Para protegerse de los hechiceros se acostumbraba a colocar cuchillos en las paredes de las casas. También se llevaban encima objetos de hierro preferentemente forjados el día de Jueves Santo, para protegerse contra los hechizos.

Era costumbre que para proteger una casa de los hechizos había que enterrar un objeto viejo de hierro cerca de la puerta. También se ponían tijeras bajo la alfombrilla para que no entrasen las brujas y los malos espíritus.

Se dice que trae buena suerte tocar un objeto de hierro.

También que trae buena suerte encontrar un clavo o una herradura si se practica el siguiente ritual: hay que cogerlo con la mano derecha, escupir en él y tirarlo por encima del hombro izquierdo sin mirar dónde cae; al parecer, así se golpea al diablo que está detrás de la persona.

Por la misma razón se cree que trae mala suerte no recoger del suelo un clavo, una herradura o un alfiler.

Antiguamente se ponían clavos dentro de la nata

mientras se hacía la mantequilla para expulsar a las brujas que pudieran estar dentro de ella.

Se solía colocar un objeto de hierro en la cuna del niño antes del bautismo para que tuviera buena suerte. También se cosía un objeto de hierro en las prendas del niño y se dejaba allí hasta después del bautismo.

El anillo de hierro simbolizaba entre los romanos el valor en la batalla, según manifiesta Plinio en la *Historia Natural,* XXXIII, IV. (Véase *El oro*).

El hierro como tabú

El hierro en ciertas circunstancias de carácter sagrado es un objeto prohibido.

En la Sagrada Biblia, el Libro de los Reyes, 6, 7, dice: «Cuando se construyó el templo hízose de piedras ya labradas, de modo que durante la edificación no se oyó allí el golpe del martillo, ni el del pico, ni de ningún otro instrumento de hierro».

Plinio en su *Historia Natural,* XXIV, LXII, escribe: «Parecida a la sabina existe la planta llamada selago. Hay que recogerla sin utilizar el hierro, pasando la mano derecha por la manga izquierda de la túnica, como si la persona que la recoge estuviera cometiendo un hurto».

Y en el libro XVI, XCV, dice: «Adorando a la Luna, los druidas preparan un sacrificio ritual y un banquete debajo de un árbol y traen dos bueyes blancos, cuyos cuernos están atados por vez primera en esta ocasión. Un druida vestido con blancas vestiduras sube al árbol y con una hoz dorada (no de hierro) corta el muérdago, que es recogido en una capa blanca. Finalmente sacrifican a las víctimas, rogando a su dios que esta ofrenda sea propicia para todos los que la han ofrecido».

Se supone que le trae mala suerte a un herrero clavar clavos el día de Viernes Santo.

La interpretación del sentido de soñar con hierro siempre es negativa, y si se sueña que el hierro está al rojo significa sangre.

La herradura

Uno de los amuletos de hierro más conocidos y apreciados es la herradura.

Se tiene por augurio de buena suerte colgar una herradura detrás de la puerta, mejor aún si es en el centro. De esta forma se protege la casa y todo lo que contiene contra los hechizos y la entrada de brujas.

Otra creencia mantiene que para que traiga buena suerte, la herradura ha de ser clavada con las puntas hacia arriba, porque si se clava con las puntas hacia abajo la suerte desaparece. La razón que se da es que con las puntas hacia arriba toma la forma de una copa para recoger la buena suerte.

Si se encuentra una herradura en el camino, es señal de buena suerte.

En muchos barcos se clavaba una herradura en el mástil para proteger la nave de brujas y hechiceros quc entorpecían el viaje o dañaban la nave. Como ejemplo, Nelson llevaba clavada una herradura en el mástil de su navío *Victoria.*

Se supone que la herradura que trae más suerte es la de borrico, con siete agujeros. Si la herradura conserva todavía los clavos, su número significa los años de buena suerte que se tendrán.

Se dice que la herradura de caballo protege de la envidia.

El plomo fundido

El plomo fundido fue utilizado tradicionalmente para realizar prácticas adivinatorias.

Sprenger y Krämer, en el *Malleus maleficarum*, manifiestan: «Sostienen plomo fundido encima del enfermo, y lo vierten en un tazón con agua. Si el plomo forma alguna figura, la enfermedad se debe a un hechizo. Y cuando se pregunta a esas personas si la figura que se ha formado está causada por la intervención de demonios o es debida a alguna causa natural, contestan que es debido al poder de Saturno sobre el plomo, siendo la influencia de este planeta de carácter maligno».

Para la curación de diversas enfermedades se vertía plomo derretido en el agua de un recipiente; se buscaba entre las figuras que formaba el plomo la que tuviera mayor parecido con un corazón, poniéndose esta figura en un paño y se le daba al paciente para que la guardara como amuleto. También se tomaba en pequeñas dosis el agua donde se había vertido el plomo.

En los pueblos mediterráneos, cuando las jóvenes pretendían averiguar el oficio del futuro marido, fundían un pedazo de plomo a las doce de la mañana del día de San Juan y lo vertían dentro de un recipiente con agua fría. El plomo, al solidificarse de forma brusca, formaba figuras diversas que las muchachas interpretaban como las armas o utensilios del oficio del futuro marido. Algunas decían al mismo tiempo: «San Juan, verde y florido, dime las herramientas de mi marido».

Al que sueña con plomo se le pronostica que será maltratado.

El diamante

El diamante es la piedra preciosa más apreciada. Es el símbolo del poder y de la justicia.

El diamante ha sido considerado en la Antigüedad una piedra mágica y plena de virtudes. Las supersticiones relacionadas con esta piedra hacen referencia a su carácter protector, aunque algunas de ellas arrastran historias desgraciadas.

Su composición es carbono cristalizado en el sistema cúbico en condiciones de extremo calor, en las profundidades de la tierra. Las erupciones volcánicas lo han ido expulsando hacia la superficie.

Es generalmente incoloro, y tan duro que raya todos los demás cuerpos. Es la sustancia natural más dura que se conoce.

En Brasil se han descubierto brillantes negros, y existen también, aunque son raros, los diamantes de color rojo rubí, rosa, azul, verde esmeralda y pardo.

Hasta el año 1729, los diamantes procedían de Oriente, siendo la India el principal país productor. Se han encontrado tambien en China y en el archipiélago malayo.

Los yacimientos más importantes se hallan en África del Sur, Brasil, Borneo, Sumatra, los Urales y Australia.

Las cualidades que determinan su valor son: peso, color, pureza y talla.

El peso del diamante se da en quilates. La palabra quilate procede del árabe y en la Antigüedad designaba el peso de la semilla del algarrobo.

A lo largo de los siglos se han transmitido leyendas sobre las míticas propiedades del diamante. Cientos de años antes de Cristo, en la India, donde se descubrieron por primera vez, los diamantes eran más apreciados incluso por su magia que por su enorme belleza y se creía que protegían de las serpientes, del fuego, del veneno, de las enfermedades, de los ladrones y de todas las fuerzas combinadas del mal.

Cada cultura ha valorado al diamante por sus propiedades únicas. En la India se creía que el color de la piedra reflejaba la casta de quien la llevaba y por eso los más apreciados eran los diamantes puros blancos. Roma los estimaba por su dureza y los consideraba capaces de romper el hierro. Los chinos los valoraban enormemente como herramientas grabadoras mientras que los supersticiosos italianos confiaban en ellos como protectores contra el veneno.

Especialmente capaz de resistir al fuego y al acero, el diamante (cuyo nombre procede del griego *adamas,* que significa invencible) reúne la fuerza inflexible e invencible.

Plinio en su *Historia Natural,* XXXVII, xv, plantea: «Los diamantes prevalecen sobre los venenos y los neutralizan, hacen que desaparezcan los efectos de la embriaguez y disipan los temores de la mente».

Se decía que los diamantes eran amuletos protectores, sobre todo contra los venenos.

El diamante disipa aprensiones y deshace maleficios. Es símbolo de reconciliación y amor. Desarrolla la intuición. Favorece los partos. Es pacificador del espíritu.

El coral

El coral es un celentéreo antozoo madrepórico, que constituye el esqueleto calcáreo de toda la colonia; cada individuo es un pólipo de ésta. El más conocido es el coral rojo, aunque existen también el blanco y el negro llamado gorgonio.

Las supersticiones relacionadas con el coral hacen referencia a su uso como amuleto y como ingrediente para las prácticas de hecichería.

Plinio en su *Historia Natural*, XXXII, XI, habla de sus propiedades medicinales y virtudes mágicas: «Las ramas de coral colgadas del cuello de los niños como amuletos los protegen de los peligros, y reducidas a polvo mediante el fuego y tomadas con agua son un remedio para las enfermedades de vejiga y las piedras; tomado de forma similar con vino, o si hay fiebre, con agua, el coral actúa como soporífero».

Se cree que el coral colgado del cuello de los niños los protege contra las enfermedades. También evita tener pesadillas y temores nocturnos.

Los abalorios de coral colgados del cuello de los niños se utilizaban para protegerlos del mal de ojo. También las campanas de coral se empleaban para alejar los malos espíritus.

El coral más conocido es el rojo, del que se dice que usado como amuleto protege contra el rayo y las desgracias, cicatriza las heridas y preserva a quien lo lleve de engaños y agresiones.

Se supone que pierde el color cuando lo lleva una mujer.

El coral negro o coral gorgonia se utiliza como amuleto al igual que el antipates o falso coral negro.

Las hechiceras utilizaban el coral blanco pulverizado para fabricar pócimas.

En algunos lugares de España a los niños que padecían epilepsia se les daba a beber orina de su madre mezclada con polvos de coral rojo para contrarrestar los efectos del ataque.

Las etites (*aetitas* o piedras de águila)

Las etites o piedras de águila son una variedad de limonita que se encuentra en masas globulosas del tamaño de un huevo, con una cavidad interior, y dentro de este hueco hay un núcleo suelto que suena como un sonajero.

Las supersticiones relacionadas con esta piedra son de naturaleza positiva.

Plinio nos explica en su *Historia Natural,* X, IV: «Las águilas emplean en la construcción de sus nidos la piedra llamada etite (algunos la llaman gagites), que se utiliza para la curación de diversas enfermedades, y que no pierde ninguna de sus virtudes aunque se la eche al fuego. La piedra en cuestión es grande con otra piedra dentro de ella, que suena como si estuviera dentro de una jarra cuando la agitas. Pero sólo las que se cogen de un nido poseen el poder curativo que se ha dicho».

Parece que esta piedra cogida en los nidos de águilas evita los abortos y favorece los partos.

El ópalo

Los ópalos son piedras que por su diversidad han dado origen a diferentes supersticiones, tanto de carácter positivo como negativo, dependiendo de variantes como el color, etcétera.

El ópalo es una piedra semitransparente, semitranslúcida, de color generalmente azulado o blanco amarillento y que refleja una maravillosa gama de colores cuando la luz incide en varios ángulos.

Las variedades más apreciadas se hallan en Bohemia, Eslovaquia, Sudamérica, Nueva Gales del Sur y Estados Unidos.

El ópalo se consideró en la Antigüedad como prenda de buena suerte y se le atribuían virtudes fabulosas para alegrar el corazón y desterrar las tristezas.

Plinio, en *Historia Natural*, XXXVII, XXI, comenta: «Entre nosotros existen una serie de historias que han hecho célebre esta piedra, entre otras la que refiere que fue un ópalo el que provocó que Antonio desterrara a un senador, Nonio, hijo de Nonio Struma (...). Nonio, al ser desterrado, huyó llevándose con él solamente el anillo con el ópalo entre todas sus posesiones. No hay duda de que en ese tiempo el valor del anillo era de 2.000.000 de sextercios; pero lo extraño del caso era el empeño de Antonio en desterrar a una persona por culpa de una piedra preciosa, e igualmente rara fue la obstinación de Nonio en aferrarse al objeto de su perdición, cuando hasta las bestias salvajes se protegen arrancándose el miembro que pone en peligro sus vidas y dejándolo detrás en la huida, para detener a sus perseguidores».

Actualmente se tiene al ópalo por una piedra que trae mala suerte.

Se cree que la suerte depende del color del ópalo; el ópalo blanco trae mala suerte, mientras que un ópalo negro es considerado portador de buena suerte.

Al parecer, trae mala suerte dar a una novia una sortija con un ópalo, ya que significa viudez y lágrimas.

El ópalo trae buena suerte si el que lo lleva ha nacido en septiembre, ya que es la piedra correspondiente a ese mes y simboliza la constancia.

El ámbar

El ámbar es una resina vegetal fósil, de color variable, del amarillo claro al pardo rojizo.

Las supersticiones relacionadas con el ámbar están vinculadas a su utilización como amuleto.

Plinio el Viejo en su *Historia Natural,* XXXVII, XI, XII, comenta: «Actualmente vemos a las campesinas de las Galias llevando collares de ámbar, principalmente como adorno, aunque sin duda también por sus virtudes curativas. Se supone que también previene las enfermedades de la faringe, ya que el agua cerca de los Alpes tiene propiedades que dañan la garganta de diversas formas. (...) El ámbar se utiliza para hacer medicinas, aunque no es por esta razón por la que gusta a las mujeres. Es beneficioso también para los niños, cuando lo llevan como un amuleto».

El uso del ámbar amarillo como amuleto fue muy frecuente y con él se pretendía evitar las irritaciones y escozores de la piel, el asma, la tos ferina, la difteria, etcétera.

También se ha utilizado el ámbar como una forma de encantamiento; antiguamente las madres regalaban a sus hijas un collar de ámbar el día de su matrimonio para que lo llevasen durante la noche de bodas, ya que con el calor que se produce en el lecho el ámbar despedía un olor dulzón que producía la embriaguez amorosa del joven esposo (esto se agradecía más en el caso de que el desposado no fuese tan joven).

Se decía que el ámbar usado como amuleto preservaba de cualquier daño y que su contacto prevenía de muchas enfermedades.

Nos viene a la memoria los collares de ámbar que

usábamos en nuestra infancia, y a este respecto hemos preguntado a muchas conocidas de nuestra edad y todavía ninguna nos ha dicho que no hubiese tenido en algún momento un collar u otro adorno de ámbar.

Las perlas

La perla es una concreción nacarada que se forma en el interior de las conchas de ciertos moluscos, principalmente de las ostras. Usada normalmente como adorno en las piezas de joyería, arrastra desde antiguo leyendas de mala suerte.

Plinio, en su *Historia Natural*, IX, LVIII, relata lo siguiente: «Cleopatra prometió... que el banquete costaría 10.000.000 de sextercios y ordenó que el segundo plato fuera servido. De acuerdo con sus instrucciones, los sirvientes colocaron delante de ella un recipiente conteniendo solamente vinagre, de la calidad áspera que podía deshacer perlas. En ese momento llevaba en sus orejas esas maravillosas y únicas obras de la naturaleza. Antonio estaba lleno de curiosidad por saber qué iba a hacer con ellas. Se quitó un pendiente, sumergió la perla en el vinagre y cuando se hubo deshecho la bebió. Lucio Plancus, que era el árbitro de esa apuesta, colocó su mano sobre la otra perla que estaba preparando para destruir de la misma manera y declaró que Antonio había perdido la batalla, "una observación de mal agüero" que desgraciadamente se cumplió».

Se cree que trae mala suerte llevar anillos, collares, etcétera, con perlas.

Para las novias, llevar perlas como adorno es augurio de desgracias conyugales, porque se dice que las perlas son lágrimas.

Se supone que no traen mala suerte si las lleva una persona nacida en el mes de junio, ya que corresponde como amuleto a ese mes.

Antiguamente se decía que había que colocar una perla bajo la almohada como remedio contra la esterilidad.

Soñar con perlas es presagio de tristezas.

Las abraxas

Las abraxas son piedras talladas en forma de placa ovalada con figuras e inscripciones. Se les atribuye virtudes curativas. Una de estas piedras, al parecer un amuleto, fue encontrada en 1898 cerca de Sant Sadurní d'Anoia (Barcelona). En el anverso lleva un gallo y en el reverso un ángel con un sol.

Algunas abraxas llevan grabado el nombre cabalístico abranacanarba o ablanacanalba, que puede leerse también de derecha a izquierda y quizá sea éste el origen de los actuales capicúas o palíndromos.

El origen del nombre de estas piedras radica en la denominación que daban a Dios los gnósticos. Alude al curso del sol en el año, porque la representación numérica atribuida a las letras suma 365.

La gnosis es una corriente de pensamiento filosófico-religioso que florece en los siglos II y III de nuestra era en la zona oriental del Mediterráneo. No es posible determinar la fecha de comienzo del movimiento ni su fundador. Sus raíces son quizás anteriores al cristianismo, y provengan de la unión entre el judaísmo y la filosofía griega en Alejandría de Egipto. El desarrollo de los siglos II y III se caracteriza por la aparición de pequeñas comunidades de iniciados que, buscando una fusión de la tradición cristiana con la pagana, perseguían, en un complejo sistema filosófico-religioso, el conocimiento completo de la naturaleza y de Dios.

El estudio de la gnosis, considerada como una herejía del cristianismo, tuvo un nuevo impulso en 1945 con el descubrimiento de una biblioteca gnóstica de 50 volúmenes en Nag Hammâdi, en Egipto.

Los más conocidos pensadores de esta doctrina son Simón el Mago y Hermes Trimegisto.

El color rojo

El rojo es el primer color del espectro solar. Desde la Antigüedad se ha asociado a la sangre y junto con el amarillo y el negro al averno, ya que se dice que estos tres son los colores del infierno. También se ha asociado al fuego, y por ello se le tiene por el color de la pasión.

Las supersticiones relacionadas con este color son generalmente de carácter negativo.

Se decía que las rosas rojas traían mala suerte. También que si alguien cogía una amapola y uno de sus pétalos caía en su mano, moriría víctima de un rayo.

Las leyendas sobre las rosas son innumerables. Cuenta la mitología que Cibeles la creó para vengarse de Afrodita, pues sólo la belleza de la rosa podía competir con la de Afrodita. Más adelante la flor fue consagrada a Afrodita. El perfume y la belleza de la rosa simbolizan el amor y sus espinas las heridas que el amor puede causar.

Según la mitología romana, Baco, el dios del vino y las vendimias, al perseguir a una ninfa sólo pudo retenerla con ayuda de un zarzal; cuando el dios se dio a conocer, la ninfa se sonrojó y Baco, agradecido, tocó el zarzal con su varilla y le ordenó que se engalanara con flores del color de las mejillas de la ninfa.

La rosa roja significa pureza y hermosura.

Las leyendas relacionadas con la amapola nacen en Grecia, ya que, según su mitología, guirnaldas confeccionadas con estas flores adornaban la figura de la noche. A Morfeo, dios del sueño, se le representaba llevando esta flor.

La amapola debe su significado más universal al mito de Deméter y Perséfone. La leyenda cuenta que un día Perséfone, hija de Zeus y Deméter, estaba en un prado recogiendo amapolas. De repente, se abrió la tierra y Hades, dios del mundo subterráneo, surgió de las tinieblas y la llevó consigo para desposarla. Deméter se puso a recorrer el mundo en busca de su hija y prohibió a la tierra producir frutos hasta encontrarla. Ante esta amenaza, intervino Zeus y ordenó que Perséfone pasase seis meses en el infierno de Hades y seis meses en la tierra con su madre. Por eso la tierra duerme durante la ausencia de Perséfone y se despierta, a su regreso, con la llegada de la primavera.

El color rojo de la amapola ha significado la resurrección y la fertilidad, y esta flor es también el símbolo del sueño.

Se cree que el pelo rojo es augurio de mala suerte, tal como dice el refrán «Con hombre pelirrojo o barbirrojo, ten mucho ojo» (veáse *El pelo*). Esto parece basarse en la tradición, pues al parecer el cabello de Absalón tenía matices pelirrojos y a Judas se le describe normalmente con cabellos de este infausto color.

A este respecto se dice que trae mala suerte que un pelirrojo entre en casa el uno de enero. También trae mala suerte encontrar un pelirrojo cuando se va a emprender un viaje.

Se cree que a los enamorados les trae mala suerte escribir cartas de amor con tinta roja.

Por el contrario, trae buena suerte regalar algo rojo en Nochevieja.

Cuando un niño tenía el sarampión se creía que para acelerar la curación la habitación tenía que iluminarse con luz roja.

El hilo rojo

Las supersticiones referidas a hilos o cintas de color rojo son de signo positivo ya que están relacionadas con la cura de diversas enfermedades y con la protección frente a los malos espíritus.

San Juan Crisóstomo, en sus *Homilías a los Corintios* XII, año 390, comenta: «Qué tenemos que decir acerca de los amuletos y las hebras rojas y otros objetos que son sencillamente disparates; lo que realmente tienen que hacer es no poner a los niños nada que no sea la protección de la Sagrada Cruz».

Se decía que las ligas escarlatas protegían contra el reumatismo y que para detener las hemorragias nasales había que atar una cinta roja alrededor del cuello.

También se decía que para curar la tos ferina había que pasar al niño enfermo siete veces por encima y por debajo de un asno, mientras llevaba una cinta roja alrededor del cuello.

Se creía que un trozo de tela roja prevenía las fiebres, la viruela y el reumatismo.

Parece que también era efectivo contra el reumatismo un trozo de lana roja, que se pasaba sobre las partes afectadas por el dolor y después se ataba al brazo del paciente.

Se suponía que para curar los dolores de la dentición de los niños había que atarles alrededor del cuello un hilo de seda roja.

Existía la creencia de que las anginas se curaban poniendo alrededor del cuello una bufanda roja, para que mantuviera el calor en la garganta.

Se decía que llevar un hilo rojo protegía de los maleficios. También que si se colocaba una rama con una cinta roja en las ventanas de una casa era un amuleto que protegía contra los maleficios de los hechiceros.

Para proteger al ganado contra el mal de ojo de algún brujo del lugar se creía que había que atar un hilo rojo en los cuernos, cola o patas de los animales.

El color blanco

El blanco es el color de la luz solar no descompuesta en los varios colores del espectro.

El blanco es el símbolo de la pureza, aunque para algunas culturas es un color funerario. También es el color que adoptan los espíritus y que forma parte de los atributos de la muerte.

Las supersticiones relacionadas con este color tienen connotaciones negativas.

Se decía que cuando un marinero se encontraba en el camino con una mujer que llevaba un delantal blanco tenía que darse la media vuelta y esperar un rato antes de embarcarse.

Parece ser que trae mala suerte ver un pájaro blanco.

Según otra superstición trae mala suerte encontrarse con un gato blanco, aunque hay quien opina que traen buena suerte. Los gallos y gatos blancos son utilizados para prácticas de hechicería.

Se cree que trae mala suerte ver o tener una vaca blanca; por el contrario, se dice que traen buena suerte los perros blancos.

Al parecer, si un caballo tiene una, dos o tres patas con manchas blancas a modo de calcetines es señal de buena suerte; pero si tiene las cuatro patas de este modo, la buena suerte se convierte en mala. Para que el encuentro con un caballo blanco traiga buena suerte se aconseja escupir por encima del hombro izquierdo.

También se dice que trae mala suerte ver un conejo blanco; por el contrario, un conejo negro trae buena suerte.

Se cree que no hay que regalar flores blancas porque traen mala suerte. Para contrarrestarla hay que mezclarlas con flores de distintos colores.

Tener lirios en una casa se considera señal de mal agüero.

En la Antigüedad, el lirio era considerado el símbolo de la pureza y la inocencia. Los griegos creían que los lirios eran gotas de la diosa Hera; cuando la esposa de Zeus amamantaba al pequeño Hércules, unas gotas de su leche se vertieron en el cielo, formándose la Vía Láctea, y otras en la tierra, convirtiéndose en lirios.

Los asirios y otros pueblos de Mesopotamia consideraban al lirio flor sagrada. Los judíos adornaban sus altares y las columnas que estaban delante del templo de Salomón con esta flor, y los cristianos la identificaron con la Virgen María, para destacar su virginidad. La leyenda cuenta que el apóstol Tomás no creía en la asunción al cielo de María porque no la había presenciado. Cuando abrieron el sepulcro para convencerlo, encontraron en él lirios y rosas.

El lirio blanco es símbolo de dulzura y pureza.

El color negro

El negro se ha considerado tradicionalmente como el color del diablo.

Las supersticiones referentes a este color están vinculadas a su carácter generalmente negativo.

Encontramos el origen de esta superstición reflejada en la *Eneida* de Virgilio, libro VI, 20 a.C.: «Hecho esto, Eneas se apresura a ejecutar los preceptos de la Sibila. Había cerca de allí una profunda caverna, que abría en las peñas su espantosa boca, defendida por un negro lago y por las tinieblas de los bosques, sobre la cual no podía ave alguna tender impunemente el vuelo: tan fétidos eran los vapores que de su horrible centro se exhalaban, infestando los aires, de donde los griegos dieron a aquel sitio el nombre de Aorno. Allí llevó Eneas cuatro novillos negros, sobre cuya testuz derramó la sacerdotisa el vino de las libaciones y cortándole las cerdas entre las astas las arrojó al fuego sagrado, como primeras ofrendas...».

Las supersticiones relacionadas con este color hacen referencia a diversos animales: gatos negros, escarabajos negros (véase *Gato*, *Escarabajo*), ovejas negras de las que, sin embargo, se dice traen buena suerte al rebaño, y cuya lana es la que más calienta.

El negro es el color de la noche y desde la Antigüedad más remota se creía que era durante esas horas cuando aparecían las almas de los difuntos y los espíritus salían de las cavernas en las que residían durante el día.

El color azul

El azul es el quinto color del espectro solar y es el color del cielo sin nubes.

Las supersticiones relacionadas con este color hacen referencia a su sentido positivo.

El origen de esta superstición se encuentra en el Antiguo Testamento, Números, 15, 38: «Habla a los hijos de Israel y diles que de generación en generación se hagan flecos en los bordes de sus mantos y aten los flecos de cada borde con un cordón de color azul».

Se dice que el color azul protege de enfermedades tales como la anemia, las fiebres reumáticas, las erupciones, el eritema, etcétera, y trae buena suerte.

Es creencia popular que las novias, para tener buena suerte, deben llevar el día de su boda algo de color azul, que generalmente suele ser una liga.

Azul debía ser, según la tradición popular, la faja utilizada por las mujeres tras dar a luz, y también los recién nacidos debían vestirse con una camisita azul para no contraer enfermedades tan malas como la epilepsia.

Una leyenda cuenta que María, en su huida a Egipto, echó su manto azul sobre el romero, que en aquel tiempo tenía las flores blancas, y a partir de entonces, en su honor, florecen de color azul.

Azul es el color de la banda que ciñe la cintura de la túnica de la Virgen María en sus diversas representaciones, como la Virgen de Lourdes, la Inmaculada Concepción, etcétera.

El color verde

El verde es el cuarto color del espectro solar.

El verde es el color de la esmeralda, piedra que se consagraba a Marte. Representa la esperanza y con ella se predice el porvenir. Cura las mordeduras de víboras. Expulsa los demonios. Preserva de los ataques de epilepsia. Pierde el brillo si su dueña falta a la castidad.

Las supersticiones relacionadas con el color verde son generalmente de carácter positivo.

Plinio, en su *Historia Natural*, XXXVII XVI, escribe: «Aunque miremos con placer las plantas jóvenes y las hojas, nos produce mayor placer contemplar una esmeralda, ya que en comparación no hay nada que sea de un color verde más intenso. Satisface nuestra mirada sin cansarla. Si nuestra vista se cansa con la contemplación de algún objeto, podemos relajarla mirando una esmeralda; los talladores de esmeraldas dicen que es la mejor forma de descansar su vista, ya que contra la fatiga de los ojos no hay nada mejor que el suave color verde de esta piedra. Aparte de estas propiedades, las esmeraldas parecen más grandes cuando son contempladas a distancia porque reflejan su color verde en el aire que las rodea. (...) Cuando la forma de una esmeralda es plana, refleja los objetos como si se tratase de un espejo. El emperador Nerón acostumbraba a contemplar las luchas entre los gladiadores reflejadas en una esmeralda».

Se decía que llevar una piedra verde protegía contra las enfermedades de los ojos. En la actualidad se ha adoptado el color verde en los centros sanitarios porque es relajante.

Se supone que el jaspe verde esmeralda, con línea

transversal en el centro, usado como talismán es favorable al orador.

Se tiene al verde por el color de la esperanza, pero también es el color de la envidia por su relación con el color de la bilis.

El verde es un color que se asocia con la juventud y la inexperiencia.

Parece que no trae buena suerte vestirse de verde. El refranero lo refleja diciendo: «La que con verde se adereza, confianza tiene en su belleza», y otra versión es: «La que con verde se atreve, por guapa se tiene», y existen otras variantes.

El color amarillo

El amarillo es un color que al parecer trae mala suerte a los actores.

El origen de esta superstición se halla en la muerte del célebre Molière (1622-1673), durante la representación de su obra *El médico a palos,* que se produjo mientras llevaba vestiduras de color amarillo.

El color amarillo distingue un grave mal: la fiebre amarilla, que es una enfermedad infecciosa endémica en las Antillas, el golfo de México y Brasil, y que a veces se vuelve epidémica y se extiende a otras regiones, como el golfo de Guinea. Se transmite por la picadura de un mosquito. Se manifiesta con fiebre, ictericia (de ahí el nombre de amarilla), hematemesis, nefritis, oliguria, delirios y coma. Sólo una parte de los enfermos se salva, y luego quedan inmunizados para toda la vida. También se llama vómito negro.

Por el contrario, el amarillo tiene un significado positivo y beneficioso para los niños cuando llevan un amuleto de ámbar de dicho color, ya que se dice que les protege de irritaciones y escozores tan frecuentes en la primera infancia.

Los números

En el libro de Pilar Salarrullana *Las sectas satánicas* se transcribe la relación mágica entre los números, los astros, los colores, las gemas, los animales y el hombre.

El UNO es Saturno. Representa la ancianidad; es el símbolo de los magos negros. Cualidades: prestigio y honores. Color: plomo. Animales: el topo y la abubilla. Mineral: el plomo.

El DOS es Júpiter. Símbolo del hombre adulto. Cualidades: la paz, la rutina, la serenidad. Color: azul metálico. Animal: el águila. Minerales: el zafiro y el berilio.

El TRES es Marte. Representa al guerrero. Cualidades: el valor, la energía, la violencia y la cólera. Color: rojo-fuego. Animal: el lobo. Minerales: la amatista y el diamante.

El CUATRO es el Sol. Símbolo de la juventud masculina. Cualidades: orgullo, ambición, temeridad. Color: oro. Animal: el león. Mineral: la crisolita.

El CINCO es Venus. Símbolo de la juventud femenina. Cualidades: frivolidad, volubilidad. Color: verde. Animales: la tórtola, el macho cabrío. Mineral: el lapislázuli.

El SEIS es Mercurio. Representa la infancia. Cualidades: vitalidad, movimiento. Color: todos. Animales: las aves pequeñas, los gusanos. Minerales: la esmeralda, la ágata.

El SIETE es la Luna. Símbolo de la madre. Cualidades: dominación, consejera, decide las acciones. Cuando está en los signos de agua, favorece la ejecución de cosas extrañas; cuando se encuentra en los signos de fuego, concede la victoria y la gloria; cuando se halla en los signos de aire, ayuda al amor y la invisibilidad. Color: blanco. Animales: el búho y la rana. Minerales: el cristal, el coral.

La arit(mo)mancia es el arte de adivinar mediante los números aritméticos. No se refiere, pues, a la superstición de cada número, como el trece, el siete, el nueve, sino al arte de hacer pronósticos y agüeros con sumas, restas, etcétera.

En un manuscrito del doctor Ramírez Valenciano, escrito en la ciudad de Alcalá y datado en 1602, se explica un tratado de los números, probablemente degeneración de la onomatomancia, que es un arte de adivinación creado en la escuela filosófico-matemática de los pitagóricos. Se conoció en España a partir del siglo XI, y fue introducida por los astrólogos árabes con el nombre de aritmomancia. La aritmomancia parte de tres datos numéricos generales:

1. A cada letra le corresponde un número: a=1, b=2, c=3, d=4, … z=28.

2. A cada día de la semana le corresponde un número: Domingo=1, Lunes=2, Martes=3, … Sábado=7.

3. A cada hora de cada día de cada mes le corresponde un «número de pasos de su sombra».

Se cuenta de las seis de la mañana a las seis de la tarde.

En enero y diciembre vale desde 28 a 8 (mediodía) y vuelve a crecer hasta 28 (6 de la tarde).

En junio y julio vale 22 a las seis, baja a 2 (mediodía), y vuelve a crecer hasta 22 (6 de la tarde).

Regla para el agüero (en pregunta secreta):

Se suman los números de las letras del nombre de la persona, más el número del día de la semana, y se añade el número de pasos de la sombra en la hora actual. Se multiplica por ocho, se divide por doce, y queda: R, que se interpreta así:

R=1: Por enfermo, preso o fatigado.

R=2: Por causa de mujer o por ambición.

R=3: Por una pretensión, por ver o hablar a una persona principal o por cosa que perdió.

R=4: Dolencia, trabajo, miedo, conseja, hacienda, mujer, dignidad, servicio por honor.

R=5: Difunto, debate, pleito, contienda por bienes, próxima muerte.

R=6: Mujer o familia ausente, parientes, amigos, casamiento.

R=7: Hijo, siervo, enfermo, preso, atribulado, cosa perdida, hurto.

R=8: Por causa de hijos.

R=9: Enfermo, prisión, cautiverio, difuntos.

R=10: Hermanos, amigos, negocios.

R=11: Ventura, prosperidad, adversidad, ausente.

R=12: (Cero) (No dice nada)

Regla para saber si se recuperará lo perdido:

Se hace lo mismo.

Si da R=1: No se encontrará jamás.

Regla para saber por qué medios se adquirirán los bienes:

Se hace la misma suma, pero no se multiplica por 8. Luego se quitan los números 7 y se interpreta el resto, R, de este modo:

R=1: Por medios honrosos.

R=2: Por mujeres.

R=3: Por libros, saber y prudencia.

R=4: Por viajes, caminos y movimiento.
R=5: Por herencia y artes ingeniosas.
R=6: Por jueces, gobernadores y eclesiásticos.
R=7: Por malas artes.
(Lo curioso es que siempre se adquieren.)

Regla para saber de casamiento:

Se sacan los números 2:
R=1: No se casará.
R=2: Sí se casará.
En el caso de R=2, se quitan los números 3, y si:
R=1: No será un buen matrimonio.
R=2: Será un buen matrimonio.
R=3: Será un matrimonio con cosas buenas y cosas malas.

Regla para enfermos, viajes, ausentes, duración de cargos, guerras y hurtos, etcétera:

Se divide por 3:

R=1: Morirá de la enfermedad que le aqueja.
R=2: Vivirá.
R=3: La enfermedad será leve. Etcétera.

Los fundamentos de la onomatomancia son los siguientes:

1. Cada letra del alfabeto corresponde a un número.
2. Se llama pitmene de una letra al resto de dividir por

nueve el número que la letra representa (si el número es divisible por nueve se toma como pitmene el nueve).

3. Se llama pitmene de una palabra a la suma de los pitmenes de las letras que la forman.

4. El juicio acerca de un suceso futuro se deduce de la comparación de los pitmenes de los nombres necesarios para que ocurra el suceso.

El pitmene mayor vence al menor.

He aquí algunos tipos de juicios que publicó Paul Tannery, en París, en 1886:

Para saber cuál de dos personas sobrevivirá, quién vencerá entre dos adversarios o quién llevará ventaja entre dos esposos se aplican los pitmenes a sus nombres.

Para pronosticar acerca de una enfermedad se aplican los pitmenes al nombre del enfermo y al nombre del día en que cayó en cama. Si vence el enfermo se curará. Si vence el día, la enfermedad es de muerte. Si empatan, siendo pares, la curación será rápida. Si empatan en pitmene impar, la enfermedad será larga.

Los sacerdotes de Menfis decían: «La ciencia de los números y el arte de la voluntad son las dos claves de la magia; ellas abren las puertas del universo». Pitágoras creía que el número era el principio de todas las cosas. A través de los babilonios conoció la ciencia de la Cábala o *Khabbala,* que significa «tradición recibida», en este caso por Moisés, cuya historia es como sigue: al no ser hijo legítimo no fue educado como príncipe egipcio, sino como sacerdote, por los mismos sacerdotes que le dieron a conocer la ciencia que utilizó para humillar a sus opresores y librar a los hebreos de la esclavitud.

Pitágoras inicia así una lucubración sobre la década, cuyo simbolismo filosófico también incluye el estar formada por el cero (el caos originario) y el uno (el universo ordenado, primer paso para la degradación material): «Diez es perfecto y, en justo título, de acuerdo con la naturaleza de los helenos, y sin premeditación alguna, han encontrado que todos los hombres de todos los pueblos cuentan según este número (...) contiene tantos números primos como compuestos. Asimismo, en la década hay cinco múltiplos (4, 6, 8, 9 y 10) y cinco submúltiplos (1, 2, 3, 5 y 7). Incluye los números lineales, planos y sólidos: por el uno es el punto; el dos, la línea; el tres, el triángulo; y el cuatro, la pirámide... cuya suma total es diez».

Conociendo el valor numérico, es decir, el poder conferido por la naturaleza a cada número, símbolo de cada una de las vibraciones o estados del alma, se puede dar a cada letra uno de esos valores y crear así «palabras de poder».

Para cuantos disfrutan de teosofías y contraculturas, la palabra india *mantra* es aquella que, repitiéndola constantemente, confiere al *yogui* (asceta hindú adepto al sistema filosófico del yoga) la esencia de su poder. Es decir, le «sintoniza» en la misma frecuencia que ella misma posee.

Todos conocemos la sílaba sagrada *OM*, como madre de todos los mantras. Recurriendo al sistema pitagórico vemos que el participio del verbo *El Na* (Ser), es *On* (el que es). Recordemos la zarza sagrada del Sinaí y Moisés, Éxodo, 3, y el valor numérico de esta cifra según Pitágoras es: ómicron=seis y ni=cuatro. Sumándolas hallamos el número diez, es decir, el número de la perfección, Dios...

Aplicando a las letras los valores numéricos comprendemos la importancia psicológica del nombre de una persona y su influencia. El evangelista Juan inicia su Evangelio con las palabras: «En el principio era el Verbo...». Se está dirigiendo a los gnósticos, herederos de iniciaciones ancestrales, del *mantra* sagrado, del nombre de Dios, cuya sola pronunciación conmoverá cielos y tierra y que «no puede pronunciarse con los labios».

No olvidemos que Jesús pertenecía por herencia paterna a la secta mística de los esenios, herederos de los conocimientos transmitidos por Moisés a un reducido número de iniciados.

La Cábala dice que todas las personas pueden conocer las circunstancias positivas o negativas en que discurrirán determinados acontecimientos de su vida, a través de su nombre u otros datos, reducidos a escala numérica. El sistema pitagórico reduce las letras del alfabeto del uno al nueve y elabora una tabla onomatománcica, como hemos visto antes...

Existen otros medios de planteamiento más astrológico relacionados con la Cábala, que son: el número onomástico, el número del sendero de la vida y el número del destino.

El número onomástico se extrae de la suma de las letras del nombre y apellidos.

El número del sendero de la vida se encuentra sumando la fecha de nacimiento, es decir, el día, el mes y el año.

El número del destino se obtiene sumando el número onomástico y el número del sendero de nacimiento.

Lista de los números onomásticos

1. Es el número de la creación, del principio, de los primeros impulsos o de la fuente de energía. Las personas cuyo nombre suma uno suelen dejar huella.

Casi todos han sido innovadores, artistas, líderes en la esfera social.

Poseen un pensamiento constructivo y les gusta hacer cosas nuevas y excepcionales. No siguen el camino de los demás y tienen valentía en sus convicciones.

Existe un nivel inferior en este número. Quienes se adscriben a este plano más bajo suelen ser excéntricos, egoístas, vanidosos, dominantes y están pagados de sí mismos. Si a tu nombre le corresponde este número haz todo lo posible por superar las malas tendencias que puedan surgir de tu carácter.

2. Es el número de la belleza, la cultura, la verdad, la percepción y el conocimiento. Tiene un carácter marcadamente femenino, y hace que la persona respete y aprecie las cosas refinadas e intelectuales de la vida. Es el número de la cooperación, la atracción, el afecto, la emoción y el entusiasmo.

Aquellos a cuyo nombre corresponde este número son amigos afectuosos, compañeros agradables, conversadores amenos y tienen buena opinión de la naturaleza humana.

El plano inferior de este número hace que la persona sea atropellada, sensible y quisquillosa. Si es éste el número que corresponde a tu nombre, esfuérzate por superar cualquier tendencia indigna que manifieste tu carácter.

3. Es el número de la iluminación, la integridad y el refinamiento. Este número hace a la persona benévola, afectuosa y simpática. Muy cuidadosa de los detalles, orgullosa de poder sacrificarse por un principio idealista y dispuesta a hacerlo sin recurrir a los amigos. Es el número de la Santísima Trinidad, y hace que las personas sean muy religiosas e impresionables, intuitivas y magnéticas.

4. Es el número de la realización, la seguridad, la protección, la estabilidad y la ambición.

Aquellos a cuyo nombre corresponde esta vibración son amigos de la verdad y buenos compañeros. Poseen una mente brillante y gran capacidad inventiva y tienden a conseguir el objetivo de sus ambiciones sin importarles los obstáculos.

Normalmente viven de forma activa y variada y tienen muchas experiencias interesantes, de las que sacan lecciones de gran utilidad para la vida.

5. Es el número de la incertidumbre, la vacilación, la duda y el desaliento. Aquellos a cuyo nombre corresponde este número son propensos a la confusión, inquietud, irritabilidad, impaciencia y mal humor. Les resulta difícil encontrar compañeros que congenien con ellos y disienten con frecuencia de la opinión de los demás. A veces experimentan la sensación de que la vida ha sido muy dura con ellos, como si vivieran una existencia contra la cual se rebelan sus naturalezas.

Si es éste el número que corresponde a una persona que no quiere seguir luchando más contra esta influencia puede modificar ligeramente el nombre con el fin de que le corresponda otro número. No obstante se puede dominar ejercitando la fuerza de voluntad.

6. Es el número de la personalidad dual, la indecisión, la tentación y el exceso. Aquellos a cuyo nombre corresponde este número tienen un carácter extraño. No se les comprende fácilmente, y con frecuencia son los responsables de sus propios fracasos. Si aprenden a ganar por experiencia, puede que el número les sea afortunado; pero, vagando sin rumbo por la vida, no irán jamás a ninguna parte. Les gusta emprender los caminos más fá-

ciles y deben dominar la tendencia a ser indiscretos. La determinación puede ayudarles a vencer las incertidumbres de este número.

7. Es el número de la espiritualidad, el misticismo, la sabiduría y el éxito. Aquellos a cuyo nombre corresponde este número son receptivos, estudiosos, creadores e intelectuales. Tienen una inteligencia profunda y apetencia por las cosas más hermosas de la vida. Si no hay influencias adversas en sus números, pueden llegar a ser muy buenos amigos, trabajadores estimables y socios o compañeros ideales. Tienen una atractiva personalidad, son abnegados y poseen una curiosa concepción de la vida.

8. Es el número de la justicia, la evolución, la fuerza, la inspiración y el genio. Aquellos a cuyo nombre corresponde este número tienen una fuerte personalidad. Poseen gran magnetismo. Son obstinados, independientes, progresivos, intuitivos y honrados e ingenuos y rectos en sus asuntos. La vibración del número ocho es extremadamente fuerte y difícil de dominar. Hace que la persona sea muy activa. Raramente está contenta durante largos períodos, y se muestra deseosa de cambiar de ambiente y escenarios.

9. Es el número de la dominación, la eficiencia, la psique, la conciencia, el humanitarismo y la energía renovada. Aquellos a cuyo nombre corresponde este número son listos, activos, filosóficos e intuitivos. Pertenecen a la casta de los profetas y poseen una mente telepática excepcional. Tienen imaginación fértil, ideales elevados y están dotados de gran habilidad poética o artística. Normalmente son muy serios y agradables, aunque raros y

antojadizos. Son refinados, amables, simpáticos y de buen talante. Están predispuestos para la amistad y resuelven fácilmente los problemas de los demás.

11. Es el número del poder, el valor, el éxito, la aventura, el impulso y la energía. Aquellos a cuyo nombre corresponde este número están un octavo por encima de aquellos a quienes corresponde el número dos (1+1). Son profundos pensadores, aficionados a las aventuras apasionantes. Vagos en sus apreciaciones. Sus mentes captan el sentimiento general de las cosas, pero se saltan los detalles. Este número tiene una influencia tan poderosa que las personas a quienes les corresponde se ven sumidas a menudo en profunda confusión, debido a las contradicciones que conlleva. Claridad de pensamiento, determinación y concentración son cualidades que estas personas deben desarrollar necesariamente con el fin de dominar la inquietud que produce este número.

22. Es el número de la irreflexión, el error, la precipitación, la inconstancia. Aquellos a cuyo nombre corresponde este número deben dominar la tendencia a criticar, así como su intranquilidad y atolondramiento. A menudo no comprenden sus propias rarezas. Dicen y hacen cosas de forma irreflexiva y luego se arrepienten de ello. Normalmente no miran dónde ponen los pies. Tienen propensión a dejarse llevar hasta los últimos extremos, aun en contra de su propio criterio. Sostienen una dura lucha contra ellos mismos y puede que incluso conviniese que cambiasen su nombre, a fin de que les correspondiese una vibración más adecuada.

Los números del sendero de la vida
(Obtenidos del año, mes y día de nacimiento.)

1. Si es éste tu sendero de nacimiento tendrás numerosas experiencias extrañas. Pasarás por la vida imponiendo tus propias convicciones y realizando tus propias ideas. Llevarás una vida constructiva.

2. Si es éste tu sendero de nacimiento te dará la sensación de caminar en círculo y de que ciertas experiencias se repiten a intervalos regulares. Si te ejercitas en el autodominio llegarás a tener una vida interesante y provechosa.

3. Si es éste tu sendero de nacimiento disfrutarás de las mejores cosas de la vida, viajarás mucho y aprovecharás las experiencias de los demás. Tu vida será alegre y afortunada.

4. Si es éste tu sendero de nacimiento tendrás muchos amigos leales. Conseguirás credibilidad y relevancia en los negocios o en tu mundo profesional. Tu vida será feliz y dichosa.

5. Si es éste tu sendero de nacimiento tendrás muchas experiencias extrañas, a veces difíciles de superar; sin embargo, tu fuerte personalidad acabará venciéndolas. Tu vida será larga y agradable.

6. Si es éste tu sendero de nacimiento tienes propensión a descuidar tu salud y bienestar general. Sólo conseguirás triunfar a base de perseverancia y firmeza en tus proyectos. Tu vida es variable, pero afortunada.

7. Si es éste tu sendero de nacimiento emprenderás grandes proyectos y normalmente los llevarás a buen término. Siempre se te presentarán nuevas e interesantes experiencias. Serás el dueño de tu propio destino. Tu vida será excepcionalmente afortunada.

8. Si es éste tu sendero de nacimiento llevarás una vida activa, pero no pacífica por regla general. Siempre habrá ambiciones nuevas que te impulsarán hacia delante. Tendrás frecuentes explosiones de mal humor que alterarán el curso de tu vida. Tu carrera será arriesgada.

9. Si es éste tu sendero de nacimiento viajarás continuamente, emprenderás negocios y actividades singulares. Te atraerá la literatura, el arte, la música y el teatro. Tu vida será interesante.

11. Si es éste tu sendero de nacimiento te embarcarás en muchas aventuras arriesgadas. Superarás los obstáculos a base de fuerza de voluntad exclusivamente. Dominas tus sentimientos y eres dueño de tu destino. Tu vida será progresiva.

22. Si es éste tu sendero de nacimiento tú mismo te crearás las dificultades. Puede que tengas pérdidas por tu mala cabeza o por socios de poco fiar. Aprende a discurrir y a actuar con discreción.

Practica el autodominio y triunfarás en la vida.

Números del destino
(Obtenidos de la suma del número onomástico más el número del sendero del nacimiento.)

1. Si es éste tu número del destino tendrás gran éxito en tus esfuerzos. Recibirás alguna ayuda, pero lo principal te lo deberás a ti mismo.

2. Si es éste tu número del destino tendrás muchos altibajos en la vida, pero con la ayuda de amigos y parientes acabarás por triunfar. Tendrás dinero si empleas todas tus facultades.

3. Si es éste tu número del destino tendrás muchas experiencias afortunadas. Se te concederá lo mejor de la vida, con lo que alcanzarás el objeto de tus ambiciones.

4. Si es éste tu número del destino tendrás una vida provechosa plena de éxitos y honores. Elige cuidadosamente tu profesión. Nada podrá detenerte si perseveras. Seguramente adquirirás muchas tierras.

5. Si es éste tu número del destino tendrás muchos obstáculos en tu camino. Guárdate de los accidentes y no confíes en los extranjeros. Las experiencias de tu vida serán agradables unas y descorazonadoras otras.

6. Si es éste tu número del destino no te dejes llevar por tus impulsos. Controla tus emociones y aprovecha lo mejor posible tus oportunidades. Eres propenso a dejarlas pasar. Conseguirás el éxito si estás atento y eres laborioso.

7. Si es éste tu número del destino puedes alcanzar cierta preponderancia en la vida. Tu luz brillará muy alto. Viajarás mucho. Tendrás muchos amigos.

8. Si es éste tu número del destino tropezarás a menudo con dificultades económicas, pero generalmente las superarás con tu ingenio y tu experiencia. Tu vida será muy activa.

9. Si es éste tu número del destino tendrás una vida feliz y provechosa. Posees gran talento, eres admirado por los amigos y disfrutas de excelente reputación.

11. Si es éste tu número del destino llevarás una vida muy activa, tendrás éxito en empresas de envergadura y gozarás de gran preeminencia en la esfera en que te desenvuelvas. Dominarás tu propio destino y te crearás tu propia fortuna.

22. Si es éste tu número del destino tendrás que esforzarte para que no sean las más bajas cualidades de tu carácter las que dominen tu vida. Evita los proyectos y empresas dudosas. Sé prudente en todos los proyectos. Domina tu mal humor.

Los números impares

Tradicionalmente, los números impares han sido sinónimo de buena suerte.

Ya Virgilio en las *Églogas*, VIII, 40 a.C. dice: «Anduve alrededor de este altar con tu efigie tres veces. Los números impares complacen a los dioses».

Plinio en su *Historia Natural*, XXVIII, v, se pregunta: «¿Por qué creemos que para cualquier propósito los números impares son más efectivos?».

Y en el libro XXVIII, XIV, comenta: «La experiencia demuestra que es bueno enjuagarse la boca con vino antes de acostarse, contra el mal aliento, y con agua fría un número impar de veces cada mañana, como remedio contra el dolor de muelas».

Se dice que los números impares traen buena suerte, y en el refranero encontramos su confirmación: «Los números nones son los mejores y el número tres el mejor es».

Se cree que los huevos que se echan a una gallina tienen que ser impares, para que los empolle bien.

Se supone que para hacer un pastel hay que amasar un número impar de veces, para que la masa quede compacta y crujiente.

Las salvas de honor son siempre impares (21).

Como curiosidad, el conocido como «número de oro», aunque no sea entero, es impar: 1,61... Fue definido por los griegos como «proporción áurea» y explicado por Euclides. Esta proporción apasionó a los esoteristas por sus propiedades matemáticas. Se puede encontrar en las proporciones humanas y ha sido utilizado por artistas, músicos y arquitectos.

También existen detractores de los números impares, atribuyéndoles mala suerte.

Dicen que no tiene que haber un número impar de personas asistiendo a un entierro.

Tampoco tienen que reunirse alrededor de una mesa un número impar de comensales, especialmente si son trece (véase *El número trece*).

El número trece

Al número trece se le atribuye, con carácter universal, mala suerte.

El origen de esta superstición se encuentra en la narración evangélica de la Última Cena, en la que los reunidos eran trece: Jesús y los doce apóstoles. En el Evangelio de San Juan, 6, 70, se refiere: «Respondióle Jesús: "¿No he elegido yo a los doce? Y uno de vosotros es un diablo". Hablaba de Judas Iscariote, porque éste, uno de los doce, había de entregarle».

Existe la creencia generalizada en un mal augurio: es el de agruparse trece personas alrededor de una mesa, pues ello acarrearía la muerte, dentro del año, de uno de los reunidos. Por lo que pueda suceder, más vale evitar reuniones de este número de personas.

Numerar

La superstición relacionada con el hecho de contar objetos, animales, personas, etcétera, sostiene que es un acto peligroso, ya que acarrea mala suerte.

El origen de esta superstición se encuentra en la Biblia, Libro de Samuel, 24, 10: «David sintió latir su corazón cuando hubo hecho el censo del pueblo, y dijo a Yahvé: "He pecado gravemente al hacer esto. Ahora, ¡oh Yahvé!, perdona, te ruego, la iniquidad de tu siervo, pues he obrado como un insensato"». David había cometido un pecado de soberbia contando ochocientos mil hombres de armas que esgrimían la espada en Israel, y quinientos mil en Judá. Dios lo castigó enviando la peste a Israel.

Catulo escribe en los *Poemas*: «Bésame... hasta... que olvidemos la cantidad y nadie pueda maldecirnos por conservar la cuenta...».

Parece que trae mala suerte que un extraño cuente el número de animales de un rebaño, el ganado o el número de personas de un grupo, etcétera. Asimismo, trae mala suerte el que una persona se dedique a contar sus pertenencias.

El Año Nuevo

El día de Año Nuevo es el momento más apropiado para realizar toda suerte de pronósticos y adivinaciones sobre el devenir del año que comienza. Este día ha sido siempre objeto de numerosas supersticiones.

La actitud como precedente

Ovidio, en los *Fastos,* I, II, recomienda: «Para que el nuevo año no transcurra en la inutilidad debido a un mal precedente... cada persona tiene que coger el día de Año Nuevo una pequeña muestra de su trabajo, solamente para evidenciar cuál es su profesión».

Se dice que si se presta algo el día de Año Nuevo se prestarán cosas durante todo el año. También parece ser que si alguien llora el día de Año Nuevo llorará todo el año.

El Año Nuevo y el dinero

Ovidio en los *Fastos,* I, se pregunta: «¿Qué significa la miel blanca que se da como regalo y la pequeña moneda que también se da el día de Año Nuevo?».

Se supone que si se lleva dinero encima el día de Año Nuevo, se tendrá dinero todo el año.

El Año Nuevo y el ruido

Al parecer, trae buena suerte recibir el Año Nuevo con ruido, ya que de esta forma se espantan los brujos, diablos y malos espíritus en general.

El Año Nuevo y el trabajo

Se dice que trae mala suerte trabajar el día de Año Nuevo, por ejemplo lavando ropa, platos, etcétera.

El Año Nuevo y las adivinaciones

En España se han realizado tradicionalmente predicciones astrológicas en calendarios editados antes de que empiece el año. También se han efectuado predicciones climatológicas tomando como base el tiempo que ha hecho en determinados meses del año que acaba, conocidas con el nombre de «cabañuelas».

También se hacen predicciones atendiendo a las características del día de Año Nuevo, del planeta y del viento.

Hay personas que en la noche del 31 de diciembre, al acostarse, guardan bajo la almohada tres papelitos iguales que llevan escritas las palabras «bueno», «malo» y «regular». A la mañana siguiente cogen uno de los papeles y, según el que sea, así será el año.

Otra forma de pronosticar la suerte que se tendrá el año entrante es tirar al aire un zapato el primer día del año: si cae de pie significa buena suerte, si cae de costado, que el año será regular, y si lo hace boca abajo augura mala suerte.

Donde abunda el ganado se cree que el año será fértil

si los carneros viejos se anticipan a los jóvenes en cubrir a las ovejas.

Los años contados de siete en siete y de nueve en nueve desde el nacimiento de una persona se llaman climatéricos y se comenta que son peligrosos. El año más peligroso es el 63, que se denomina escalario.

Los años bisiestos son objeto de numerosas supersticiones, pero la mayoría de ellas se inclinan por señalar que son años portadores de mala suerte.

Los marineros opinan que los años nones son buenos para la navegación y, en cambio, los pares son años en que habrá tormentas.

Por el contrario, existe la creencia de que los años positivos y repletos de agradables novedades son los pares, mientras que los impares están llenos de desgracias y pesares.

El Año Nuevo y los deseos

Se dice que cuando dan las doce campanadas y se brinda por el nuevo año hay que formular los deseos para el año entrante. Hay que abrir la ventana para que se vaya el año viejo, y al mismo tiempo pisar un papel de color rosa, en el que se han escrito previamente los deseos. Después hay que guardar ese papel durante todo el año.

Para empezar bien el Año Nuevo hay que comer las doce uvas al sonar las doce campanadas que anuncian el comienzo del año.

El mes de mayo

Contrariamente a lo que parece, el mes de mayo es un mes de mal agüero.

Ya Ovidio cita en los *Fastos,* V, II, lo siguiente: «Tampoco esta época es propicia para las antorchas nupciales de la viuda o de la doncella. Las que se casen entonces no durarán mucho tiempo como esposas. Por esto, si los proverbios tienen alguna importancia para ti, la gente dice que no es bueno para las esposas que se casen en mayo».

La creencia en que el mes de mayo trae mala suerte para los que se casan se ha reflejado en el refrán castellano «Bodas en mayo, malas las llamo», y en el refrán catalán «Bodes maials, bodes mortals».

Antiguamente se creía que el mes de mayo era un mes peligroso, porque en él las brujas tenían mayores poderes y el mal de ojo era más potente.

Mayo se considera por lo general que es un mes aciago. También se dice que es un mal mes para los partos y que trae mala suerte a los nacidos en él.

En Galicia llamaban amayados a los animales o personas que se mostraban débiles o pusilánimes, porque era creencia popular que el mes de mayo se les había metido en el cuerpo. Para evitar esto, colocaban un ramo de retama en la puerta de la casa o de la cuadra.

Contrariamente, la palabra desmayo no tiene ninguna relación con el mes de mayo sino que procede del latín *exmagare,* derivada del germánico *magan* («tener fuerzas, poder»), y que en España empezó a utilizarse a partir del siglo XIII.

Es creencia de que no hay que quitarse la ropa de abrigo hasta que haya pasado el mes de mayo, lo que refleja el refrán «Hasta el cuarenta de mayo no te quites el sayo».

Se creía que la que se lavaba la cara con el rocío recogido el primero de mayo estaría bella todo el año; se consideraba que este rocío era un gran cosmético y conservaba el rostro libre de arrugas, erupciones, manchas y cualquier señal de envejecimiento.

La lluvia y el rocío del mes de mayo se utilizaban para curar diversas enfermedades: el dolor de espalda, restregándose en un campo húmedo de rocío; la lluvia de mayo recogida en una vasija bien limpia servía para curar las enfermedades de los ojos.

Martes y trece

Si el número trece por sí solo es considerado de mal agüero, resulta fatídico si coincide en el calendario con el día martes, según la tradición española, o con su equivalente anglosajón, el viernes.

El origen de esta superstición, según los historiadores Gerónimo Zurita y Castro en los *Anales de la Corona de Aragón* y Juan de Mariana en la *Historia General de España,* se encuentra en la derrota que sufrió en Játiva, un martes, don Jaime I el Conquistador. Pero el verdadero origen de la maldad atribuida al día martes se debe a su asociación con el dios Marte, dios de la guerra que implica la muerte.

La consideración del martes como día fatídico ha dado origen a varios refranes:

- «El martes, ni te cases ni te embarques.»
- «El martes ni gallina eches, ni hija cases.»
- «El martes ni hijo cases, ni cochino mates.»
- «En martes ni tela urdas, ni hijas cases, ni las lleves a confesar que no dirán la verdad.»
- «El martes ni tu casa mudes, ni tu hija cases, ni tu ropa tajes.»

Al parecer, cortándose las uñas en martes, día aciago, saldrán padrastros.

José Antonio Sánchez Pérez recoge en su estudio *Superstición y supersticiones* que los nacidos en martes serán desgraciados, tendrán vida corta y su ideal será la guerra.

La tradición anglosajona considera el viernes como día de mala suerte por ser el día en que Cristo fue crucificado. La unión del viernes y el trece se ha popularizado en España como consecuencia de la serie de películas de terror comercializadas bajo este título; *Viernes 13*, en su original *Friday the 13th.*

En la tradición anglosajona del viernes, correspondiente a nuestro martes, da mala suerte cortarse las uñas y el pelo en ese día.

El domingo

El domingo es el día sagrado de la religión cristiana, equivalente al sábado o *sabbath* judío.

Las supersticiones relacionadas con este día hacen referencia a su condición de sagrado, adquiriendo carácter positivo o negativo según las circunstancias.

El origen del domingo se encuentra en la Biblia, en el Génesis, 2: «Así fueron acabados los cielos y la tierra y todo su cortejo. Y rematada en el día sexto toda la obra que había hecho, descansó Dios el séptimo día de cuanto hiciera; y bendijo al día séptimo y lo santificó, porque en él descansó Dios de cuanto había creado y hecho».

En el Libro de los Números, 15, 32-6, se cuenta: «Sucedió, cuando estaban los hijos de Israel en el desierto, que encontraron a un hombre recogiendo leña en sábado; y los que le encontraron le denunciaron a Moisés y Aarón y a toda la asamblea; y le encarcelaron, porque no había sido todavía declarado lo que había de hacerse con él. Yahvé dijo a Moisés: "Sin remisión, muera ese hombre. Que lo lapide el pueblo fuera del campamento". Y toda la asamblea lo sacó del campamento y lo lapidaron».

Se atribuye mala suerte a trabajar en domingo, porque todo lo que se haga en ese día saldrá mal.

Existe la opinión de que el domingo es un día afortunado para contraer matrimonio.

Antiguamente se creía que al que cosía en domingo, el diablo le enhebraba la aguja.

Si alguien está enfermo, el día más apropiado para levantarse de la cama y comenzar la convalecencia parece que es el domingo, porque se relaciona con el Domingo de Resurrección.

Se cree que nacer en domingo trae buena suerte a un niño, porque gozará de una larga y próspera vida.

Existe la creencia de que si se abre una sepultura en domingo, habrá otro entierro dentro de la semana.

Antiguamente se decía que el día más favorable para plantear negocios era el domingo, pero la hora debía ser la correcta de acuerdo con el siguiente horario:

- Con señores: por la tarde, de una a dos y de ocho a nueve.
- Con eclesiásticos: por la mañana, de once a doce y por la tarde, de seis a siete.
- Con letrados: por la mañana, de ocho a nueve y por la tarde, de tres a cuatro y de diez a once.
- Con viejos: por la mañana, de diez a once y por la tarde, de cinco a seis.
- Con mujeres: por la mañana, de siete a ocho y por la tarde, de dos a tres y de nueve a diez.
- Para el juego: por la mañana, de once a doce y por la tarde, de seis a siete.

Hay un refrán que dice: «Cuando en domingo cae San Juan, vende tus bueyes y compra pan».

Haciendo caso de este refrán, muchos campesinos se preocupaban el año en que San Juan se celebraba en domingo, llegando algunos a tomarse el dicho tan al pie de la letra que vendían todos sus animales y hacían gran provisión de grano, con el consabido riesgo.

Se cree que lo que se sueña en domingo no tiene valor alguno.

El tiempo

Los fenómenos meteorológicos han dado lugar a numerosas supersticiones vinculadas a las artes adivinatorias y a algún tipo de predicción.

En el Evangelio de San Lucas, 23, 44-6 podemos leer: «Era ya como la hora de sexta, y las tinieblas cubrieron toda la Tierra hasta la hora de nona, oscurecióse el sol y el velo del templo se rasgó por medio. Jesús, dando una gran voz, dijo: "Padre, en tus manos entrego mi espíritu", y diciendo esto, expiró».

Se creía que si cuando había tormentas, lluvias torrenciales u otros fenómenos atmosféricos moría un personaje importante, el espíritu de la tormenta no se apaciguaría hasta el momento de su entierro.

Parece ser que siempre que un criminal iba a ser ajusticiado había fuerte viento y grandes tormentas.

Las artes adivinatorias basadas en los fenómenos atmosféricos reciben diversos nombres:

La *aeromancia* es el arte de adivinar por medio del aire, sus movimientos y los fenómenos aéreos. Este arte se practicó a partir del siglo XIV. La adivinación se hacía interpretando los sonidos que producía el aire al mover las arboledas o al entrar por los resquicios de puertas y ventanas, así como por la dirección del viento.

La *anemoscopia* es el arte adivinatorio mediante la observación del viento en el momento en que se plantea la consulta sobre el porvenir. Es una parte de la aeromancia.

La *brecomancia* es el arte de adivinar explicando la caída de la lluvia: se hacen los pronósticos según la lluvia caiga con fuerza, o con suavidad, las gotas sean gordas o finas, la dirección de la lluvia, etcétera.

La filomancia es el arte de adivinar según el movimiento de las hojas producido por el viento.

La *nefelomancia* es el arte adivinatorio basado en la interpretación de la forma y características de las nubes.

La Luna

La Luna es un astro, satélite de la Tierra, que alumbra reflejando la luz solar sobre las tinieblas de la noche. Para la historia de las religiones, la antropología, la sociología o la literatura, la Luna es una fuente inagotable de creencias que oscilan entre la superstición y la ciencia, y que están vinculadas a su influencia sobre el comportamiento del ser humano y la naturaleza.

La Luna y la salud

Plinio el Viejo, cuyos análisis científicos han persistido durante toda la Edad Media, recopila en la *Historia Natural* varios de los efectos atribuidos a nuestro satélite:

El libro II, CII, recoge que la Luna tiene influencia sobre el nacimiento, salud y muerte de las personas: «Ciertamente debemos considerar que la Luna es la estrella de nuestra vida. La Luna colma la tierra y llena los cuerpos cuando se aproxima, mientras que cuando retrocede, los vacía. Es por esto que los mariscos aumentan su tamaño cuando la Luna crece y su espíritu es especialmente sentido por las criaturas sin sangre, pero también la sangre de los hombres crece o disminuye en relación a sus fases, y por ello las hojas y la hierba son sensibles a ella, la misma fuerza penetra en todas las cosas».

Se suponía que los sietemesinos estaban concebidos en plenilunio.

Sigue diciendo Plinio en el libro XXVIII, XII, que la Luna quita las verrugas: «Para quitar las verrugas, algunos se acuestan en un sendero cara a la Luna cuando tiene veinte días, y tras mirarla fijamente con las manos sobre la cabeza se frotan las verrugas con cualquier cosa que hayan recogido».

Se decía que para eliminar las verrugas había que frotarlas con el rabo de un cerdo a la luz de la Luna.

Beda el Venerable, en su *Historia Ecclesiastica*, manifiesta al respecto: «El arzobispo Teodoro, de bendita memoria, dijo que era muy peligroso sangrar en el momento en que la luz de la Luna y la marea están en fase creciente...».

Se creía que las hemorragias eran peligrosas cuando la Luna estaba en cuarto creciente.

La Luna y la naturaleza humana

Plinio el Viejo en su *Historia Natural*, XVI, LXXV, escribe que la Luna tiene influencia en el crecimiento del pelo, las uñas, los callos: «El emperador Tiberio acostumbraba a esperar el período entre dos fases lunares para cortar su cabello. Marco Varro aconseja cortarse el pelo justo después de la Luna llena, como precaución para no quedarse calvo». Tal costumbre está muy arraigada, ya que en la actualidad la gente sigue estando atenta a los cambios de la Luna para cortarse el pelo y las uñas.

La Luna y la agricultura

Plinio, en el libro XVIII, LXXV, dice que la Luna influye en la siembra y la cosecha: «Se recomienda que todos los productos vegetales sean cortados, recogidos y almacenados mientras la Luna está menguando, porque procuran mayor provecho. También se recomienda sembrar cuando la Luna está sobre el horizonte, y recoger la uva y talar árboles cuando la Luna se halla bajo el horizonte».

Los campesinos castellanos tienen muy en cuenta la fase de la Luna para sembrar ajos, porque sembrándolos en menguante opinan que se salen de la tierra. Hemos consultado este punto con Carmen González i Puyalt, que además de su labor como ceramista es una gran conocedora de los misterios de la horticultura, la cual nos ha confirmado el aserto de Plinio. Lo que sucede es que durante la fase de Luna llena hay que plantar los ajos a mayor profundidad para que no se salgan de la tierra, porque la Luna los atrae, como a todo.

La Luna y el comportamiento

Sprenger y Krämer, en el *Malleus maleficarum,* dicen: «Las estrellas pueden influir en los demonios. Una prueba de ello es que los hombres llamados lunáticos son importunados por los demonios más en ciertos momentos que en otros; y los demonios... pueden importunarles con mayor intensidad en cualquier momento, a menos que los propios demonios se vean ellos mismos profundamente afectados por ciertas fases de la Luna».

La influencia de la Luna da lugar a expresiones populares como «lunático», «alunado» o «haber cogido la Luna», que definen a aquellos que padecen locura por intervalos. Esta calificación procede de la creencia de atribuir tales crisis en los cambios de humor de una persona a la influencia de los cambios de la Luna.

Por esto se considera peligroso dormir a la luz de la Luna, o con la Luna bañando la cabeza del durmiente.

Estos cambios en el estado de ánimo coincidentes con los cambios de fase lunar se registran en su caso más extremo en el comportamiento de los psicópatas, pues parece ser que el impulso homicida se manifiesta especialmente en la fase de Luna llena. En este sentido se manifestó Margarita Landi, que fue cronista del periódico *El Caso,* en uno de los programas televisivos de *Código Uno.*

José Antonio Sánchez Pérez, en *Superstición y supersticiones,* recoge la tradición popular respecto «a los hombres alunados (medio chiflados o con manías) dicen en Cáceres que se les va el alunamiento con una pequeña media Luna de acero hecha durante los oficios de Jueves Santo».

Las leyendas que relatan la influencia de la Luna sobre el comportamiento humano son innumerables, y suelen destacar por la belleza y el misterio que transmiten. Recordemos entre otras la leyenda de Gustavo Adolfo Bécquer *El rayo de Luna,* o bien el drama de Shakespeare *Otelo,* que, tras matar a su esposa Desdémona, atribuye su locura a la influencia de la Luna: «¡Es el efecto de la desviación total de la Luna! ¡Se aproxima a la Tierra más que de costumbre, y vuelve locos a los hombres!» (acto V, escena III).

También se relaciona con las fases de la Luna la leyenda del hombre-lobo, que tiene su base científica en la enfermedad mental llamada zoantropía, una de cuyas manifestaciones es la licantropía, es decir, el paciente cree ser un lobo. La superstición popular conoce al hombrelobo con el nombre de lobinsón; esta fatal condición de lobinsón la posee y manifiesta el séptimo hijo varón precedido de seis varones. Se cree que la transformación en hombre-lobo se realiza durante la primera noche de Luna llena. Con mucha frecuencia y diferente suerte, el cine y la literatura se han hecho eco de esta leyenda que posee los caracteres literarios y plásticos suficientes para transmitirse de forma inquietante por estos dos medios.

La Luna y la alquimia

Los alquimistas relacionaron cada uno de los metales fundamentales con un día de la semana, con los días de la Creación y con uno de los siete planetas conocidos hasta entonces. A la Luna llena le corresponde la plata o el mercurio, como metales fundamentales, su número es el siete, y el día de la semana el lunes.

La Luna y la adivinación

Durante los siglos XVI y XVII los almanaques astrológicos o lunarios tuvieron gran popularidad, destacando por su curiosidad los *Pronósticos y diarios de los cuartos de Luna para el año...* (aquí se escribía el año correspondiente), de Diego Torres Villarroel, de quien se conocen sus *Almanaques y pronósticos anuales* desde el año 1726, y cuyos augurios resultaron en algunos casos sorprendentes. Destacamos entre ellos por su curiosidad el vaticinio de la muerte del monarca Luis I (1707-1724), hijo de Felipe V, en un momento en que su salud y juventud no hacían temer el menor peligro. Torres Villarroel pronosticó que su muerte acontecería «en el rigor del verano»; efectivamente, el monarca falleció el día 31 de agosto de 1724, víctima de la viruela maligna tras un brevísimo reinado que duró apenas siete meses.

Más sorprendente resulta su pronóstico, y acierto, de la Revolución Francesa:

> Cuando los mil contarás
> con los trescientos doblados
> y cincuenta duplicados
> con los nueve dieces más,

entonces, tú lo verás,
mísera Francia, te espera
tu calamidad postrera
con tu rey y tu delfín,
y entonces tendrá su fin
tu mayor gloria primera.

Torres Villarroel se equivocó solamente en unos meses, puesto que la Revolución se produjo en el año 1789, en lugar de en 1790 como plantea el pronóstico.

Existen pronósticos anteriores a los de Torres Villarroel, entre otros los de Diego Ortiz, de Zaragoza, correspondientes al año 1643, y de Jerónimo López, de Zaragoza, correspondientes a 1680.

Estos autores de pronósticos solían utilizar el sobrenombre de «Piscator». Torres Villarroel utiliza como propio el de «El Gran Piscator de Salamanca Don Diego de Torres Villarroel» como vemos en sus obras. Por extensión, la palabra *piscator* pasó a significar el pronóstico o almanaque mismo. El *Diccionario de Autoridades* la define como: «Pronóstico general que suele salir cada año. Tomó el nombre de un astrólogo antiguo de Milán que sacaba a la luz su pronóstico bajo el nombre de Sarrabal. Y se distinguen hoy con el nombre de Piscator de Andalucía, de Salamanca, etcétera». Este astrólogo era El Gran Piscator Sarrabal de Milán, citado por Torres en su autobiografía, *Vida, ascendencia, nacimiento, crianza y aventuras de...*, y cuyos pronósticos tuvieron gran popularidad en nuestro país. En la actualidad el *Diccionario de la Real Academia* define la palabra *piscator* como: «Título que llevaban los antiguos calendarios milaneses. Especie de almanaque con pronósticos meteorológicos».

El hombre de la Luna

La leyenda del hombre de la Luna es una antigua superstición, cuyo origen está en la Biblia. Parece que trae mala suerte señalar con el dedo hacia la Luna, pues en ella vive un hombre que fue condenado a habitar en soledad en este planeta en castigo por haber recogido leña el sábado, y a este hombre, que lleva un saco de leña sobre sus hombros, no le gusta que le señalen con el dedo.

La Luna nueva

La primera fase de la Luna es la Luna nueva, en la que el astro se sitúa entre el Sol y la Tierra, quedando en sombra la parte enfrentada a la Tierra por lo que es casi invisible. Esta fase ha dado lugar a diversas supersticiones generalmente de carácter positivo.

En la Biblia, en el Libro de Job, 31, 26, 27, se dice: «Mirando al sol cuando brilla o a la Luna nueva, ¿fue seducido secretamente mi corazón?, y les lancé con la mano el beso de mi boca».

Horacio, en las *Odas*, año 19 a.C., cuenta: «Si Fidilo levanta sus manos al cielo cuando la Luna es nueva... el vino no se agriará ni las cosechas se perderán».

Se supone que trae buena suerte inclinarse ante la Luna nueva, porque se tendrá un regalo antes de la próxima Luna nueva.

Existía la creencia de que la fase propicia para matar los cerdos es la Luna nueva, ya que según cuenta el refrán: «Si quieres que te cunda el tocino, mata en Luna nueva tu cochino».

Es tradición popular que cuando se mira por primera vez hacia la Luna nueva hay que formular un deseo y éste se cumplirá antes de que finalice el año.

Trae buena suerte besar a otra persona cuando hay Luna nueva.

Por el contrario, parece que trae mala suerte mirar la Luna en esa fase a través de un vidrio o de una ventana.

El Sol

El Sol, como una de las fuerzas vivas de la Naturaleza, y la más visible de todas ellas, fue objeto de divinización en todos los pueblos paganos, habiendo dado origen el comportamiento de este astro, su salida y ocaso, el brillo de su luz y sus propiedades terapéuticas a una gran variedad de mitos y formas de adoración y culto.

Es por esta razón que las supersticiones relacionadas con el Sol hacen referencia a conjuros, augurios e influencias sobre el comportamiento de las personas.

El Sol y los conjuros

En tiempos se creía que los casos de insolación eran debidos a que el Sol se había metido en la cabeza del enfermo y era preciso sacarlo con hechizo y conjuros, como el que sigue, del siglo XVII:

Sol, Sol
Déjame a… (nombre del enfermo)
con su gran valor
Vete de aquí
Así como el mar
No puede estar sin agua
Así como el monte
No puede estar sin leña
Así como el cielo
No puede estar sin ti
Sol, Sol, vete de aquí.

Se finalizaba rezando tres veces el Credo.

Para encontrar a un ausente o para hacerse querer se hacía el llamado conjuro del Sol. A falta de nuestros actuales *reality shows,* bien valía un conjuro:

En una habitación cerrada, en la que por algún orificio o rendija entrara algún rayo de Sol, se fingía cogerlo con la mano y con ella cerrada se decía:

> Rayo de Sol que del cielo saliste
> a mi amado ¿dónde le viste?
> De mi amor ¿qué le dijiste?
> Ve, rayo de Sol
> y dale, en medio del corazón
> de mi amor la embajaduría
> por la que el ángel Gabriel
> dio a la Virgen María.

El Sol y los augurios

Los augurios romanos comenzaban a media noche y acababan al mediodía; por ello no era aconsejable viajar cuando el Sol se ponía sino cuando empezaba a salir.

Se creía que traía mala suerte casarse al atardecer. Por el contrario, traía buena suerte nacer por la mañana.

El Sol y la astrología

Los calendarios astrológicos del siglo XVI planteaban que el Sol es un planeta masculino de calidad caliente y seca e influencia favorable.

Ejercía su acción sobre la claridad, los reyes, señores, consejeros, legisladores, plateros, oro, piedras preciosas, perlas, palacios, leones, caballos, carneros, dragones, palmeras datileras, parras, higueras, rosales y moreras.

Se decía que el hombre que nacía bajo su señorío sería grueso, blanco, de ojos medianos y cabellos delgados.

Parece ser que el Sol domina sobre el corazón y el ojo derecho.

Se vinculan al Sol el domingo y la noche del jueves. Sus horas especiales son la primera del día y la octava de la noche.

En horoscopia se cree que el Sol destruye la influencia de los demás astros.

El Sol y otras supersticiones

En las épocas en que imperaba la teoría de los humores, en la medicina se creía que poniéndose a orinar cara al Sol se quitaban los malos humores.

Se decía que si en una casa había un fuego encendido y se abría la ventana para que entraran los rayos del Sol, el fuego se apagaba.

El Sol y los sueños

Si se sueña que sale el Sol, es augurio de buenas noticias. Si el Sol está en el ocaso, es de mal agüero. Si se sueña con un Sol resplandeciente, es augurio de gloria. Si es rojo, presagia mala suerte en los negocios.

Los cometas

Los cometas son astros generalmente formados por un núcleo brillante, poco denso, que se encuentra en estado sólido, de dimensiones generalmente pequeñas, rodeado de una cabellera luminosa que le precede, le envuelve o le sigue, y que, junto con el núcleo, forma la cabeza. La cola es una atmósfera luminosa que sigue a la cabeza y está situada en dirección opuesta al Sol.

Desde la Antigüedad los cometas han representado las fuerzas negativas que presagian infortunios y desastres. En consecuencia, las supersticiones relacionadas con ellos son de naturaleza negativa.

Plinio el Viejo, *Historia Natural,* II, VI: «Las estrellas están ligadas al firmamento y no a cada uno de nosotros como cree el pueblo que están repartidas entre los mortales con un brillo que varía en relación a la suerte de cada uno; las estrellas más brillantes para los ricos, las menos para los pobres, las apagadas para los inútiles; no nacen junto con el ser al que están ligadas ni las estrellas fugaces indican que la vida de una persona se está extinguiendo».

Evangelio de San Mateo, 2, 1-9: «Nacido, pues, Jesús en Belén de Judá en los días del rey Herodes, llegaron del Oriente a Jerusalén unos magos diciendo "¿Dónde está el rey de los judíos que acaba de nacer? Porque hemos visto su estrella al oriente y venimos a adorarle...". Después de haber oído al rey se fueron, y la estrella que habían visto en Oriente les precedía, hasta que vino a pararse encima del lugar donde estaba el niño». De aquí que se diga que cuando aparece una estrella fugaz significa el nacimiento de un niño: son las almas de los niños bajando del cielo.

Evangelio de San Mateo, 24, 29: «Luego, enseguida, después de la tribulación de aquellos días, se oscurecerá el Sol, y la Luna no dará su luz, y las estrellas caerán del cielo, y los poderes del cielo se conmoverán».

Tácito, *Anales,* XIV, XXI, año 120: «Un cometa resplandeció un fenómeno que, según las creencias del pueblo, presagia cambios en los reinos».

Beda el Venerable en *De Natura Rerum,* XXIV: «Los cometas son estrellas con una larga cola de llamas, que aparecen de repente, y presagian un cambio en el reino, o una plaga, o una guerra, o vientos o inundaciones».

Desde siempre se ha dicho que los cometas son una señal de mal augurio, que pronostica guerras, pestes y desgracias. Si se sueña que aparece un cometa es aviso de que acecha un peligro.

Si se ve un cometa o estrella fugaz significa la muerte de alguien, ya que al parecer cuando una estrella cambia de lugar es porque un alma ha ascendido al cielo.

Es creencia popular que las lluvias de estrellas representan malos augurios. Antiguamente, para el pueblo significaba que el fin del mundo estaba próximo.

Cuando se ve una estrella fugaz en el cielo hay que pedir rápidamente un deseo antes que desaparezca, ya que se cree que el deseo se cumplirá.

Uno de los cometas más importantes y conocidos es el cometa Halley, descubierto por el astrónomo inglés Edmund Halley (1656-1742). Existen noticias históricamente confirmadas de la aparición de este cometa desde el año 240 a.C. Sus apariciones han ido siempre acompañadas de calamitosos presagios como el fin del mundo, etcétera. Por ejemplo, en la Edad Media, por la forma de su cola se vio en ella un alfanje que auguraba el sometimiento de la cristiandad al poder otomano. Aunque su aparición tiene lugar cada 76 años, ésta viene acompañada de anuncios de males catastróficos, como ocurrió en 1910, en el que se dice fue presagio de la Primera Guerra Mundial.

Los rayos y los truenos

Los rayos y los truenos son fenómenos atmosféricos que por su violencia siempre han causado pavor a la humanidad. Las supersticiones relacionadas con estos fenómenos generalmente tienen un carácter negativo y también se han valido de ellos las artes adivinatorias para formular sus pronósticos.

Cuando escuchamos la frase «rayos y centellas», las centellas son aquí el femenino de rayo.

La tormenta y la suerte

Plinio comenta en la *Historia Natural,* II, LV: «Es un fenómeno que presagia fortuna el hecho de que un rayo proceda de la primera parte del cielo y desaparezca por el mismo lugar –una señal que se recuerda fue vista por el dictador Sula–, pero los demás auguran desgracias, según la división del cielo por donde aparezcan. Hay personas que creen que trae mala suerte escuchar o contar los estampidos de los truenos».

Se dice que trae mala suerte señalar hacia la parte del cielo por donde se cree que aparecerá un relámpago.

Parece que trae mala suerte contar el tiempo que transcurre entre el relámpago y el trueno para determinar la distancia de la tormenta.

La tormenta y los augurios

Homero en la *Ilíada,* IX, 800 a.C., dice: «Aconsejo a los acaienos todos que regresen a sus lares, porque nunca verán el postrer día de la inhiesta Ilios. Bajo sus manos la ha tomado Zeus el que potente truena, y ha infundido a su pueblo gran audacia. En cuanto a vosotros, idos para transmitir mi respuesta a los caudillos acaienos, participándosela también a los ancianos, y mediten otro medio mejor de salvar las naves y las tribus acaienas, ya que mi cólera hace inútil el que hallaron».

Plinio en la *Historia Natural,* II, LIV, expone: «El conocimiento ha avanzado tanto en la interpretación de los rayos, que se puede predecir cuándo volverán a caer y lo que destruirán; este progreso ha sido hecho mediante experimentos públicos y privados».

Plinio sigue en el capítulo LV: «Los relámpagos a la izquierda del cielo son considerados señal de buena suerte, porque el Sol sale por el lado izquierdo del firmamento y su aparición no es tan visible como su desaparición».

Y en el capítulo LII: «Marcia, una romana de alto linaje, fue alcanzada por un rayo cuando estaba embarazada y aunque el niño murió, ella salió ilesa de este percance. Otro de los fenómenos que acontecieron en tiempos de Catilina fue que un magistrado de Pompeya, llamado Marco Herennio, fue alcanzado por un rayo que apareció en un día completamente despejado».

Se decía que cuando había una tormenta en verano era señal de que iba a morir una persona importante.

Se cree que si relampaguea hacia la izquierda del cielo es señal de buena suerte.

Se pensaba que las tormentas en domingo eran augurio de la muerte de un hombre importante. En lunes presagiaban la muerte de alguna mujer. En martes traían suerte. En miércoles traían mala suerte. En jueves anunciaban cosechas abundantes. En viernes auguraban asesinatos. En sábado, plagas y epidemias.

La meteoromancia es el arte de adivinación deducida de la observación de los meteoros en general, y especialmente de los relámpagos, rayos y truenos. La interpretación depende del momento astrológico, o sea, de la posición respectiva del Sol y los planetas, del día de la semana, de la hora del día y del lugar y dirección desde donde se ven o se oyen.

La tormenta y la ira de Dios

Plinio en la *Historia Natural,* II, XVIII, explica: «Los rayos son los fuegos de los tres planetas superiores, particularmente los de Júpiter, que ocupa la posición intermedia, posiblemente porque llena el vacío entre la excesiva humedad del círculo superior (Saturno) y el excesivo calor del círculo inferior (Marte) y éste es el origen del mito de que los rayos son las jabalinas lanzadas por Júpiter».

En el libro XXVIII, IV: «Lucio Piso, en el primer libro de sus *Anales* nos relata que el rey Tullus Hostilius usaba el mismo sacrificio ritual que Numa, que encontró en sus libros, y en un intento de hacer bajar a Júpiter de los cielos fue alcanzado por el rayo como consecuencia de haber omitido ciertas formalidades del ritual».

El Evangelio de San Juan, 12, 28-9 relata: «Padre, glorifica tu nombre. Llegó entonces una voz del cielo: "Le glorifiqué y de nuevo le glorificaré". La muchedumbre que allí estaba y oyó decía que había tronado; otros decían: Le habló un ángel».

Tácito en los *Anales*, XIV, describe: «Cuando Nerón se sentó para almorzar en su villa llamada Sublaqueum... las viandas fueron alcanzadas por el rayo y la mesa se volcó, y esto... se comentó en los alrededores... de donde procedían los antepasados de Plauto, como señal de que era el hombre predestinado para gobernar el Imperio por voluntad de los dioses».

Según la creencia popular, cuando se oía tronar era Dios que llamaba la atención a los hombres por sus pecados. También se creía que los relámpagos significaban la ira de Dios.

La tormenta y la salud

Plinio en la *Historia Natural*, XXVIII, XI informa: «Si se arranca con los dientes un trozo de madera de un árbol que ha sido alcanzado por el rayo, manteniendo las manos detrás de la espalda, y se aplica sobre el diente o muela afectado por el dolor, es un remedio infalible, según se dice, contra los dolores de muelas».

Se pensaba que mascar astillas de un árbol alcanzado por el rayo curaba el dolor de muelas.

La tormenta y los amuletos

Existía la costumbre de encender una vela de cera verde y bendecida en la iglesia cuando comenzaban a oírse los truenos. Además se tenía que decir: «Santa Bárbara bendita, que en el cielo estás escrita, con papel y agua bendita, al pie de la Santa Cruz, Padre Nuestro. Amén Jesús». De ahí viene el dicho de que la gente sólo se acuerda de santa Bárbara cuando truena. También se solía encender el cabo de una vela que hubiera ardido en el Monumento de Semana Santa, o el día de Nuestra Señora de la Luz o el de Navidad.

Era muy frecuente que se pusieran unas trébedes del

revés en el suelo cuando había tormenta para que la casa se viera protegida contra el rayo.

En el siglo XVII se utilizaban collares de coral rojo o de conchas marinas como protección contra los rayos.

Existía la costumbre de poner dos cuchillos en forma de cruz cuando había tormenta para librarse del rayo.

La piedra de rayo, cuyo nombre científico es la ceraunia, es un pequeño aerolito o un trozo de sílex que se encuentra en el campo, lejos de lugares en que es frecuente la existencia de trozos de sílex. La creencia popular es que, al caer, el rayo se mete siete estados debajo de la tierra y que cada año que pasa sube un estado, así es que al cabo de siete años asciende a la superficie. El que encuentra una piedra de rayo se cree que se verá libre de los peligros de las tormentas. Por ello muchos pastores la llevaban en sus zurrones.

La tormenta y otras supersticiones

Se decía que cuando había tormenta, si dos muchachos se ponían a orinar juntos y la distancia entre ellos era menor de una braza, les caería un rayo.

La tormenta y los sueños

El soñar con rayos es augurio de discordias.

Soñar con relámpagos lo es de muerte o pérdida de bienes.

Soñar con tormentas es señal de peligros.

El fuego

El fuego es el calor y la luz producidos por la combustión, que los antiguos clasificaron como uno de los cuatro elementos de la Naturaleza.

En la prehistoria, el descubrimiento del fuego cambió la vida del hombre y desde entonces ha sido un elemento ligado a su vida para bien o para mal. Las supersticiones relacionadas con el fuego son de signo positivo o negativo según las circunstancias.

El fuego en el hogar

Sprenger y Krämer en el *Malleus maleficarum*, sostienen: «Cuando se realiza cualquier experimento para descubrir a una bruja hay que tener mucho cuidado de que la puerta esté bien cerrada, porque la bruja se ve obligada a causa de los dolores que padece a intentar entrar en la casa, y si puede coger un carbón del fuego todos sus dolores desaparecerán».

Trae mala suerte sacar fuera de casa el fuego que arde en ella: si alguien enciende su pipa en el fuego y luego se va, la suerte abandona ese hogar.

Se creía que mientras se tuviera un atizador sobre el fuego ninguna bruja podía encantar aquella casa. Parece ser que traía mala suerte que una persona invitada por primera vez a una casa removiera el fuego con el atizador.

Se suponía que traía mala suerte que el gancho colgado encima del fuego se moviese al retirar un puchero; había que detenerlo con las manos.

Se dice que si el fuego arde sólo en un lado de la parrilla es de mal agüero. Se tiene por señal de mal agüero el que un fuego no se apague por la noche y que las brasas sigan ardiendo por la mañana.

El fuego como protección

Al parecer, las hogueras que se encendían la noche de San Juan servían para alejar a las brujas del lugar y proteger casas y ganados. Sobre todo traía buena suerte saltar sobre las hogueras.

Las hogueras del 24 de junio son una superposición cristiana al antiguo culto de las aguas y de Adonis. Saltar sobre el fuego era un rito de iniciación a la magia reservado a aspirantes a magos y generalmente se efectuaba entre restos antiguos, menhires o dólmenes.

Se decía que las cenizas de las hogueras de la noche de San Juan servían para que los campos dieran cosechas abundantes.

Antiguamente, para proteger a un niño recién nacido contra los encantamientos de las hechiceras y demás espíritus malignos se daba tres vueltas con el cestito que lo contenía alrededor del gancho que colgaba encima del fuego.

El fuego y la salud

Para curar las fiebres se hacían tres cruces con tiza blanca en la parte interior de la campana de la chimenea: una grande en el centro y dos más pequeñas a los lados, y cuando se ennegrecían con el humo del fuego se suponía que la fiebre desaparecía.

En los siglos XVII y XVIII había una enfermedad llamada fuego de hígado, cuyos síntomas eran una mancha o conjunto de manchas de color rojo violado que, por efervescencia crónica, aparecía en una o ambas mejillas; ello se achacaba a una enfermedad del hígado, curándose con diversas recetas acompañadas de una oración.

Existía otra enfermedad llamada fuego de san Marcial, enfermedad epidémica que hizo grandes estragos desde el siglo X al XVI, y que consistía en una especie de gangrena precedida y acompañada de ardor abrasador. Era una erisipela maligna. Para curarla se decía esta oración:

San Marcial y san Marcelino
van juntos por un camino;
san Marcial le dice a san Marcelino:
–Fuego vemos,
¿con qué lo apagaremos?
Con unto de puerco
y tierra de Guía,
apáguelo Dios
y santa María.

El comportamiento del fuego

Se dice que si el fuego se aviva de repente, sin que se haya soplado, denota una visita inesperada.

Otro dicho es que si el fuego arde con llamas azules, significa la presencia de espíritus.

Se cree que si el fuego no arde con fuerza representa disgustos familiares; si arde de forma que no quede un hueco entre dos llamas, presagia una muerte en la familia.

Si saltan chispas de un fuego se dice que significa buenas noticias, y si saltan en dirección a una persona, ésta tiene que escupir por encima de su hombro. Quiere decir que alguien está hablando mal de esa persona y se contrarresta de esta forma.

Los fenómenos y el fuego

El fuego de san Telmo es un fenómeno producido por la electricidad atmosférica, que se puede apreciar en la arboladura de los barcos. Para la superstición tiene significados diversos: unos dicen que es de mal agüero, mientras que para otros es una buena señal. Es conocida una anécdota referente a los viajes de Cristóbal Colón, según la cual en el segundo viaje la tripulación presenció un fuego de san Telmo masivo que presentaba la forma de siete cirios. Y en medio de una gran tormenta, todos elevaron sus oraciones a Dios, en acción de gracias.

Helena es el fuego de san Telmo cuando se presenta con una sola llama en los vértices altos de objetos puntiagudos durante las tormentas. La superstición ha atribuido este hecho a causas ocultas.

Los fuegos fatuos son unas llamitas que vagan por el aire, cerca del suelo y que son producidas por los gases de materias orgánicas en descomposición, por lo que aparecen en zonas pantanosas y cementerios. La superstición mantiene que se trata de almas en pena, aunque también se cree que son de apariciones diabólicas.

El fuego griego es una mezcla que arde incluso en contacto con el agua. Lo emplearon por primera vez los bizantinos contra las naves sarracenas en el año 670. El fuego griego se lanzaba con sifones y cerbatanas y no se conoce exactamente su composición.

El fuego y las adivinaciones

La piromancia es un arte adivinatorio mediante el fuego, interpretando la disposición, color y formas de las llamas y el crepitar del fuego. Este arte adivinatorio estuvo en boga en los siglos XVI y XVII.

Para la adivinación se podía utilizar tanto el fuego encendido por las personas interesadas como un fuego espontáneo. El sistema que se empleaba consistía en fijar un día de antemano. Cuando ese día llegaba se partía al salir el Sol y se caminaba sin rumbo fijo hasta encontrar fuego en algún sitio. Si ese fuego era fuerte y brillante presagiaba la buena suerte. Si estaba apagándose o no se podía avivar, pronosticaba desgracias. Si no se veía fuego en todo el día auguraba un porvenir sin sobresaltos.

Remover el fuego con un atizador era un sistema utilizado para conocer el humor del novio en ese momento. Si ardía con fuerza significaba que estaba de buen humor.

El fuego y los sueños

Al que sueña que enciende fuego con facilidad se le augura que tendrá hijos hermosos. Si sueña que se enciende con trabajo es augurio de deshonra. Si sueña que se quema es presagio de enfermedades. Si en el sueño maneja el fuego con facilidad es vaticinio de buena suerte.

El fuego y otras supersticiones

Se dice que el niño que juega con fuego se orina en la cama.

También se dice que trae mala suerte escupir en el fuego.

Se cree que trae mala suerte que dos personas encien-dan a la vez un fuego, ya que significa que habrá disgus-tos entre ellos.

El agua

El agua se ha utilizado en los ritos con significados diversos. Las supersticiones relacionadas con ella son muy variadas, y están conectadas con prácticas hechiceras, curanderas, etcétera.

La Biblia menciona el agua en diversos pasajes:

Eclesiastés, 1, 7: «Todos los torrentes invernales salen al mar; no obstante, el mar mismo no está lleno. Al lugar para donde salen los torrentes invernales, allí regresan para poder salir».

Libro de Job, 26, 8: «Encierra las aguas en las nubes, y las nubes no se rasgan bajo ellas»; 36, 27-8: «Él atrae las gotas de agua y diluye la lluvia en vapores que destilan las nubes, vertiéndola sobre el hombre a raudales»; 38, 37: «¿Quién puede contar las nubes con sabiduría, y quién derrama los odres de los cielos?».

El agua y la hechicería

Sprenger y Krämer explican en el *Malleus maleficarum*: «Si una mujer introduce una rama en el agua y sacude el agua recogida en ella al aire para causar la lluvia... ha hecho un pacto con el diablo mediante el cual hace este sortilegio como bruja y es el diablo quien trae la lluvia».

Se decía que introducir una rama en el agua y sacudirla al aire era un procedimiento propio de brujas para provocar grandes tormentas y lluvias torrenciales.

Cuando se perseguía a una persona sospechosa de brujería se pensaba que se detendría al tropezarse con un río porque era creencia general que los espíritus no podían cruzar una corriente de agua.

Se creía que había que escupir tres veces en el suelo antes de cruzar una corriente de agua al anochecer para protegerse de los malos espíritus y hechiceros.

El agua como contrahechizo

Se suponía que para contrarrestar el mal agüero había que tirar agua por la puerta, balcón o ventana.

También existía la costumbre de que cuando moría una persona había que arrojar a la calle toda el agua que hubiera en la casa, ya que se creía que los muertos bañaban su alma para purificarse y no querían beberse sus culpas.

Se solía utilizar la llamada agua de alicornio para contrarrestar el mal de ojo. El procedimiento era el siguiente: sobre trozos y raspaduras de asta de ciervo se vertía agua, se recogía, se volvía a verter y así varias veces seguidas mientras se pronunciaban trescientas frases cabalísticas, llamadas «salmos», porque las utilizaban mayoritariamente los ensalmadores. Cuando el agua empezaba a formar burbujas del tamaño de un ojo de buey, al parecer estaba a punto para combatir el mal de ojo.

El agua y la adivinación

Se llama hidromancia al arte de adivinar por medio de líquidos, especialmente agua.

La llamada «suerte del agua» consiste en prefijar un día y observar durante él la clase de agua que se ve: el agua clara es pronóstico de felicidad; el agua turbia lo es de desgracias; el agua hirviendo anuncia una alegría; si no se ve agua en todo el día es pronóstico de ruina.

Se decía que había que coger tres juncos de un río y pasarlos de uno en uno por la boca de un niño que tuviera llagas; se echaban los tres juncos al río y así como la corriente se los llevaba, las llagas desaparecerían.

Se solía introducir a los niños con tos ferina en un río para curarles.

Contra la tos ferina también se solía coger cinco piedras con musgo de un arroyo y se hervían, después se echaba el líquido resultante sobre el hombro izquierdo del enfermo.

Contra las enfermedades provocadas por la hechicería había que coger agua de un río antes de que amaneciera, se introducía una moneda de plata y con ella se esparcía el agua sobre la cara del paciente.

Se creía que para quitar los dolores de sobreparto había que colocar debajo de la cama de la parturienta una vasija con agua fresca durante veinticuatro horas.

También se creía que colocando un recipiente con agua fría bajo la cama de una persona que padecía calambres éstos desaparecerían.

Igualmente se colocaba el susodicho recipiente con agua fría bajo la cama de enfermos de larga duración para evitar que se llagasen.

Se dice que si dos personas beben agua a la vez, una de ellas caerá enferma.

Se utilizaba el agua blanca o agua de cal para evitar la hidrofobia en los animales mordidos por perros que pudieran estar rabiosos. El procedimiento era rociar con este agua todos los animales de los que se sospechaba que pudieran estar enfermos.

El agua y los sueños

Se dice que soñar con agua en general presagia disgustos. Pero según las características del agua, el sueño se interpreta de diferente forma:

Si se está dentro del agua, presagia enfermedades respiratorias.
Es buen presagio si está transparente y tranquila. Si está turbia o agitada acarrea desgracias.
Si se está encima de agua limpia significa buena fortuna.
Si se está encima de agua turbia supone la pérdida de alguien entrañable.
Si se cae al agua implica peligro de muerte. Si el agua está caliente, denota enfermedad. Si se bebe agua caliente simboliza acosos.
Si se bebe agua fría representa prosperidad.
Si el agua está estancada anuncia una enfermedad mortal.
Si se camina sobre el agua es señal de un gran acontecimiento.
Si se ve manar agua pronostica disgustos.

El agua y otras supersticiones

Al parecer, quien beba agua al sentarse a la mesa antes de probar un bocado dará un disgusto a la familia.

En los pronósticos meteorológicos se suele decir que «agua a la entrada de la Luna, o mucha o ninguna».

También se dice que «norte claro y sur oscuro, aguacero seguro».

La marea

La marea es un movimiento periódico y alternativo de ascenso y descenso de las aguas marinas, producido por las atracción del Sol y de la Luna. Las supersticiones relacionadas con este fenómeno hacen referencia a la vida y la muerte.

Encontramos el origen de esta superstición en la *Historia Natural*, de Plinio, II, CI: «Todos los mares expulsan desechos en marea alta y algunos también periódicamente. En las cercanías de Messina y Mylas, la espuma con aspecto de excremento se esparce por la orilla, y esto es el origen de la historia que relata que éste es el lugar donde se halla el establo del Buey del Sol. Por esta razón, Aristóteles añade que los animales no mueren excepto cuando la marea baja. Ésta es una creencia general en el Océano de las Galias y se ha confirmado ser cierta en el caso de los hombres».

Existía la creencia de que la vida llegaba con la marea alta y se iba cuando bajaba, por lo que si un niño nacía con marea baja era un mal presagio.

Se decía que las muertes ocurrían cuando la marea bajaba, y también que si algún moribundo no fallecía cuando la marea bajaba sobreviviría hasta la próxima bajamar.

Se creía que para curar las fiebres había que colocar al paciente en la orilla del mar cuando subía la marea, porque se suponía que, cuando bajara, las olas se llevarían la enfermedad.

Existía también un remedio contra la tos ferina que consistía en llevar al niño todos los días a la playa en bajamar y dejar que corretease antes de que subiera la marea. También se utilizaba el remedio de hacer beber al niño agua de mar para provocarle el vómito, y cuando bajaba la marea se llevaba el vómito y con él la tos ferina.

El bautizo

El bautismo es el primero de los sacramentos de la Iglesia, con el cual se confiere al bautizado el estado de gracia y el carácter de cristiano.

Las supersticiones relacionadas con esta ceremonia son de diversa naturaleza, y dependen de la actitud de los participantes en dicha ceremonia, del momento en que se imparta, etcétera.

Sprenger y Krämer, en el *Malleus maleficarum,* relatan: «Una de las brujas que habían sido capturadas, replicó: "Tendemos nuestras trampas principalmente sobre los niños sin bautizar… con nuestros encantamientos los matamos en sus cunas o cuando duermen al lado de sus padres, de tal forma que parece que han fallecido de muerte natural. En secreto los sacamos de sus tumbas y los hervimos en un caldero y con ellos hacemos un ungüento que tiene la virtud de ayudarnos en nuestras artes y placeres"».

Se decía que si un niño sin bautizar caía enfermo, el único remedio para curarle era la administración del bautismo.

Se creía que un niño no debía ser bautizado antes de los ocho días de su nacimiento, porque si no sería sonámbulo o epiléptico.

También se creía que si un niño nacía en Semana Santa tendría mala suerte si se le bautizaba antes de la Pascua de Resurrección. Se pensaba que los padres no debían acudir al bautizo, porque si lo hacían el niño moriría pronto.

Parece ser que si un niño no lloraba al ser bautizado, no viviría mucho tiempo. En cambio si lloraba al recibir el agua bendita se decía que era debido a que estaba expulsando al diablo.

Si por cualquier razón un bautismo debía posponerse se creía que era una señal de mal agüero.

Se hablaba de que traía mala suerte llevar a una casa o tener en brazos a un niño sin bautizar. Había que hacer la señal de la cruz para contrarrestar la mala suerte.

El matrimonio

La ceremonia de la boda ha dado lugar a numerosísimas supersticiones, tanto de carácter positivo como negativo, según las circunstancias que concurran en su celebración.

La boda del primogénito

En el Génesis, 29, 23, se dice: «... y por la noche, tomando a Lía su hija, se la llevó a Jacob, que entró a ella. Dio Labán a Lía, su hija, su sierva Zelfa, para que fuera sierva de ella. Llegada la mañana, vio Jacob que era Lía, y dijo a Labán: "¿Por qué me has hecho esto? ¿No te he servido por Raquel? ¿Por qué me has engañado?". Labán le respondió: "No es en nuestro lugar costumbre dar la menor antes que la mayor"».

Se supone que si la hermana menor se casa antes que las mayores, éstas deben bailar descalzas en la boda; de esta forma se contrarresta la mala suerte y consiguen encontrar marido.

La institución del matrimonio fue reconocida como sacramento con la asistencia de Jesucristo a las bodas de Caná. El Evangelio de San Juan, 2, 1, relata: «Al tercer día hubo una boda en Caná de Galilea y estaba allí la madre de Jesús. Fue invitado también Jesús con sus discípulos a la boda...».

Quién mandará en el matrimonio

Parece ser que en una pareja de recién casados el primero que entre en el nuevo hogar será el que domine en el matrimonio. También lo será quien primero ponga el pie izquierdo en el umbral.

Si la novia tiene que ayudar al novio a colocarse el anillo durante la boda será ella quien mande en casa.

Quién sobrevivirá

Se decía que moriría primero el novio a quien se le torciese o apagase primero la vela de velaciones.

Si en un mismo día se celebran dos bodas en las que intervienen dos hermanos o hermanas como cónyuges se cree que morirá el más joven antes de cinco años.

Se opina que el primero que se meta en la cama en la noche de bodas será el primero que morirá, o que morirá antes el que primero se arrodille en la ceremonia de la boda.

Se cree que si alguno de los novios deja caer al suelo el anillo durante la ceremonia de la boda será el primero en morir.

La boda y el tiempo

Es creencia popular que si el día de la boda llueve la novia será desgraciada y a este respecto existe el refrán de «novia mojada, novia apaleada»; por el contrario, si luce el Sol será muy feliz.

Al parecer, la mala suerte del mes de mayo es irremediable para los que contraen matrimonio en este mes.

Augurios de futuras bodas

Se dice que si un soltero es colocado entre un matrimonio en una comida o cena se casará antes de que acabe el año.

Otra creencia es que cuando la novia tira al aire el ramo, el que lo recoge será el próximo en casarse.

Antiguamente se hacían sortilegios para provocar que los remisos al matrimonio se animasen a contraerlo. Transcribimos una de tantas recetas recogida de un proceso de la Inquisición: «Se ponía una ampolleta de vino, se echaba un hueso de la nuca de un ahorcado, se ponía al fuego y, si salía llama, era señal de que se haría el casamiento deseado».

Las jóvenes empleaban multitud de prácticas para conseguir casarse en el año; cada región tenía las suyas y la noche de San Juan era el momento más propicio para realizarlas.

Por el contrario, no habrá boda si una pareja de novios son padrinos del bautizo de un niño.

La boda y otras supersticiones

Se decía que si en la misa se caía el yugo a los novios era presagio de disgustos.

Es creencia popular que si la novia lleva perlas llorará mucho en su matrimonio.

Una práctica hechicera para conseguir la desgracia de un matrimonio era hacer tres nudos en una cuerda mientras el sacerdote efectuaba las tres preguntas de ritual de la boda. Los novios podían deshacer el maleficio si conseguían la cuerda, deshacían los nudos y la quemaban.

Se dice que es un buen augurio que los novios entren en su casa poniendo primero el pie derecho; por el contrario, presagia desgracias el que lo hagan con el pie izquierdo.

Se cree que los matrimonios precoces traen mala suerte.

Si en el mismo día se celebran dos bodas en la misma iglesia se cree que sólo será feliz el primer matrimonio.

Si se oye el llanto de un niño durante la ceremonia de la boda presagia buena suerte a los contrayentes.

La boda y los sueños

Si se sueña con una boda de personas desconocidas presagia un entierro; si las personas son conocidas es augurio de felicidad pasajera. Si en el sueño la novia es soltera denota prestigio social; si la novia es viuda, calamidades; si la novia es de la familia, un peligro próximo. Si se sueña con la propia boda significa beneficios económicos.

El anillo de boda

El anillo de boda, llamado alianza a partir de la segunda mitad del siglo XV, simboliza la unión matrimonial.

Las supersticiones relacionadas con las alianzas hacen referencia a las vicisitudes de la unión matrimonial.

Federico García Lorca, en su libro *Canciones,* dedica un poema a la tristeza producida por la pérdida de una alianza:

El lagarto está llorando.
La lagarta está llorando.
El lagarto y la lagarta
con delantalitos blancos.
Han perdido sin querer
su anillo de desposados.
¡Ay, su anillito de plomo,
ay, su anillito plomado!
Un cielo grande y sin gente
monta en su globo a los pájaros.
El sol, capitán redondo,
lleva un chaleco de raso.
¡Miradlos qué viejos son!
¡Qué viejos son los lagartos!
¡Ay cómo lloran y lloran,
¡ay! ¡ay!, cómo están llorando!

Se supone que si una mujer pierde el anillo de boda perderá el amor de su marido, o que ocurrirá lo mismo si el anillo se rompe. Otra versión dice que es señal de que pronto quedará viuda.

Se cree que el matrimonio se romperá pronto si el día de la boda la alianza cae al suelo.

Si se pierde el anillo de boda parece que trae mala suerte que el marido compre uno nuevo. Tiene que comprarlo un pariente cercano para evitar la mala suerte.

Al parecer, trae mala suerte quitarse el anillo de boda antes de que nazca el primer hijo. Otra versión señala que al que se quita la alianza le esperan siete años de mala suerte.

Es creencia popular que si en el momento de ponerse la esposa el anillo éste no le llega al fondo del dedo será la que mande en el matrimonio.

La novia

Las supersticiones relacionadas con las novias son de diversa índole, según las circunstancias que concurran tanto en los preparativos como en la ceremonia nupcial.

Catulo dice en sus *Poemas:* «Levantad a la novia bien alto, por encima del nuevo umbral para que tenga buena suerte».

La creencia popular señala que trae buena suerte levantar a la novia al cruzar el umbral del hogar del nuevo matrimonio, pues de esta forma queda protegida de cualquier hechizo.

Otra versión puntualiza que se cruza a la novia en brazos por el umbral de la nueva casa para evitar que tropiece y atraiga con su caída la mala suerte.

Las novias son objeto de diversas supersticiones. Una de las más conocidas es la de tirar el ramo: la chica que lo recoja será la próxima que contraerá matrimonio. Esta tradición supersticiosa es de origen estadounidense.

Respecto al vestido de novia también existen diversas supersticiones. Entre ellas: trae mala suerte que el novio vea a la novia vestida con el traje de boda antes de la ceremonia.

También es de mal agüero que la novia se pruebe su vestido a la luz de las velas o probarselo completo la víspera de la boda.

Si la modista cose uno de sus cabellos en el dobladillo del vestido traerá buena suerte a la novia.

Se dice que si la novia lleva perlas será desgraciada (véase *Las perlas*).

También se dice que si el día de la boda llueve la novia será desgraciada; si, por el contrario, luce el Sol será dichosa.

Es creencia popular que según alumbre la vela de la novia durante la ceremonia así será su vida conyugal: feliz si la vela alumbra durante mucho tiempo, desgraciada si se consume pronto.

En sus *Memorias*, Heinrich Heine escribe que si un enemigo desea que la novia sea estéril ha de llevar un cerrojo a la ceremonia de la boda, y cerrarlo en el preciso momento en que la víctima del embrujo pronuncie el «sí quiero».

La cruz

La cruz, símbolo por antonomasia del cristianismo, es por su propia esencia una fuente de supersticiones protectoras contra el mal.

La cruz y la salud

Cuando se duerme un pie se dice que hay que mojar el dedo con saliva y hacer la señal de la cruz en el empeine, normalmente tres veces: dos veces para los ladrones y una para Jesucristo.

Se supone que para curar el hipo hay que mojar con saliva el índice de la mano derecha y hacer la señal de la cruz sobre el empeine del zapato izquierdo tres veces.

Se cree que hacer la señal de la cruz sobre uno de los pies cura las agujetas después de una carrera.

Se decía que si el saludador mojaba un dedo con saliva en ayunas y hacía una cruz en la mordedura de un animal rabioso se curaba la rabia.

Se piensa que los nacidos con una cruz en el paladar están protegidos contra la rabia y tienen poderes para curar las mordeduras de animales rabiosos en otras personas.

La cruz como protección

Se hace la señal de la cruz en todas las ocasiones en que queremos que algo nos salga bien o para evitar una desgracia.

Para contrarrestar la mala suerte o evitar que algo

suceda se dice que hay que cruzar los dedos índice y corazón.

Se cree que las cruces son los mejores antídotos contra los vampiros y demás fuerzas malignas.

La Cruz de Caravaca

La Cruz de Caravaca, cruz con dos brazos horizontales desiguales, se ha usado frecuentemente como amuleto en personas y animales domésticos. *La Cruz de Caravaca* es también el título de un librito de oraciones de la Edad Media que solía llevarse como amuleto, especialmente contra los encortamientos, que eran maleficios provocados por hechiceras a fin de impedir la relación matrimonial. Se creía que la mujer perjudicada se libraba del maleficio si llevaba como amuleto una Cruz de Caravaca.

El origen de la Cruz de Caravaca procede de una leyenda que cuenta que al ir a celebrar el sacrificio de la misa Ginés Pérez Chirinos en el alcázar-fortaleza y por orden del rey moro Muley Acebutey, como se quedase suspenso, pues no tenía cruz, aparecieron dos ángeles trayendo la cruz del patriarca de Jerusalén, hecha del sagrado leño en que fue clavado Cristo. El suceso ocurrió el 3 de mayo de 1232. El rey moro se convirtió al catolicismo. La Cruz de Caravaca fue robada la noche del 14 al 15 de febrero de 1934 y se sustituyó por otra cruz traída de Roma.

Caravaca es un municipio de la provincia de Murcia, donde se halla el castillo-santuario de la Santísima Cruz de Caravaca y la iglesia parroquial del Salvador del siglo XVI, obra de Herrera.

En otro contexto se puede hablar de las encrucijadas de caminos, donde según las leyendas de la Antigüedad griega aparecía por las noches claras Hécate, soberana de las almas de los muertos, acompañada de un cortejo de almas y perros que lanzaban pavorosos aullidos.

En las encrucijadas, es decir, en aquellos parajes en los que se cruzan dos o más caminos, existen referencias de que cada mes se depositaban ofrendas, que consistían en los restos de los sacrificios purificatorios, para propiciar las gracias de la diosa. Según Julio Caro Baroja, las encrucijadas fueron durante la Edad Media: «... Los lugares más peligrosos para los buenos cristianos, para la gente honrada; eran –según creencia extendida– las mismas encrucijadas de los caminos consagradas antes a Hécate y donde, por un lado, se congregaban las hechiceras y los magos y de otro los muertos que habían sufrido condena eterna, presididos por el mismo Demonio. Una leyenda famosa y popularísima en el Medievo hace ver este significado de la encrucijada durante la noche...».

En las encrucijadas se enterraban los cuerpos de los ajusticiados y suicidas, porque se creía que de esta forma, si resucitaban, su alma se confundiría por los caminos.

La leyenda de Teófilo descrita por Gonzalo de Berceo en los de *Milagros de Nuestra Señora* es como sigue: «Cuando Teófilo, que, al morir un obispo, había perdido su antiguo valimiento, pretende recuperarlo, consulta con cierto judío hechicero que le dice arreglará todo para que vuelva a tenerlo. Mediada la noche, el hechicero lo lleva a una encrucijada, recomendándole que no se santigüe mientras esté allí; aparecen luego unas gentes de feo aspecto con ciriales en la mano y llevando en medio a su rey, que da audiencia al hechicero. Éste hace la presentación de Teófilo, el cual reniega de Cristo y de Santa María. Después el rey y Teófilo firman un pacto y a la hora de los gallos Teófilo está ya de vuelta en su casa sin que nadie hubiera notado su falta. Desde entonces perdió "la color buena" e incluso la sombra y sólo por arrepentimiento final e intercesión de la Virgen pudo salvarse…».

Según el poeta castellano, el cortejo del rey demonio es la *uest antigua*, es decir la hueste de los condenados.

También la leyenda de Gustavo Adolfo Bécquer *La Cruz del Diablo* hace referencia a una cruz, nada ortodoxa, situada en Bellver.

En Galicia los cruceiros, cruces de piedra a veces con imágenes grabadas, colocadas sobre un pedestal, se sitúan en las encrucijadas de los caminos y también en los lugares donde hubo un fatal accidente para alejar los malos espíritus.

La cruz y otras supersticiones

El soñar con una cruz es signo de buenos presagios.

La misa

La misa, que es la ceremonia principal del ritual cristiano, ha dado origen a diversas supersticiones de carácter protector y positivo.

La misa después del parto o misa de parida es una costumbre que procede del Antiguo Testamento. El Levítico, 12, 2-7, explica la necesidad de la visita al templo: «Cuando dé a luz una mujer y tenga un hijo, será impura durante siete días, será impura como en el tiempo de su menstruación. El octavo día será circuncidado el hijo, pero ella quedará todavía en casa durante treinta y tres días en la sangre de su purificación; no tocará nada santo ni irá al santuario hasta que se cumplan los días de su purificación… Cuando se cumplan los días de su purificación, según que haya tenido hijo o hija, presentará ante el sacerdote, a la entrada del tabernáculo de la reunión, un cordero primal en holocausto y un pichón o una tórtola en sacrificio por el pecado. El sacerdote los ofrecerá ante Yahvé y hará por ella la expiación, y será pura…».

Encontramos en el *Cantar del Mío Cid* un romance dedicado a la misa de parida que comienza así:

> Salió a misa de parida
> a San Isidro, en León,
> la noble Jimena Gómez,
> mujer del Cid Campeador.

Se dice que trae mala suerte el efectuar visitas antes de haber ido a la iglesia a dar las gracias a Dios por el nacimiento.

Soñar con que se está oyendo una misa significa que pronto las inquietudes se transformarán en satisfacciones.

En el Concilio de Toledo del año 694 se prohibió por supersticiosa y vengativa la costumbre de decir una misa de difuntos dedicada a personas que estaban vivas.

En la Edad Media surgió la práctica hechicera de las misas negras, profanación del sacrificio de la santa misa para atraer los favores del diablo. En sus orígenes la misa negra era una de las partes de la ceremonia del aquelarre (ceremonia satánica propia y exclusiva en un principio del País Vasco, cuya traducción del euskera es «prado del macho cabrío». *Akerra:* macho cabrío, y *larre*: prado). Posteriormente, la misa negra cobró autonomía y se convirtió en una ceremonia difundida entre la nobleza para obtener los favores del diablo. Fue muy famoso en Francia el proceso, bajo el reinado de Luis XIV, en el que Catherine Montvoisin, *La Voisin*, fue quemada viva por practicar este ritual al que acudía la flor y nata de la aristocracia francesa. En este período se populariza este rito.

También existen las llamadas misas rojas, cuyo nombre es debido a que en ellas se procede al sacrificio de un animal, cuya sangre se da a beber a los asistentes al rito.

El agua bendita

Las supersticiones relacionadas con el agua bendita son de signo protector y curativo.

Beda el Venerable en la *Historia Ecclesiastica* relata: «El obispo envió a la enferma algo del agua bendita que se había utilizado en la consagración de la iglesia, diciendo que había que darle algo de ella para beber y aplicar el resto como una loción en la parte del cuerpo afectada por el mal».

Sprenger y Krämer, en el *Malleus maleficarum*, describen: «Existen hombres benditos por Dios a quienes la raza detestable de las brujas no pueden dañar con sus hechicerías... Los que hacen debido uso del agua bendita... Se hace debido uso rociando cualquier habitación en que moren hombres o animales con agua bendita para que estén a salvo del mal, invocando al mismo tiempo a la Sagrada Trinidad y rezando un Padrenuestro. Como se dice en el Oficio de Exorcismo, todo lo que se rocía con agua bendita repele cualquier mal y ningún espíritu maligno puede habitar en él».

Se decía que rociar con agua bendita a cualquier persona, animal u objeto protegía contra la hechicería.

Para proteger las casas contra el mal se solía tener agua bendita.

Se acostumbraba a rociar con agua bendita los cuatro ángulos de la alcoba donde yacía un enfermo, así como los pies de la cama, para alejar a los demonios.

Las mujeres tenían la costumbre de lavar sus ojos con el agua utilizada en un bautismo para preservarlos de cualquier enfermedad.

También se acostumbraba a lavar la boca del recién nacido con el agua de su bautismo para protegerlo contra futuros dolores de dentición.

Se decía que el agua bendita era buena para las fiebres y el reumatismo.

Una receta utilizada en el siglo XVII por los curanderos era la siguiente: se echaban tres gotas de cera en agua bendita. Si se juntaban las tres placas se creía que el enfermo sanaría, y si no se juntaban la curación no se aseguraba. Se recogían las tres cascarillas de cera y se rociaba al enfermo con el agua bendita. Al día siguiente se realizaban nuevas ceremonias con tres espigas de centeno o tres ramas de romero. Después se daba a beber al enfermo, tres veces al día, zumo de agrimonia.

En la simbología alquímica también se daba el nombre de agua bendita al agua mineral o al agua destilada de cardo.

La purificación del lavado

Lavarse siempre ha formado parte de los rituales purificadores. Para las culturas orientales lavarse es símbolo de purificación.

Hay una serie de supersticiones relacionadas con este hecho que directa o indirectamente vinculan la buena o mala suerte a la serie de actos que se realicen antes, durante o después del lavatorio.

El origen de esta superstición se encuentra en la Biblia, en el Libro de los Salmos, 26, 6, que dice: «Yo lavaré mis manos en la inocencia, y andaré en derredor de tu altar, ¡oh Yahvé!».

En el Evangelio de San Juan, 13, 2-5, se relata el lavatorio de los pies: «Y comenzada la cena, como el diablo hubiese ya puesto en el corazón de Judas Iscariote, hijo de Simón, el propósito de entregarle, sabiendo que el Padre había puesto en sus manos todas las cosas y que había salido de Dios y a Él se volvía, se levantó de la mesa, se quitó los vestidos y, tomando una toalla, se la ciñó; luego echó agua en la jofaina, y comenzó a lavar los pies de los discípulos y a enjugárselos con la toalla que tenía ceñida».

Plinio, en la *Historia Natural,* XXIV, LXII, aconseja: «Las ropas deben ser blancas, los pies deben estar limpios y desnudos, y debe ofrecerse un sacrificio de pan y vino antes de recoger la planta llamada selago, que debe guardarse en un lienzo nuevo. Los druidas de las Galias dicen que hay que llevarla encima para protegerse contra cualquier calamidad y que el humo que desprende al arder es beneficioso para cualquier enfermedad de los ojos».

Parece ser que había que encender el fuego con las manos limpias para que ardiera con fuerza.

Antes de matar cualquier animal se decía que había que lavarse la cara.

Otra creencia era que antes de ordeñar una vaca había que lavarse las manos, ya que si no se hacía así la vaca se secaba.

Las mujeres de los marinos no lavaban la ropa el día en que sus maridos se embarcaban, ya que creían que al tirar el agua del lavado se enviaba al barco hacia el naufragio.

Se decía que la mujer que salpicaba mucha agua al lavar tendría un marido borracho.

Se suponía que si alguien se lavaba las manos en el agua en que alguien ya lo había hecho traía mala suerte. Para contrarrestarla, había que escupir en el agua o bien hacer previamente la señal de la cruz sobre ella.

Se creía que traía mala suerte tirar el agua del lavado después de anochecido. Igualmente traía mala suerte tirar el agua en la que se habían lavado los pies; para neutralizarla se echaban cenizas calientes en la misma antes de desparramarla.

Si alguien se seca las manos al mismo tiempo que otra persona en la misma toalla se dice que pronto se pelearán.

También parece ser que trae mala suerte sacudir el agua de las manos después de lavarlas por primera vez en la mañana, porque se sacude la buena suerte durante todo el día.

Las palmas

Las palmas bendecidas el Domingo de Ramos han sido consideradas como protectoras del hogar y portadoras de buena suerte.

El origen de esta superstición se halla en el Nuevo Testamento, cuando se narra la entrada triunfal de Jesús en Jerusalén, que el calendario cristiano celebra la semana antes de Semana Santa.

San Mateo en su Evangelio, 21, escribe: «Fueron, pues, los discípulos, y obraron conforme a las órdenes que les había dado Jesús; trajeron a la borrica y su pollino, pusieron sobre ellos sus mantos y le hicieron sentarse encima de ellos. La muchedumbre, numerosísima, extendió sus mantos sobre el camino, otros cortaban ramas de los árboles y las esparcían por el camino. Y la gente que marchaba delante de él y la que le seguía gritaban: "Hosanna al Hijo de David; bendito el que viene en nombre del Señor, hosanna en lo más alto del cielo"».

Según la tradición, tener palmas bendecidas el Domingo de Ramos protegía de la brujería.

Se supone que tener una palma bendecida el Domingo de Ramos en casa, normalmente colgada en los balcones o ventanas, trae salud y buena suerte.

Al parecer hay que cambiar la palma antigua por la nueva cada año y quemar la del año anterior para que la casa esté protegida contra los malos espíritus.

Se dice que trae mala suerte tener en casa varios días antes del Domingo de Ramos la palma que se va a bendecir ese día.

Se cree que las semillas que se planten el Domingo de Ramos darán unas flores que crecerán el doble de lo normal.

Las oraciones

Las oraciones dichas del revés eran uno de los rituales de los aquelarres o de las misas negras. La brujería ha utilizado en sus ritos la inversión del culto cristiano tanto en los lugares como en la imaginería y en la utilización de los objetos relacionados con el ritual de la celebración de la santa misa.

Para invocar al diablo, las brujas trazaban un círculo en el suelo y recitaban oraciones al revés e invocaciones. Entonces se suponía que se producía la aparición de Satanás en medio del círculo y entre nubes de humo y olor a azufre.

Se cree que si alguien reza al revés obtiene los favores del demonio. Para descubir a las brujas se utilizaba en tiempos de la Inquisición el sistema de hacerles decir varias oraciones; si eran incapaces de hacerlo correctamente, esto se consideraba una prueba de su condición maléfica.

Se supone que trae mala suerte decir las oraciones al pie de la cama; hay que hacerlo a los lados.

Existe la creencia siguiente: si alguien se equivoca tres veces al decir una oración significa que habrá una muerte durante esa semana.

Los amuletos y ensalmos a base de oraciones y rezos fueron condenados por diversos concilios porque tenían un fondo supersticioso. Aparte de las oraciones admitidas por la Iglesia existían una multitud de oraciones profanas y supersticiosas que en los siglos XV al XVIII se utilizaron frecuentemente y se conservan en los legajos de las causas de la Inquisición, ya que se consideraban propias de prácticas hechiceras.

Las alabanzas

Alabar las cualidades de cualquier persona, animal u objeto ha sido desde tiempos muy remotos una costumbre peligrosa.

El origen de esta creencia tiene relación con la brujería, pues se pensaba que atraía la atención de los malos espíritus sobre la persona, animal u objeto que se había elogiado. Esta costumbre es común a todos los pueblos, ya que se encuentra en lugares tan remotos como China y entre las tribus africanas.

Aquí conocemos el dicho: «Dios te libre del día de las alabanzas».

Se cree que si alguien elogia un caballo o cualquier otro animal, hay que exclamar «Dios lo ampare», o bien se escupe sobre él para que no sea objeto de algún maleficio.

Parece ser que no hay que ponderar la belleza o salud de ninguna persona, especialmente si es un niño, sin invocar previamente la protección divina. De igual forma, sirve como contrahechizo hacer posteriormente una invocación o bien escupir tres veces sobre la persona elogiada.

Se supone que los elogios sin mesura acompañados frecuentemente por la envidia traen como consecuencia enfermedades o accidentes.

Existía la costumbre de decir, al contrario de lo que se pensaba, cosas desagradables de un niño, adulto, animal u objeto con el fin de no atraer la atención de los malos espíritus sobre ellos, y de esta manera evitar que fueran presa de algún maleficio.

La sangre

La sangre vertida en un acto de violencia ha dado lugar a diferentes supersticiones vinculadas con el crimen y sus consecuencias.

La sangre y el crimen

Existen indicios a partir del siglo x de la superstición según la cual la sangre brota de la herida del cadáver de un asesinado cuando el homicida se acerca a él o lo toca.

Muchos autores han recogido esta superstición en sus obras. Entre otros, Mateo Alemán, Lope de Vega, Diego Ramírez, Quiñones de Benavente y López de Corella, que escribe:

> ¿Por qué delante el que hirió
> la sangre sale al herido?
> –Cosa es muy de notar
> que si delante el herido
> el que hirió viene a pasar
> la sangre viene a saltar
> de la herida con ruido.
> Quiere Dios omnipotente
> mostrar aquesta señal:
> para que sepa la gente
> quién hirió, y en continente
> lo castiguen por su mal.

También en la cultura anglosajona se recoge la misma superstición, como describe Dickens en su libro *El amigo común*, capítulo I, III: «¡Qué lástima que no sea verdad esa superstición según la cual la sangra brota del cuerpo de asesinado al contacto del asesino! Pero nunca se saca ninguna señal del cuerpo de los muertos (...) de los muertos no se consigue nada».

La señal de la sangre

En el Génesis, 4, 9-10, leemos: «Preguntó Yahvé a Caín: "¿Dónde está Abel, tu hermano?". Contestóle: "No sé, ¿soy acaso el guarda de mi hermano?". "¿Qué has hecho?", le dijo Él. "La voz de la sangre de tu hermano está clamando a mí desde la tierra."».

Beda el Venerable en la *Historia Ecclesiastica*, I, XIX, relata el siguiente hecho: «Germano recogió un trozo de tierra del lugar donde la sangre del bendito mártir había sido derramada. Esta tierra fue la que conservó la sangre del mártir que había enrojecido el sagrado lugar donde su perseguidor había empalidecido de temor. Como resultado de estos acontecimientos, un gran número de personas se convirtieron a la fe de Nuestro Señor ese mismo día».

Una de las escenas de teatro más universalmente conocidas, que refleja esta superstición, se encuentra en el acto V, escena I, de la obra de Shakespeare *Macbeth:* «Fuera, mancha maldita, fuera digo... ¿Nunca estarán limpias estas manos?».

Existe la creencia supersticiosa en la señal indeleble que deja la sangre después de un crimen.

La sangre y la tierra

El Génesis, 4, 9-12, relata: «Y Dios le dijo a Caín... "Ahora, pues, maldito serás de la tierra, que abrió su boca para recibir de mano tuya la sangre de tu hermano. Cuando la labres, no te dará sus frutos, y andarás por ella fugitivo y errante."».

Se dice que la sangre deja estéril la tierra donde el crimen sucedió.

Beda el Venerable, en la *Historia Ecclesiastica*, III, X, escribe: «Habiendo oído que un lugar era más verde y hermoso que el resto del campo, llegó a la sabia conclusión... de que alguien de gran santidad, más que ningún otro en todo el ejército, había sido asesinado allí».

Existe la creencia de que la hierba crece más verde y alta en el lugar donde se produjo un crimen.

En algunos pueblos del suroeste de la península Ibérica se cree que «las almas de los muertos en el campo a mano airada o de repente, quedan en el sitio donde murieron; y de aquí nació la costumbre de colocar una cruz en el sitio de la muerte».

La sangre y otras supersticiones

Una muy curiosa manifestación supersticiosa respecto a la sangre es la licuación de la sangre de san Pantaleón, médico y mártir del siglo IV, que fue decapitado, y cuya sangre fue recogida por sus discípulos y distribuida en relicarios. El relicario que contiene la sangre de san Pantaleón se encuentra en el convento de La Encarnación en Madrid. El día 26 de julio, víspera de la festividad de san Pantaleón, la sangre del santo se licúa después de que las monjas del monasterio terminan el rezo de vísperas, permaneciendo líquida durante todo el día 27. La tradición popular cuenta que el año en que la sangre no se vuelve líquida ocurren toda suerte de desgracias. El milagro viene sucediendo desde el siglo XV. En Italia existe la misma superstición respecto de la licuación de la sangre de san Genaro, en Nápoles.

Soñar con sangre es augurio de dolor, pero si se trata de la propia sangre, representa una herencia.

La menstruación

La hemorragia menstrual ha sido desde las más remota Antigüedad un período durante el cual la mujer se veía impedida para realizar diversos actos de la vida normal debido a la superstición que asociaba la menstruación a la impureza.

Esta superstición tiene su origen en la Biblia, en el Levítico, 15, 19, que manifiesta: «La mujer que tiene su flujo, flujo de sangre en su carne, estará siete días en su impureza. Quien la tocare será impuro hasta la tarde. Aquello sobre lo que durmiere o se sentare durante su impureza será impuro, y quien tocare su lecho lavará sus vestidos, se bañará en agua y será impuro hasta la tarde. Lo que hubiere sobre su lecho o sobre su asiento, quien lo tocare será impuro hasta la tarde. Pero si uno se acostare con ella, será sobre él su impureza y será inmundo por siete días, y el lecho en que durmiere será inmundo...».

Plinio, en su *Historia Natural,* VII, XIII, opina: «No se puede encontrar nada más extraordinario que el flujo mensual de las mujeres. Su contacto hace que el vino se vuelva agrio, las cosechas estériles, el fruto de los árboles se caiga, el brillo y la superficie de los espejos se empañe con su mirada y el filo del acero y el lustre del marfil se apaguen, las colmenas mueran, y hasta el bronce y el hierro se cubran de orín...».

Existen otra serie de creencias: si una mujer que esté con el período toca una planta o la riega, se marchita. Si mira un espejo, lo empaña. Si toca la cabeza de una persona, a ésta se le cae el pelo. Si entra en una bodega, el vino se enturbia. Si navega en un barco, hace desviar la brújula.

Se supone que una mujer que tenga la menstruación no puede tocar la carne, el jamón, etcétera, porque si no, se pudren y no se pueden comer.

Tampoco puede ordeñar las vacas o hacer la mantequilla, porque se dice que se cortan, lo mismo que al hacer la mayonesa.

Se pensaba que para quitar las verrugas había que untarlas con la menstruación de una doncella, sin que ésta lo supiera.

Casi todas las supersticiones relacionadas con la menstruación se mantienen en la actualidad. Recientemente nos contaron en una consulta médica un hecho que parece extraído de las prácticas curativas medievales. El médico fue a visitar a un niño aquejado de paperas y cuál no sería su sorpresa cuando se encontró con que llevaba alrededor del cuello una compresa higiénica con flujo menstrual de su madre. Esta práctica, según nos comentó, parece que se realizaba para intentar evitar de esta forma la esterilidad que al parecer provocan las paperas.

El flujo menstrual fue utilizado en los siglos XVI al XVIII por las hechiceras para la confección de filtros y brebajes, según declaraciones conservadas en los procesos de la Inquisición (véase *El murciélago*).

La hemorragia

La hemorragia es un flujo de un vaso sanguíneo que puede ser arterial o venoso. Las supersticiones relacionadas con las hemorragias hacen referencia a los diversos remedios para detenerlas.

Sprenger y Krämer, en el *Malleus maleficarum,* exponen: «No pueden decirse palabras inciertas, pero si se dicen, el efecto que produzcan no puede venir del Señor, que no puede ser testigo de una mentira. Pero algunas viejas utilizan en sus encantamientos para detener las hemorragias algunas rimas profanas».

Se solían decir encantamientos para detener las hemorragias nasales. Uno de ellos era leer los pasajes de la Biblia que hacen referencia a la sangre.

Para contener la hemorragia nasal se dice que hay que hacer una cruz con dos pajitas de enea arrancadas del asiento de una silla y ponerlas en la coronilla del paciente. Otros la colocan en el hombro del paciente.

También se cree que se contienen las hemorragias nasales poniendo en la espalda del paciente dos cuchillos cruzados, o levantando el brazo contrario al orificio nasal por donde se sangra. También se aconseja poner una llave de hierro en la nuca.

Para contener la hemorragia en un parto se decía que había que reunir todos los hierros y cosas que hicieran ruido para tirarlos por sorpresa bajo la cama de la parturienta, pues se le cortaba la hemorragia con el susto recibido.

El jaspe se utilizaba como amuleto para contener las hemorragias.

La orina

La orina es el líquido segregado por los riñones, y las supersticiones que se relacionan con ella hacen referencia a su utilización como contrahechizo.

Plinio, en la *Historia Natural,* XXVIII, XIX, escribe: «Los expertos en magia prohíben expresamente, cuando se orina, descubrir el cuerpo de cara al Sol o a la Luna, o salpicar con la orina la sombra de cualquier objeto. Hesiodo dio un consejo, recomendando a las personas que orinaran contra cualquier objeto que tuvieran delante, a fin de que los dioses no pudieran sentirse ofendidos por su desnudez. Osthanes asegura que la protección contra cualquier poción de los hechiceros se asegura dejando que la propia orina matinal caiga sobre el pie».

Y continúa en el capítulo VII: «Entre los contrahechizos que se conocen está el de escupir en la orina en el momento en que se está evacuando».

Se decía que si había alguna persona de la que se sospechaba que había sido embrujada, para librarla del maleficio se confeccionaba un pastel en el que se mezclaba algo de orina de esa misma persona y después se echaba al fuego.

Se creía que para causar daño a la bruja que había hechizado a una persona había que coger un par de herraduras y calentarlas al rojo, después ponerlas a enfriar en la orina del paciente y clavarlas en el umbral de la puerta.

Otro remedio que se utilizaba consistía en poner la orina del paciente en una botella, introducir tres clavos o alfileres y un poco de sal blanca, manteniendo la orina caliente. Si se guardaba durante un largo período de tiempo se creía que se ponía en peligro la vida de la supuesta bruja. También se ponía la orina del paciente dentro de una botella junto con sus cabellos, recortes de uñas y clavos, se cerraba la botella con alambre y se colgaba de la chimenea. De esta forma se creía que se infligían a la bruja los más espantosos tormentos.

Se suponía que para proteger personas o animales del poder de los malos espíritus había que rociarlos con orina.

Existía la creencia de que para librarse de un maleficio había que escupir en el orinal donde se había orinado.

En algunos pueblos, las mujeres creían que el beber un sorbo de orina de su marido actuaba como método contraceptivo.

Los campesinos dan por hecho que la orina es eficaz para curar las heridas de las manos.

Los excrementos

Las supersticiones relacionadas con los excrementos y la suciedad en general, a pesar de lo que pueda parecer, hacen referencia a que son portadores de buen a suerte.

Plinio, en la *Historia Natural*, XXVIII, XIII, opina: «En caso de las mujeres estériles se recomienda la aplicación en el útero de un emplasto hecho con el primer excremento de un niño después de nacer; lo llaman meconium».

Se dice que pisar un excremento trae buena suerte.

Parece que si un perro deja sus excrementos delante de una casa trae buena suerte. También trae buena suerte el excremento que los pájaros dejan caer en personas y ropas e incluso en los coches, a pesar de que el dueño del automóvil se ponga hecho un basilisco cuando lo encuentra cubierto de cagadas de pájaro.

Antiguamente se quemaban excrementos humanos para hacer encantamientos.

Existe una costumbre entre los ladrones que se remonta a los tiempos de Roma: creen que *exonerando alvum* (defecando) en la escena del robo se aseguran con esta acción la inmunidad.

La suciedad en términos generales es portadora de buena suerte.

Se piensa que barrer hacia fuera la suciedad trae mala suerte porque se expulsa la buena. Hay que barrer hacia dentro de casa y recogerla.

Se atribuye buena fortuna al hecho de traer barro a casa.

Se cree que trae mala suerte tomar posesión de una casa que esté limpia. Si alguien que deja una casa quiere que desaparezca la buena suerte que está en ella, no tiene más que limpiarla a fondo antes de que los nuevos habitantes tomen posesión.

La saliva

Las supersticiones relacionadas con ella hacen referencia tanto a sus poderes curativos como a su índole protectora contra el mal.

La saliva y la salud

El origen de esta superstición se encuentra en el Evangelio de San Marcos, 7, 32-5, que dice: «Le llevaron un sordo y tartamudo, rogándole que le impusiera las manos, y tomándole aparte de la turba, metióle los dedos en los oídos y escupiendo, le tocó la lengua, y mirando al cielo, suspiró y dijo: "Efeta", que quiere decir "ábrete"; y se abrieron sus oídos y se le soltó la lengua hasta hablar correctamente».

Plinio, en la *Historia Natural*, XXVIII, VII, opina que: «La oftalmía puede curarse untando los ojos cada mañana con saliva».

Continúa escribiendo en la *Historia Natural*, XXVIII, XXII: «La saliva de una mujer en ayunas se considera por regla general muy eficaz para curar los ojos enrojecidos, si los lacrimales inflamados se mojan con ella, siendo mayor su eficacia si la mujer ha ayunado de comida y vino desde el día anterior».

Se decía que la saliva de una persona en ayunas era un remedio contra las oftalmías. Por lo visto, la saliva en estas circunstancias contiene una proporción de componentes salinos superior que en condiciones normales. También se decía que para curar las heridas sin que quedase cicatriz era aconsejable mojarlas cada día con la saliva de una persona en ayunas.

Era costumbre tocar los ojos de los niños con el dedo mojado con saliva para que de esta manera tuvieran buena vista.

Se aconsejaba mojar con saliva las marcas de nacimiento para que desaparecieran.

Se creía que mojando las verrugas con la saliva de una persona en ayunas desaparecían.

La saliva mata las serpientes

Plinio, en su *Historia Natural,* VII, II, dice: «Según los escritos de Agatarquides, existe una tribu similar en África, los Psylli, llamados así por el rey Psyllus, cuya tumba se halla en la región del Gran Syrtium. En sus cuerpos se produce un veneno que es mortal para las serpientes y cuyo olor hace que se duerman; tienen la costumbre de exponer a sus hijos en cuanto nacen a las más fieras serpientes para probar la fidelidad de sus mujeres, ya que las serpientes evitan las personas nacidas con sangre adúltera en sus venas... Todos los hombres tienen un veneno que les protege contra las serpientes; la gente dice que las serpientes huyen del contacto con la saliva como si fuera agua hirviendo y que si se les introduce la saliva en la garganta mueren; y particularmente, si la saliva es la de una persona en ayunas».

La saliva como protección

Persio en las *Sátiras,* año 62, relata: «La abuela o tía versada en antiguas tradiciones cogía al niño de su cuna y mojaba su dedo medio en saliva, ungiendo los labios y la frente del niño para protegerlo contra el mal de ojo».

Se creía que inmediatamente después de nacer un niño, su padre tenía que mojarlo con saliva para evitar el mal de ojo.

Escupir

El hecho de escupir, dejando de lado que es de mala educación, se ha utilizado desde tiempos muy remotos como un contrahechizo.

Escupir en las manos

El origen de esta superstición se encuentra en la *Historia Natural* de Plinio, XXVIII, VII: «Es sorprendente, aunque fácilmente comprobable, que si alguien ha sido golpeado con la mano o con un arma, y enseguida se escupe en la palma de la mano que ha inflingido el golpe, el dolor de la víctima se alivia al momento (...). Algunos incrementan la fuerza de sus golpes de la misma forma, escupiendo en sus manos antes de realizar cualquier esfuerzo».

Se cree que cuando una persona va a realizar un trabajo que requiere fuerza, para conseguirla escupe en sus manos.

Se decía que había que escupir en las manos para contrarrestar la hechicería, porque así se podía golpear con fuerza al diablo.

Escupir y la buena suerte

Petronio relata en *Satiricón:* «–¿Cómo, ya no se acuerda de nada esta tocadora de flauta? Yo mismo la recogí en el mercado de esclavos e hice de ella una persona decente. Pero ahora se ha hinchado como una rana y ha perdido la costumbre de escupir en su vestido». (Se escupía en el vestido para desviar el mal de ojo.)

Al parecer, hay que escupir para que la suerte cambie. También se dice que hay que escupir sobre el dinero para tener buena suerte.

Escupir para evitar el mal

Teofrasto en los *Caracteres morales*, 319 a.C., escribe: «Si ve un loco o un epiléptico, se estremecerá y escupirá en su pecho».

Teócrito, en los *Idilios*, VI, relata: «Para alejar el mal de ojo, escupí tres veces en mi pecho».

Plinio, en la *Historia Natural*, XXVIII, VII, expone: «Escupimos cuando a alguien le da un ataque de epilepsia, a fin de alejar de nosotros la infección».

En la Antigüedad se creía que si a una persona se le aparecía el diablo tenía que escupir sobre sus cuernos para que la aparición se desvaneciera.

Se cree que si se tienen pesadillas, para que desaparezcan hay que escupir tres veces sobre el hombro izquierdo.

Se pensaba que cuando se pasaba cerca de una casa donde se había declarado una enfermedad contagiosa había que escupir para preservarse del contagio.

Se cree que si imaginamos que alguien llama a la puerta, abrimos y constatamos que no hay nadie, hay que escupir en el suelo, porque si no se hace es un augurio de mala suerte.

Al parecer, si se quiere traer mala suerte a una persona hay que escupir a sus espaldas.

El dedo pulgar

El pulgar es el dedo más interno del lado radial de la mano, con solo dos falanges, pero oponible y más fuerte que los otros dedos de la mano.

El puño cerrado con el pulgar dentro de la mano se utilizó como contrahechizo contra la brujería.

El origen de esta superstición lo encontramos en los *Fastos* de Ovidio, V, II: «Señala con sus dedos cerrados y el pulgar en el medio, para que los espíritus no puedan acercársele».

San Agustín escribe en *De Doctrina Christiana*, I, XX: «Entre las diversas supersticiones… existen… estos remedios que la ciencia médica condena… Uno de ellos es la práctica de decir a una persona que tiene hipo que sujete su pulgar izquierdo con la mano derecha».

Se decía que si alguien se encontraba a una persona con fama de bruja era aconsejable que al pasar por su lado cerrase las manos, doblando los pulgares bajo los otros dedos; esto servía para prevenir el mal de ojo.

Se acostumbraba a doblar el pulgar con la mano cerrada ante la proximidad de cualquier peligro. Esta costumbre provenía de la creencia en la hechicería, ya que era habitual doblar los pulgares de los cadáveres y cerrarles la mano para evitar el poder de los malos espíritus sobre el difunto.

Se creía que el dolor de muelas se curaba estirando con fuerza el dedo pulgar.

Al parecer, trae buena suerte el agarrarse el dedo pulgar.

Para la quiromancia el dedo pulgar equivale a la propia persona. Está dedicado a Venus. El carácter de la propia persona se infiere de la forma del dedo pulgar:

Corto y grueso: irritable, egoísta, sensual.
Encorvado hacia adentro: cobardía, precaución, reserva.
Encorvado hacia fuera: amoldable, débil, humilde.
Encorvado sólo en la punta: tenacidad, talento.
Estrecho, firme y recto: gran dominio de sí.
Fuerte y ancho: testarudo, tenaz, cruel.
Muy pequeño: falta de voluntad y dominio de sí, timidez, variabilidad.
Rígido: terco, testarudo.
Con la primera falange ancha y gruesa: brutal, impulsivo, malos instintos.
Con la primera falange cuadrada: impetuoso, arrebatado, violento.
Con la primera falange vuelta: generoso, noble, comedido.
Con la segunda falange más corta que la primera: la cabeza domina.
Con la segunda falange más larga: domina el corazón.

Las uñas y el pelo

El hecho de cortar las uñas y el pelo ha dado lugar a un sinfín de supersticiones de diverso sentido tanto positivo como negativo.

Curas y encantamientos

Plinio, en su *Historia Natural*, XXVIII, XXIII, recomienda: «Hay que coger los cortes de las uñas de las manos y los pies de una persona enferma y mezclarlos con cera; después hay que pegar esa cera, antes del amanecer, sobre la puerta de otra persona. Esto se hace para transferir las enfermedades de una persona a otra».

Los cortes de uñas se usaron frecuentemente en los siglos XV al XVIII para hacer pócimas mediante las que se pretendía captar voluntades y demás fines deshonestos.

Para echar el mal de ojo era suficiente tener algo de la persona a quien se pretendía aojar, como por ejemplo cortes de uñas o de pelo. En la Edad Media se utilizaba como amuleto la uña de onagro, es decir, de asno salvaje.

Se creía que el dolor de muelas podía evitarse cortándose las uñas siete lunes consecutivos.

Se creía que los cortes de pelo y uñas de un niño, atados dentro de un trozo de tela de lino y colocados bajo la cuna, curaban las convulsiones.

Según el lugar donde se efectúa el corte

Petronio escribe en el *Satiricón*, 104-5: «A propósito, ¿quiénes se raparon anoche a la luz de la Luna, mereciendo así –el dios Fidio me es testigo– el peor de los castigos? He escuchado que está prohibido a todo mortal cortarse las uñas y el cabello a bordo de un navío, a menos que el viento encolerice el mar. Estas palabras inquietaron más a Licas, que exclamó enfurecido: "¿Así que alguien se ha cortado el pelo en mi barco, y además en una noche inadecuada? ¡Traedme inmediatamente a los culpables, y que yo sepa con qué cabezas deberé purificar la nave!"».

Se dice que si un pasajero se afeita a bordo de un barco se produce un cambio en el viento.

Si se cortan las uñas a un niño detrás de la puerta de casa, al parecer será un buen cantante.

Según el día en que se efectúe el corte

Según escribió Ausonio en las *Églogas*, XXVI: «Hay que cortar las uñas en martes, la barba en miércoles y el pelo en viernes».

La tradición popular señala que se deben cortar las uñas en lunes o viernes para que no duelan las muelas.

Se cree que no deben cortarse las uñas en viernes por ser un día nefasto.

Para que no salgan padrastros, no se deben cortar en días de la semana que tengan erre.

Se dice que el que se corte el pelo en viernes criará sarna o piojos.

Según el momento en que se efectúe el corte

La tradición popular dice que las uñas de los niños no deben cortarse hasta que tengan un año. Trae mala suerte porque se cree que de esta manera morirán pronto o serán ladrones. Deben ser raspadas o mordidas por su madre.

Se cree que cuando se cortan las uñas por primera vez a un niño hay que hacerle tocar algo de oro con la mano para que tenga buena suerte.

Se dice que quien se corta las uñas de noche se vuelve loco, aunque también que lo que ocurre es que se aleja la fortuna.

Si durante el invierno se cortan las uñas sobre un brasero y caen los trozos al fuego también se pronostica que la persona se volverá loca.

Cuando un enfermo tiene fiebre y se corta las uñas, al parecer la enfermedad se prolonga.

El pelo y las uñas; otras supersticiones

Se cree que quien se muerde las uñas aleja la buena suerte.

Según la tradición, cuando salen manchas blancas en las uñas se dice que se debe al hecho de contar estrellas o porque se tendrá un regalo próximo. También se dice que las manchas blancas de las uñas de la mano izquierda representan mentiras y las de la derecha, regalos.

Existe una superstición negativa acerca de los que tienen el pelo rojo, cosa que recoge el refrán «Con hombre pelirrojo o barbirrojo, ten mucho ojo».

Cuando una persona se peina no tiene que tirar el pelo que se le caiga o se quede en el peine porque se puede utilizar para cualquier maldición o mal de ojo y también porque si lo recoge un pájaro para hacer su nido le dolerá la cabeza. Para contrarrestar todos estos eventos parece ser que hay que escupir tres veces y hacer la señal de la cruz.

Los sueños sobre el pelo y las uñas

Se cree que cuando se sueña que alguien tiene las uñas muy crecidas es augurio de suerte y ganancias; si las tiene muy cortas significa una pérdida; y si son arrancadas, pronostica un peligro de muerte.

Según las teorías de la interpretación de los sueños, el corte del pelo o de las uñas simboliza una castración.

El pelo y la adivinación

Para saber si alguien será rico o pobre hay que cogerle un pelo de la cabeza y pasarlo entre el dedo índice humedecido y la uña; si se riza será rico, y si no se riza será pobre.

Se dice que si se echa al fuego un pelo de la cabeza y arde con una llama brillante la vida será larga, pero si arde sin llama, la muerte está cercana.

Los dientes

Los dientes son el instrumento que sirve a los vertebrados para sujetar o desmenuzar el alimento. Las supersticiones relacionadas con estos órganos tan útiles para las personas y los animales tienen diferentes connotaciones según las circunstancias.

Los dientes y la vida

Plinio, en la *Historia Natural*, VII, XV, relata: «... hay niños que nacen con dientes –dos personas conocidas son Manius Curium, que recibió por ello el sobrenombre de «Dentatus» y *Gnaeus Papirium Carbonem.* Esto era considerado una señal de mala suerte en las mujeres: Valeria nació con dientes y los adivinos profetizaron que traería la desgracia a cualquier lugar donde fuera; fue deportada a Suessa Pometia, hasta ese momento un lugar floreciente, y el resultado de su llegada confirmó la profecía del oráculo».

Existe la opinión de que los niños que nacen con dientes traen mala suerte y su porvenir es acabar siendo delincuentes.

Se cree que si a un niño le salen pronto los dientes su madre quedará embarazada de nuevo enseguida. También se cree que los niños a los que les salen pronto los dientes tendrán una vida corta. Parece que si a un niño le salen primero los dientes superiores tendrá una larga vida. Pero si le salen primero los inferiores, su vida será corta.

Cuando a un niño se le caen los dientes de leche, es decir, la primera dentición, la tradición popular aconseja que hay que colocar el diente bajo la almohada del niño por la noche y el ratoncito Pérez le traerá un regalo.

Se dice que a quien tiene los dientes incisivos superiores separados se le augura riqueza y prosperidad y también que viajará con asiduidad. También se dice que es signo de personas embusteras.

Los dientes como amuleto

Plinio, en su *Historia Natural,* XXVIII, LXXVIII, recomienda: «El diente de un lobo, llevado como amuleto, ahuyenta los terrores nocturnos del niño y actúa como preventivo contra los dolores de la dentición y las enfermedades de la boca, al igual que si se lleva un trozo de piel de lobo. (...) El primer diente que se le caiga a un caballo, llevado por los niños como amuleto, facilita la dentición y es más efectivo si no ha llegado a caerse al suelo».

Se supone que llevar un amuleto con el diente de un lobo, hiena, jabalí, topo, potro y otros animales trae buena suerte y previene contra los dolores de muelas.

También se dice que un amuleto con un diente de león confiere al que lo lleva el valor atribuido al animal.

Se cree que trae buena suerte llevar como amuleto, engarzado en sortijas, pendientes, dijes, etcétera, el primer diente que se le ha caído a un niño.

Los dientes y los sueños

Si se sueña que un diente sobresale de los demás o se cae augura una desgracia familiar. Si el diente es arrancado es un mal presagio y según la interpretación freudiana de los sueños pertenece a los símbolos de la castración. Si en sueños se ve un diente perfecto significa un incremento patrimonial.

La lengua

La lengua es el órgano del habla, del gusto, de la succión y de la deglución.

Las supersticiones relacionadas con ella hacen referencia a su calidad de delator de falsedades.

El origen de esta superstición se encuentra en los *Idilios,* XII, de Teócrito: «A ti te cantaré, a ti mi amor, y mi canción no te dirá cosas que hagan que salgan ampollas en mi lengua».

Se dice que cuando salen granos en la lengua es señal de que se ha dicho una mentira.

También se dice que cuando alguien se muerde la lengua al comer es porque ha dicho una falsedad.

Se pensaba que traía buena suerte llevar consigo la punta de una lengua de vaca.

Las orejas

Esta parte de la anatomía humana, al igual que otras, tiene sus connotaciones supersticiosas, de diferente significado, tanto positivo como negativo.

Plinio comenta en su *Historia Natural,* XXVIII, V: «Es conocido por todo el mundo que las personas ausentes saben cuándo otros están hablando de ellas debido al zumbido que sienten en los oídos...».

Se cree que cuando pica la oreja derecha es porque están diciendo cosas agradables de la persona en cuestión, pero si el picor se siente en la oreja izquierda significa que dicen cosas desagradables. También se supone que tener la oreja izquierda encarnada o muy caliente es señal de que están hablando mal de esa persona. Para evitarlo hay que doblar la camisa tres veces sobre el pecho: de esta forma se le dobla la lengua a quien está hablando mal. Otro método consiste en hacer varias cruces con saliva en el borde de la oreja.

Parece ser que cuando zumban los oídos (que no las orejas, como se confunde frecuentemente) significa que están hablando de uno. Entonces hay que cruzar la oreja con el dedo y decir: «Si decís cosas agradables, adelante. Pero si son desagradables, mordeos la lengua».

Tener las orejas grandes implica abundancia. Si las orejas son despegadas y un poco vueltas hacia delante simboliza que la persona es generosa.

El refranero de las orejas dice que «si las orejas sacude la burra, agua segura».

Se supone que la oreja de ratón es un buen amuleto para pedir la realización de los deseos.

Soñar con orejas grandes representa la fortuna de un allegado; si se sueña con orejas cortas es símbolo de engaño.

Nos ha contado José Luis Rubio que hasta hace muy poco tiempo, tan poco que él, que todavía es un niño, lo ha conocido, existía en La Mancha alta la creencia de que cuando dolía el oído, ni Otosporín ni nada. Se llenaba un dedal de leche de una mujer que estuviese amamantando y se echaba en el pabellón auditivo, porque se decía que el gusanito que vivía en el interior del oído se había despertado «traspellao», es decir, muerto de hambre.

El ojo

En el cuerpo humano, la vista es el sentido que ha dado origen a mayor número de supersticiones. Las peculiaridades de los ojos, como forma, color, malformaciones, etcétera, han dado lugar a un tipo de superstición relacionada con la brujería y la magia.

El picor en los ojos

Teócrito, en los *Idilios*, III, se pregunta: «Siento ahora un picor en mi ojo derecho, ¿veré a mi amor?».

Se dice que sentir picor en el ojo derecho es señal de buena suerte o de alegría, pero si se siente en el izquierdo lo es de mala suerte y también denota pena.

Los defectos en el ojo

Plinio relata en su *Historia Natural*, VII, II: «Isigono y Ninfodoro dicen que hay familias en cierta parte de África que practican la brujería, cuyas plegarias causan que los prados se sequen, los árboles se marchiten y los niños mueran. Isigono añade que hay gente igual entre los triballis y los illyris, que también embrujan con una mirada y que matan a aquellos que miran fijamente durante un largo rato, especialmente con una mirada cargada de ira; su mal de ojo es sentido con más fuerza por los adultos y lo que llama más la atención es que tienen dos pupilas en cada ojo. Apollonides también cuenta que hay mujeres de esta clase en Scythia llamadas las Bitiae, y Phylarco dice que en la tribu de los thibii y en muchas otras de la misma naturaleza en Ponto su marca distintiva es tener una doble pupila en un ojo y la forma de un caballo en el otro, y también dice que no pueden hundirse incluso si son echadas al agua vestidas. Damon dice que existe una tribu parecida a éstas en Etiopía, los pharmaces, cuyo sudor alivia los cuerpos enfermos que se tocan con él. Entre nosotros, Cicerón manifiesta que la mirada de cualquier mujer que tenga una doble pupila es siempre maligna».

San Juan Crisóstomo escribe en sus *Instrucciones Bautismales*: «A menudo cuando un hombre sale de su casa se encuentra con una persona con un solo ojo… y lo interpreta como un presagio. Es la señal del diablo».

Julio Caro Baroja, en su obra *Las brujas y su mundo*, dice que Ovidio describe a una maga llamada Dipsas como una viejecilla borracha y de intenciones viperinas, ya que *dipsa* significa sed en griego y *dipsada* en latín designaba a una especie de víbora. Reputada como maga, conocedora del arte de conjurar, de las propiedades de las hierbas y de las sustancias mágicas en general, se insinúa que hacía vuelos nocturnos en forma de ave y a estas notas el poeta añade las de que tenía un ojo de doble pupila y se dedicaba a la necromancia, invocando a los antepasados.

Se cree que trae mala suerte encontrar a una persona que tenga el blanco del ojo muy grande.

La mala suerte atribuida a los bizcos es debida a que se supone que pueden ver a través de las personas y conocer sus pensamientos. Para contrarrestar la mala suerte que trae encontrar a un bizco hay que escupir tres veces. También se rompe el hechizo hablando con esa persona o escupiendo sobre el hombro izquierdo.

Si a una persona le palpita el ojo izquierdo es señal de mala fortuna.

Se pensaba que las personas que tienen en la niña del ojo algunas figuras especiales poseen una gracia particular. Las que presentan la figura de un sapito eran reputadas brujas. Julio Caro Baroja refiere en su libro *Las brujas y su mundo* una identificación de brujas en Navarra por dos niñas mediante el sistema de mirarles el ojo izquierdo: «Comenzó, pues, éste (el inquisidor) a visitar la tierra llevando consigo a las niñas y a cincuenta soldados. En cada pueblo al que llegaba hacía lo mismo. Encerraba a una de ellas en una casa y a la otra en sitio diferente. Llamaba a las autoridades y se enteraba por éstas de quiénes eran las personas sospechosas. Las prendía, las cambiaba de traje, las cubría con mantas y telas, de suerte que no se las reconocía y las ponía en hilera y al Sol. El juez del pueblo las descubría el ojo izquierdo y una de las niñas declaraba si la persona era bruja o no».

El mal de ojo

Relacionado con las supersticiones acerca de los ojos está el mal de ojo, llamado en euskera *beguizco.* Se suponía que algunas personas, brujas y hechiceras, especialmente si gozaban de alguna característica en los ojos, tenían el poder de causar enfermedades y desgracias con su mirada. Se decía que los niños eran más propensos que los adultos a ser víctimas del mal de ojo. Es curioso citar aquí el tan conocido proceso de las brujas de Salem en que una de las procesadas, la señora Bishop, fue acusada de mirar de tal modo a las muchachas del lugar que se desplomaban inmediatamente.

Existen diversos y variopintos remedios contra el mal de ojo, diferentes según cada región española. El marqués de Villena dejó dos recetas contra el mal de ojo.

Una de ellas es el conocido gesto que se hace con el puño cerrado, sacando el dedo pulgar entre el índice y el corazón, diciendo al mismo tiempo *taf tafio anaquendavit.* La otra receta es escribir con azafrán, alcanfor y lágrimas del enfermo la palabra ABAYA en una escudilla de madera; se echa agua rosada en la escudilla y se da de beber al paciente víctima del mal de ojo.

Existen multitud de remedios y amuletos que protegen del mal de ojo, como el ajo, los objetos de oro y plata, los pedazos de cuerno y las herraduras.

Los ojos y otras supersticiones

Antiguamente, las comadronas tenían la costumbre de lavar los ojos de los recién nacidos con agua en la que se había puesto a remojo, después de secarla al Sol, la placenta materna.

La costumbre de cerrar los ojos de los muertos procede de la creencia de que si a un difunto le quedan abiertos los ojos pronto le seguirá un familiar o conocido.

Soñar con ojos tiene diversos significados: si son bonitos simboliza alegría. Si están enfermos, arrepentimiento. Si son saltones, una desgracia. Si están cerrados, desconfianza. Si la mirada es ausente, desgracia para un hijo.

El pie

El pie es la zona inferior de la pierna, cuyos componentes principales son empeine, planta, talón y dedos. Esta parte de la anatomía humana ha dado lugar a numerosas supersticiones (véase *El pie izquierdo*) de diverso signo.

Sprenger y Krämer relatan en el *Malleus maleficarum:* «Después del proceso, la bruja debe ser alzada del suelo por los oficiales y llevada en un cesto o sobre una plancha de madera, de forma que no pueda tocar de nuevo el suelo... Sabemos por experiencia y por las confesiones de las mismas brujas, que cuando son llevadas de esa manera pierden el poder de guardar silencio en los interrogatorios; en efecto, muchas de las que han sido llevadas a la hoguera han pedido que se les dejase tocar el suelo con un pie, y cuando se les ha preguntado el por qué... han contestado que si hubiesen tocado el suelo con el pie se hubieran liberado, provocando la muerte de muchos de los asistentes mediante la caída del rayo».

Se dice que una persona tiene «mala pata» cuando todo lo que proyecta o hace sale mal. Por el contrario tiene «buena pata» aquella persona a la que todo le sale bien.

Se creía que traía mala suerte encontrar por la mañana a una mujer descalza.

Parece que trae mala suerte encontrar a una persona que tenga los pies planos.

Cuando pica la planta de los pies se cree que simboliza que pronto se pisará una tierra extranjera.

Cuando se dice que una persona ha nacido de pie significa que tiene buena suerte.

Soñar que uno se lava o se perfuma los pies es augurio de acontecimientos agradables. Por el contrario, los demás sueños referentes a los pies representan contrariedades.

El pie izquierdo

El pie izquierdo siempre ha sido impopular y signo de mala suerte, desde el hecho de levantarse hasta el de acostarse con él.

El origen de esta superstición es muy antiguo. Podemos rastrearlo en Petronio que menciona en el *Satiricón*, XXX: «Empachados con tanta decoración, nos disponíamos a penetrar en el triclinio, cuando un esclavo encargado de esta función especial, gritó: "Primero con el pie derecho, señores". Al instante temimos que alguno de nosotros ya hubiera transgredido la orden de atravesar el umbral de esta manera. Después todos avanzamos un paso con el pie derecho».

San Juan Crisóstomo, en las *Homilías a los Efesios*, XII, también se refiere al pie izquierdo con estas palabras: «Yo mismo salía poniendo primero el pie izquierdo, y esto... es una señal de mala suerte».

Todo cuanto se refiere al pie derecho es favorable y, por el contrario, desfavorable en cuanto al pie izquierdo. Trae mala suerte poner primero el pie izquierdo en el suelo al levantarse de la cama. Si por error se comete este desliz se puede contrarrestar la mala suerte haciendo la señal de la cruz tres veces y volviéndose a acostar para levantarse más tarde apoyando primero sobre el suelo el pie derecho.

Cuando se sale de casa trae mala suerte empezar a caminar con el pie izquierdo. Para subir o bajar escaleras se debe empezar con el pie derecho.

Al embarcar o desembarcar hay que poner primero el pie derecho porque es de mal agüero hacerlo con el izquierdo.

Se dice que si se entra en casa ajena con el pie izquierdo se trae la mala suerte a sus habitantes.

Cuando la novia sale de casa para ir hacia la iglesia debe poner primero el pie derecho; en caso contrario tendrá disgustos en su matrimonio.

Los sueños relacionados con los pies tienen una interpretación de carácter negativo, salvo que en el sueño éstos se laven o perfumen, ya que en tal caso se pronostica un acontecimiento agradable.

Conocemos una ruptura de la superstición del pie izquierdo. Al director irlandés Jim Sheridan le trajo muy buena suerte la película que dirigió con el título de *Mi pie izquierdo.* Daniel Day-Lewis fue galardonado con el Oscar de 1989 al mejor actor por su interpretación del pintor y escritor disminuido Christy Brown, que sólo podía valerse de su pie izquierdo.

Las verrugas

Las verrugas son excrecencias cutáneas, generalmente redondeadas e indoloras, que suscitan diversos problemas, desde los meramente estéticos hasta algunos de carácter grave.

Antiguamente debían plantear graves problemas estéticos, pues existen gran diversidad de remedios supersticiosos para hacerlas desaparecer.

Plinio, en la *Historia Natural*, XXII, LXXII, relata: «El primer día de luna nueva, cada verruga debe tocarse con un garbanzo y después se debe guardar el garbanzo en un trozo de lino, que debe echarse por encima del hombro; actuando de esta forma se cree que las verrugas desaparecen».

Se suponía que si se tiraba una bolsa conteniendo tantos guijarros como verrugas tuviera una persona, por encima del hombro izquierdo, se transferían las verrugas al que tenía la mala suerte de recoger la bolsa. Se conseguía lo mismo si el contenido de la bolsa eran garbanzos, alubias, granos de trigo, etcétera.

Se creía que las verrugas desaparecían si alguien las compraba.

También se creía que si una persona se encontraba con un funeral tenía que coger algo del barro que había sido pisado por los hombres que portaban el féretro y aplicarlo a las verrugas, deseando que desaparecieran.

Parece ser que las verrugas desaparecían frotándolas con un caracol, que a continuación había que ensartar en un espino. Las verrugas desaparecían al morir el animal y nadie debía tocarlo, porque en este caso se creía que volvían a aparecer.

También se decía que desaparecían frotándolas con un trozo de carne cruda, que después se enterraba. Una vez que la carne se hubiera podrido, las verrugas desaparecían. Otros remedios consistían en:

- Pasar por ellas la parte interior de una vaina de judía y enterrarla acto seguido.
- Untarlas con la sustancia amarilla que sale al pinchar el abdomen de un abadejo.
- Untarlas con la sangre menstrual de una doncella, sin que ella lo sepa.
- Hacer que las lama un perro.
- Frotarlas con el rabo de un cerdo.
- Enterrar en un lugar húmedo una hebra de hilo con tantos nudos como verrugas.
- Llamar a la puerta de un desconocido, y cuando contestase «¿quién es?» decir este verso:

Verrugas traigo,
verrugas vendo,
aquí las dejo
y me voy corriendo.

(Luego se tiraba un saquito con sal y se echaba a correr, por lo que pudiera pasar.)

Untar las verrugas con parches hechos a base de ácido arsenioso.

Frotar la verruga con medio garbanzo la noche de San Juan.

Se consideraba que así como las verrugas eran una señal de mala suerte en la mujer, en cambio eran signo de buena fortuna en el hombre.

Se creía que las verrugas salían por haberse puesto a contar estrellas.

El cordón umbilical

El cordón umbilical –que al cortarlo y secarse constituye el ombligo– es el nexo de unión entre el feto y la placenta. Por la importancia que tiene en el origen de la vida del ser humano, las supersticiones relacionadas con él son de índole positiva, ya que se le atribuyen virtudes curativas.

Se cree que si se guarda un trozo de cordón umbilical y se deja secar, y una vez seco se pone veinticuatro horas en agua, este agua, que se llama «agua de tripa», sirve para curar las enfermedades de los ojos.

En el sur de España se dice que si se guarda en una bolsa el cordón umbilical de los gemelos sirve para curar con su contacto los dolores de vientre.

Existía la costumbre de quemar el cordón umbilical de los niños porque se pensaba que si era comido por un perro o un gato el niño sería un delincuente.

También existía la costumbre de guardar un trozo de cordón umbilical de los hijos, porque cuando se iban a alistar en el servicio militar la madre escondía entre la ropa del mozo el cordón para que tuviera buena suerte.

Dormir

Hay una función vital para el hombre: dormir. Este acto tan natural ha dado origen a una superstición de vampirismo de energía.

El origen de esta superstición se halla en la Biblia, en el Libro de los Reyes, 1, 1-3, que narra: «Era ya viejo el rey David, entrado en años, y por más que le cubrían con ropas no podía entrar en calor. Dijéronle entonces sus servidores: "Que busquen para mi señor, el rey, una joven virgen que le cuide y le sirva; durmiendo en su seno, el rey, mi señor, entrará en calor". Buscaron por toda la tierra de Israel una joven hermosa, y hallaron a Abisag, sunamita, y la trajeron al rey».

Se dice que si una persona mayor duerme con una joven, la persona mayor absorberá la vitalidad y energía de la joven.

Los sueños

Los sueños han sido objeto desde la Antigüedad de interpretaciones bajo diferentes aspectos.

Apuleyo, en *El asno de oro,* opina: «A menudo los sueños significan lo contrario de lo que se sueña. Por ejemplo, cuando se sueña que uno está llorando, o que le golpean o incluso que le degüellan, significa buena suerte y por lo general un cambio en su vida de carácter favorable...».

De aquí que se diga que soñar con muertos significa buenas noticias de los vivos; hacerlo con un funeral, simboliza una boda, y al revés, soñar con una boda significa un funeral. Soñar con una muerte representa un nacimiento. Y viceversa... Soñar con encontrar dinero se considera que trae mala suerte.

Ya en la Biblia vemos la importancia concedida a la interpretación de los sueños cuando en el Génesis se nos narra la que hizo José de los sueños del faraón y la recompensa que obtuvo por ello.

La versión supersticiosa de la interpretación de los sueños recibe el nombre de oniromancia, a través de cuyo estudio se adivina el porvenir. Los que se dedican a la práctica de esta técnica dicen que para que un sueño sea bien interpretado tiene que reunir varios requisitos: que se haya tenido al amanecer; que no se haya tenido con ocasión de excesos o emociones intensas; que se recuerde perfectamente y con todo detalle.

Hay muchas personas que desean soñar para poder adivinar su futuro; para ello colocan en la cabecera de la cama los zapatos o las medias.

Es creencia popular que quien sueña en voz alta revela secretos si se le hacen las preguntas de forma tal que no se despierte.

Para que alguien deje de soñar en voz alta hay que rozarle la boca con uno de sus zapatos.

Antiguamente se tenía la costumbre de arrojar tres puñados de tierra al enterrar un cadáver para evitar soñar con el difunto.

Nuestros antiguos códigos penales castigaban con penas privativas de libertad a los que se dedicaban por interés o lucro a las prácticas adivinatorias de los sueños.

La literatura le ha dedicado muchas páginas al fenómeno de los sueños. En el campo de la psiquiatría, Sigmund Freud dio al traste con las teorías anteriores sobre este fenómeno en varias de sus obras, entre ellas la conocidísima *La interpretación de los sueños*, que, en el capítulo primero, dice que «la opinión popular parece mantenerse en la creencia de que los sueños tienen desde luego un sentido –anuncio del porvenir– que puede ser puesto en claro extrayéndolo de su sentido enigmático y confuso por un procedimiento interpretativo cualquiera. Los más empleados consisten en sustituir por otro el contenido del sueño tal y como el sujeto lo recuerda, ora trozo a trozo, *conforme a una clave prefijada*, ora en su totalidad y por otra totalidad con respecto a la cual constituye el sueño un *símbolo*. Los hombres serios se ríen de estos esfuerzos interpretativos».

El bostezo

El bostezo es una inspiración lenta y profunda seguida de una expiración, de carácter involuntario y que se hace abriendo mucho la boca. Suele ser prolongada y generalmente ruidosa. Es indicio de aburrimiento, hambre o sueño.

Las supersticiones relacionadas con el bostezo hacen alusión a la boca como una posible vía de entrada para que el diablo tome posesión de la persona.

Cuando se bosteza existe la costumbre de taparse la boca. Dicha costumbre, aparte de la buena educación, proviene de que antiguamente la gente hacía la señal de la cruz sobre la boca para evitar que durante el tiempo que duraba el bostezo el diablo pudiera meterse en el cuerpo. De ahí el refrán: «Por puerta abierta, el diablo se cuela».

Se cree que si dos personas bostezan a la vez tendrán alguna coincidencia en sus vidas.

También se dice que si dos personas bostezan, una después de la otra, la última que ha bostezado tiene buenas intenciones respecto de la primera.

Mirar y volverse hacia atrás

Mirar o volverse hacia atrás tiene tradicionalmente connotaciones negativas.

Mirar hacia atrás

El origen de esta superstición se encuentra en el Génesis, 19, 15-26, dónde se describe la destrucción de Sodoma y Gomorra: «En cuanto salió la aurora, dieron prisa los ángeles a Lot, diciéndole: "Levántate, coge a tu mujer y a las dos hijas que tienes, no sea que perezcas tú también por las iniquidades de la ciudad". Y como se retardase, cogiéronlos de la mano los hombres a él, a su mujer y a sus dos hijas, pues quería Yahvé salvarle, y sacándolos los pusieron fuera de la ciudad. Una vez fuera, le dijeron: "Sálvate. No mires atrás y no te detengas en parte alguna del valle; huye al monte, si no quieres perecer". La mujer de Lot miró atrás, y se convirtió en un bloque de sal».

Virgilio, en las *Geórgicas*, IV, II, refiere el mito de Orfeo, que perdió a Eurídice por volverse para mirarla: «Se detuvo, y ya al borde mismo de la luz, sin acordarse, ay, y sin poderse contener, se volvió para mirar a su querida Eurídice. En ese instante, todo su esfuerzo se perdió, quedó roto el pacto del cruel tirano y por tres veces se oyó un fragor en las marismas del Averno. Ella gritó: "¿Qué locura, qué locura tan grande me ha perdido, desgraciada de mí, y te ha perdido, Orfeo? He aquí que por segunda vez los hados crueles me hacen volver y el sueño cierra mis ojos embriagados. Y ahora, adiós... "».

En el Evangelio de San Lucas 9, 62, leemos: «Jesús le

dijo: "Nadie que, después de haber puesto la mano sobre el arado, mire atrás, es apto para el reino de Dios".».

Se dice que la novia no debe mirar hacia atrás cuando va camino de la iglesia.

También se dice que el novio no debe ver a la novia antes de que llegue al altar y no debe mirar hacia atrás por encima de su hombro para verla venir hacia él.

Volver hacia atrás

En el Evangelio de San Lucas, 17, 29-32, se encuentra el origen de esta superstición: «… pero en cuanto Lot salió de Sodoma, llovió del cielo fuego y azufre, que los hizo perecer a todos. Así será el día en que el Hijo del hombre se revele. Aquel día, el que esté en el terrado y tenga en casa sus enseres, no baje a tomarlos; e igualmente el que esté en el campo no vuelva atrás. Acordaos de la mujer de Lot… ».

Se cree que si se olvida algo no hay que volver hacia atrás, pues trae mala suerte. Si se puede, se recomienda que se encargue a alguien que recoja el objeto olvidado.

También se supone que trae mala suerte volver hacia atrás cuando se empieza un viaje.

Es creencia popular que regresar o mirar hacia atrás cuando se deja una casa es de mal agüero. Si resulta necesario regresar, se aconseja sentarse durante unos minutos antes de dar media vuelta.

Silbar

Antiguamente se consideraba el silbar como una actividad propia de hechiceras que de esta forma conjuraban al diablo para que levantara vientos y tempestades, así como para que entorpecieran las faenas de pesca.

Las supersticiones relacionadas con el silbido tienen connotaciones negativas.

Se decía que entre los marineros traía mala suerte silbar después de anochecido o que si se silbaba a bordo de un barco se levantaría una galerna.

Entre los mineros se creía que silbar en la mina traía mala suerte.

Entre la gente de teatro se suponía que traía mala suerte silbar en el teatro detrás de las bambalinas o en los camerinos.

Cruzar entre dos personas

Cuando dos personas van caminando y algo o alguien se interpone entre ellas es algo que no nos sorprende en absoluto, pero antiguamente este incidente se asociaba a prácticas de hechicería. Las supersticiones relacionadas con este hecho hacen referencia a la ruptura del vínculo que une a las dos personas que caminan juntas.

San Agustín, en *De Doctrina Christiana,* I, XX, comenta: «A estas supersticiones deben añadirse las mil prácticas que les siguen en el caso de que una piedra, un perro o un niño se interponga entre dos amigos que caminan del brazo. La costumbre de dar una patada a la piedra como si fuera destructora de la amistad es menos detestable que la de golpear con el puño a un niño que pase entre dos personas que caminan juntas... Y es justo que a veces los niños sean vengados por perros; hay personas que son tan supersticiosas que hasta se atreven a pegar a un perro que haya pasado entre ellos».

Sprenger y Krämer, en el *Malleus maleficarum,* relatan: «Entre los obstáculos al matrimonio producidos por la brujería... y con respecto al procedimiento empleado para conseguir dichos obstáculos, el diablo, al ser un espíritu, tiene poder sobre las criaturas para provocar o impedir cualquier movimiento. Por esta razón, puede impedir a los cuerpos que se acerquen, tanto directa como indirectamente, interponiéndose entre la pareja el mismo diablo bajo la apariencia de cualquier forma que haya adoptado».

Parece ser que traía mala suerte si un niño o cualquier otra criatura pasaba entre medio de dos amigos que iban caminando juntos, porque era un augurio de que la amistad se rompería.

Se decía que si una hechicera quería dañar a un marinero pasaba entre él y su barca cuando estaba a punto de embarcarse. Ello provocaba que el mar se llevase al marino.

Durante la ceremonia del matrimonio había que vigilar que ningún perro pasase por medio de la pareja de novios, porque se creía que el matrimonio se rompería.

Cuando se va caminando con un amigo se dice que hay que tener cuidado con las farolas y los árboles, porque si los amigos se separan para dejar la farola o el árbol en medio de los dos, la amistad se rompe.

Cruzar las piernas

Las supersticiones relacionadas con la postura de piernas cruzadas hacen referencia a su uso como encantamiento para impedir nacimientos, entorpecer trabajos o negocios...

El origen puede encontrarse en las *Metamorfosis,* IX, II, de Ovidio: «... Cuando se aproximaba la hora del nacimiento de Hércules... siete noches y días en los que estuve pasando una tortura... allí se sentaba la cruel Juno... Oyendo mis gemidos, con su rodilla derecha cruzada sobre la izquierda, y con sus dedos entrelazados; de esta forma prolongaba el nacimiento... e impedía mi liberación».

Plinio escribe en su *Historia Natural,* XXVIII, XVII: «Sentarse al lado de una mujer embarazada o de una persona a quien se le está administrando un remedio, con los dedos de una mano entrelazados con los de la otra, actúa como un hechizo; esto se descubrió, según se dice, cuando Alcmena dio a luz a Hércules. Si se juntan los dedos abrazando una o ambas rodillas o si una pierna se cruza sobre la rodilla de la otra y después se cambia, el presagio es de significado más siniestro. Por esta razón nuestros antepasados prohibían estas posturas en reuniones en las que participaban generales y personas con autoridad, por actuar como impedimento para toda clase de negocios».

Las hechiceras utilizaban la postura de las piernas cruzadas con las manos entrelazadas sobre las rodillas para impedir toda serie de acontecimientos que pudieran beneficiar a las personas a las que querían dañar.

El silencio

La superstición relacionada con el silencio repentino en una conversación tiene connotaciones mágicas.

Esta superstición tiene su origen en la *Historia Natural* de Plinio, XXVIII, v: «Se ha observado que se produce un silencio repentino entre los reunidos en una mesa cuando su número es par; cuando esto ocurre, es señal de que el buen nombre y reputación de cualquiera de los presentes está en entredicho».

Si durante una conversación se produce un silencio repentino se dice que está pasando un ángel. Esto suele suceder 20 minutos antes o después de la hora.

Se suele creer que soñar con una conversación interrumpida por un silencio es presagio de murmuraciones.

El estornudo

Cuando una persona estornuda, una serie de circunstancias adjudican a este hecho una cualidad diferenciadora que conlleva a supersticiones de signo diverso.

Los egipcios y los griegos consideraron el estornudo como una advertencia divina y de aquí nacieron diversos agüeros que se consideraban buenos si se estornudaba por la tarde y malos si por la mañana, y/o al levantarse de la cama o de la mesa.

Una leyenda cuenta que Prometeo fue la primera persona que deseó salud al hombre que había creado de arcilla cuando éste estornudó al aproximarse al fuego celestial que había robado a los dioses.

En la *Odisea,* XVII, Homero relata lo siguiente: «Cuando terminó, Telémaco estornudó con fuerza, resonando en toda la casa... Penélope rió... "Ve –dijo con impaciencia–, y tráeme a ese extranjero. ¿No te has dado cuenta de que el estornudo de mi hijo ha confirmado todo lo que se ha dicho?"».

Teócrito escribe en los *Idilios,* XVIII: «¡Oh feliz novio! He aquí un venturoso estornudo para darte la bienvenida a Esparta».

Leemos en *El asno de oro* de Apuleyo: «¡Salud, amigo!, y ¡salud, salud! al segundo y tercer estornudo».

Plutarco de Queronea (c. 48-c. 125) refleja esta superstición en su obra *Vidas Paralelas,* II, 22: «Eufrantides, el adivino, que había visto llegar a los prisioneros, observó que una gran llama brillante se elevaba fuera del recinto del sacrificio, y en ese mismo instante una persona estornudó a su derecha: tomó a Temístocles de la mano y le ordenó que sacrificase a los tres prisioneros, para que los griegos... obtuvieran la victoria sobre sus enemigos».

Catulo dice en los *Poemas*: «Quien antes estornudó hacia la izquierda, ahora estornuda hacia la derecha, para demostrar que está contento».

La costumbre generalizada en todas partes de decir «Salud» o «Jesús» al estornudar se recoge en la *Historia Natural* de Plinio el Viejo, XXVIII, V: «¿Por qué decimos "¡Salud!" al que estornuda? Ésta es una costumbre que hasta Tiberio César, según se dice, el más insociable de todos los hombres, solía exigir aun cuando fuese montado en su carruaje, y algunos creen que produce mayor efecto añadir al saludo el nombre del que estornuda».

San Agustín comenta en su obra *De Doctrina Christiana,* I, XX: «Similares prácticas supersticiosas son... volver a la cama si se oye a alguien estornudar mientras uno se está poniendo sus zapatos».

El saludo pagano fue modificado por los primeros cristianos, sustituyendo la salutación por el nombre de «Jesús». Según refiere el célebre médico árabe Avicena, esto se debe a que el estornudo era el principio de diversas enfermedades y por ello se pedía a Dios que apartase el peligro.

También se dice que la expresión «Jesús» se utilizaba para impedir que, al estornudar, el diablo pudiese entrar en el cuerpo por la boca.

También entre los judíos religiosos, cuando dos o más congregados están contando alguna cosa, si en ese momento alguien estornuda o suena una campana, carillón o se produce cualquier otro sonido inesperado de esta índole, se dice: *emes,* que en hebreo quiere decir *verdad,* porque a través de este sonido se cree que Dios confirma la veracidad de las palabras del narrador.

Existía la creencia de que si un recién nacido estornudaba se le consideraba acreedor de buena fortuna.

El número de veces que se estornuda ha dado lugar a diversas interpretaciones: se creía que era bueno si se estornudaba una vez; en cambio dos o más estornudos entrañaban un mal augurio, probablemente porque eran considerados más seriamente como el principio de un catarro.

Se dice que si oímos estornudar a nuestra derecha es signo favorable y desfavorable si lo oímos a la izquierda. El momento del día en que se estornuda también tiene gran importancia a la hora de la adivinación: si se estornuda antes del desayuno parece que se tendrán buenas noticias o un regalo.

Otra creencia sostiene que si se estornuda el sábado, cuando comienza a anochecer y se han encendido las luces, durante la semana siguiente se tendrá la buena fortuna de conocer a una persona interesante, pero sin embargo las condiciones serán adversas si se estornuda el domingo por la noche después de apagar las luces.

El tropezón

Tropezar con algo, además del consiguiente dolor que se pueda sentir, es un accidente al que la superstición atribuye mala suerte.

El origen de esta superstición se halla en la «Vida de Tiberio Graco» en *Vidas Paralelas* de Plutarco de Queronea (año 110): «El día en que falleció, salió de su casa y tropezó contra la piedra del umbral, de tal forma que la uña del dedo gordo del pie se le partió y empezó a sangrar de tal forma que la sangre le empapó el calzado».

San Agustín escribe en su obra *De Doctrina Christiana,* I, XX: «Similares prácticas supersticiosas son... regresar a casa si se tropieza al salir».

Se supone que si se tropieza al salir de casa es un augurio de mala suerte. Para contrarrestarla hay que regresar a casa y volver a salir.

Parece ser que trae mala suerte tropezar cuando se va a iniciar cualquier nueva empresa. Por tanto, trae mala suerte a los novios tropezar en cualquier momento de ese día, y de ahí que se levante a la novia en brazos al cruzar el umbral de la nueva casa (véase *La novia*). Si uno de los novios tropieza camino del altar se dice que ello significa que ha cometido alguna falta inconfesable.

Si una visita tropieza al entrar por vez primera en una casa se cree que la mala suerte permanece en esa casa conectada a la presencia del visitante.

Se suponía que dar un tropezón en tierra al desembarcar era señal de mal agüero.

También que si alguien tropezaba al bailar en el corro presagiaba contrariedades amorosas.

El hipo

El hipo, movimiento convulsivo del diafragma tan molesto para todo el que lo padece, ha dado lugar a diversas creencias de tipo supersticioso para quitarlo.

Plinio, en su *Historia Natural,* XXVIII, LXXXI, manifiesta: «Se cuentan cosas maravillosas sobre los animales: cuando una herradura se desprende de la pezuña de un caballo y alguien la recoge y la guarda, actúa como un remedio para el hipo en el momento en que recuerda el lugar donde la ha guardado».

Existen muchas viejas creencias supersticiosas para quitar el hipo, algunas son:

- Hacer tres veces la señal de la cruz, una en la lengua, la segunda en la cabeza y la tercera en el pecho.
- Contener la respiración durante un tiempo o bien beber siete sorbos de agua sin respirar.
- Dar un susto a la persona con hipo.

Parece ser que a los bebés había que pegarles con saliva en la frente una bolita o mechoncito arrancado de la toquilla que llevaban puesta o del refajo de la mujer que sostenía a la criatura.

La comida

La comida es un hecho vital para el ser humano y ha dado origen a algunas supersticiones, de carácter negativo, relacionadas con la actitud de despreciarla.

En el Deuteronomio, 16, 2-4, leemos: «Inmolarás la Pascua de Yahvé, tu Dios, de las crías de las ovejas y de las vacas, en el lugar que Yahvé, tu Dios, haya elegido para poner en él su nombre: no comerás con ella pan fermentado, sino que por siete días comerás pan ácimo, el pan de la aflicción, porque deprisa saliste de Egipto; para que así te acuerdes toda tu vida del día en que saliste de Egipto. No se verá levadura esos siete días en toda la extensión de tu territorio y nada de la víctima que a la tarde inmolares quedará para la noche hasta la mañana siguiente».

Al parecer, dejar los restos de la cena en la mesa durante toda la noche es una costumbre que trae mala suerte.

Plinio relata en la *Historia Natural,* XXVIII, v: «Cuando la comida cae de la mano de un huésped se acostumbra a dejarla aparte mientras se sirven los platos, y se prohíbe que nadie sople para retirarla de la mesa; los augurios dependen de las palabras o pensamientos de la persona que dejó caer la comida en el momento en que acaeció el incidente; es un augurio especialmente siniestro si esto le sucede al sacerdote encargado especialmente de la jurisprudencia religiosa, en un banquete».

Se dice que trae mala suerte si se cae la comida del tenedor en el camino del plato a la boca.

El préstamo

La costumbre de pedir algo prestado, que, en principio, es tan inocua, estuvo considerada en la Antigüedad como un medio del que se valían las hechiceras para sus maleficios.

Sprenger y Krämer nos cuentan en el *Malleus maleficarum:* «Cuando las brujas quieren que una vaca deje de dar leche... piden un poco de leche o mantequilla procedente de esa vaca; de esta forma pueden embrujar a la vaca. Por ello las mujeres deben tener cuidado cuando son requeridas por personas sospechosas de este crimen, de no darles la menor cosa que pidan... Las mujeres a las que se les ha agriado la mantequilla sin ninguna razón y sospechan de alguna bruja, deben conseguir algo de mantequilla de esa bruja. Dividen la mantequilla en tres trozos y la meten en la mantequera invocando a la Santísima Trinidad. De esta forma se contrarresta el maleficio; para ello la mantequilla debe pedirse prestada a la bruja».

Se decía que si alguna cosa estaba embrujada había que quemarla e inmediatamente aparecía la bruja para pedir algo prestado. Si se le daba lo que pedía, marchaba completamente libre; pero si se le negaba, la bruja se quemaba y una marca aparecía en su cuerpo al día siguiente.

Se cree que el que deja dinero en el juego pierde. Pero por el contrario, el que pide dinero prestado gana.

Entre los pescadores existía la costumbre de pedir prestado algo de valor insignificante a un vecino, con la intención de no devolverlo, ya que la suerte en la pesca iba unida a ese objeto.

Se pensaba asimismo que los aparejos de pesca que se pedían prestados traían mejor suerte que los que habían sido comprados.

La sal

La sal es un compuesto del sodio, llamado cloruro sódico. Desde la Antigüedad la sal ha sido considerada protectora frente a los maleficios y portadora de buena suerte. La sal simboliza la alianza del hombre con la divinidad.

La sal ha sido tan importante para el pueblo que la palabra *salario* (siglo XV) procede de la suma que se daba a los soldados para que compraran sal.

El origen de esta superstición lo encontramos en la Biblia, en el Levítico, 2, 13: «A toda oblación que presentes le pondrás sal; no dejarás que a tu ofrenda le falte la sal de la alianza de Yahvé; en todas tus ofrendas ofrecerás sal».

Homero narra en la *Ilíada*, IX: «Habló así, y obedeció Patroclo a su querido compañero. Y Akileo dispuso en un gran tajo cerca de la lumbre el lomo de una oveja, el de una rolliza cabra y el de un cerdo cebado. Y mientras sujetaba Automedón la carne aquella, el divino Akileo cortábala en pedazos, ensartándolos en largos pasadores. Y el Menetiada, hombre semejante a un Dios, encendió una viva hoguera. Y cuando fue extinguiéndose la llama, puso los pasadores por encima de los carbones, apoyándolos en piedras, y los espolvoreó con sal sagrada».

En el Evangelio de San Mateo, 5, 13, se dice: «Vosotros sois la sal de la tierra; ahora bien, si la sal pierde su sabor, ¿con qué se volverá a salar? Para nada sirve ya, sino para arrojarla fuera, donde sea pisada por los hombres».

Plinio cuenta en la *Historia Natural*, XVIII, II: «Numa estableció la costumbre de ofrecer maíz a los dioses y conseguir que le fueran propicios mediante el pan salado».

La sal como amuleto

Se cree que cuando hay sal en una casa siempre habrá dinero.

Existía la creencia de que para asegurarse una buena pesca había que echar sal sobre el pescador o sobre la barca.

Antiguamente los implicados en un proceso penal llevaban granos de sal dentro de la manga para conseguir ser absueltos.

Se decía que si se echaba sal en los rincones de las cuadras el día primero de abril se evitaban las enfermedades del ganado.

La sal protege contra la hechicería

Sprenger y Krämer relatan lo siguiente en el *Malleus maleficarum:* «El juez y sus asesores en un proceso de brujería no debían permitir que les tocara la bruja, pero siempre llevaban con ellos sal consagrada el Domingo de Ramos... mezclada junto con cera bendita y puesta alrededor del cuello... La Iglesia bendice estos objetos que alejan el poder del diablo».

En los aquelarres, nunca se ponía sal en los alimentos que allí se consumían, ya que la sal representa la sabiduría y el entendimiento.

Para contrarrestar el mal de ojo se bañaban en agua con sal las plantas de los pies y las palmas de la mano tres veces y se bebía tres sorbos del agua salada, y después se echaba al fuego lo que quedaba de dicha agua.

También se creía que para protegerse de los malos espíritus había que echar un poco de sal sobre el hombro izquierdo.

Dar sal

Se dice que si se presta sal trae mala suerte devolverla.

También se creía que trae mala suerte aceptar sal sin pagar algo simbólico por ella.

La sal como contrahechizo

Existía la costumbre de echar sal al fuego cuando entraba en casa una persona sospechosa de dedicarse a la hechicería.

Para neutralizar el poder maligno de las brujas, se acostumbraba a echar sal al fuego nueve mañanas seguidas. También se decía que había que echar la sal al fuego tres noches de viernes seguidas.

Se creía que el derramarse el aceite era una señal de mal agüero, pero se contrarrestaba echando un poco de sal encima en forma de cruz, o tirando al pozo un puñado grande de sal y apartándose en el acto para no oírla caer.

Cuando venía una visita indeseable se decía que había que echar sal donde había estado, y después recogerla y quemarla. Con ello se evitaba que esa persona regresara. Otro remedio utilizado era echar sal en el umbral después de su partida.

La sal como protectora

Existía la costumbre de poner sobre el vientre de los difuntos en el velatorio del cadáver un plato con sal, porque se creía que de esta forma se evitaba que reventara. También se solía poner el plato con sal debajo del ataúd, con el mismo fin.

Se creía que poniendo un plato con sal debajo de la cama de un enfermo se le protegía contra la enfermedad porque la sal absorbía el mal.

La superstición de la sal como protectora de los niños tiene su origen en la Biblia. En el Libro de Ezequiel, 16, 4-5 se relata: «... a tu nacimiento, el día que naciste, nadie te cortó el ombligo; no fuiste lavada en el agua para limpiarte, no fuiste frotada con sal ni fajada, nadie hubo que pusiera en ti sus ojos para hacerte algo de esto, compadecido de ti, sino que con horror fuiste tirada al campo el día que naciste».

Se decía que después del nacimiento de un niño había que bañarlo con agua salada y darle un poco de sal tres veces.

Se temía que los niños sin bautizar podían ser objeto de hechicerías; el mejor remedio para evitarlo era echar un poco de sal en una bolsita que se ataba a las ropas del niño cuando se le ponía a dormir en su cuna.

Al parecer, si se ponía un poco de sal en la primera leche que se ordenaba de una vaca después del parto protegía al animal y a su ternero de los maleficios.

También se creía que frotando el lomo de una vaca con sal en el momento de parir se la protegía de cualquier maleficio y tendría un ternero completamente sano.

Derramar la sal

Desde tiempos muy remotos existe la opinión de que la sal es incorruptible y por ello se ha convertido en el símbolo de la amistad; de ahí la creencia de que si casualmente se derrama, la amistad se rompe.

Se dice que Judas vertió la sal en la Última Cena, habiendo quedado reflejado este percance en el cuadro *La*

Última Cena de Leonardo da Vinci: Judas no presta la menor atención al salero que ha volcado.

Miguel de Cervantes en el *Quijote*, segunda parte, capítulo LVIII, refleja esta superstición: «Derrámasele al otro Mendoza la sal encima de la mesa, y derrámasele a él la melancolía por el corazón, como si estuviese obligada la naturaleza a dar señales de las venideras desgracias con cosas tan de poco momento como las referidas».

Parece que si la sal se derrama es un augurio de mala suerte. Para contrarrestar estos augurios se acostumbra a echar una pizca de la sal derramada sobre el hombro izquierdo tres veces. También se puede echar un poco de sal al fuego. Otros neutralizan el mal augurio tirando agua por el balcón o la ventana.

Se decía que la sal que se echaba por encima del hombro izquierdo era para cegar al demonio, y también que después de echarla sobre el citado hombro hay que hacer la señal de la cruz sobre la que queda.

Es creencia popular que quien pisa la sal derramada tendrá disgustos. Si la pisan dos novios, no llegarán a casarse.

Existen varios refranes que hacen referencia al aspecto negativo de la sal derramada:

«Verterse el vino es buen sino, derramarse la sal, mala señal».

«Si se vierte el salero, faltará la razón, pero no el agüero».

«Derramarse el vino es buena señal, pero no la sal».

La sal y otras supersticiones

Existe la creencia de que echar un puñado de sal en el lecho de los recién casados es de mal agüero para la pareja.

Se dice que trae mala suerte pasar la sal en la mesa, ya que pasando la sal se pasan las penas.

El salero

Se dice que romper un salero es augurio de mala suerte, así como colocar dos saleros delante de una persona.

Los huevos

Un alimento tan común como el huevo ha sido objeto desde la más remota antigüedad de diversas prácticas supersticiosas. Hemos de tener en cuenta que el huevo representa un origen de vida y de ello se derivan sus simbolismos.

Las supersticiones relacionadas con el huevo tienen carácter diverso y también se vinculan con la adivinación.

La cáscara de huevo

Plinio el Viejo escribe en la *Historia Natural*, XXVIII, IV: «No existe nadie que no tema ser objeto de encantamientos por medio de invocaciones diabólicas; de aquí la costumbre de romper la cáscara de los huevos o caracoles inmediatamente después de comerlos o agujerearla con la cuchara que se ha utilizado».

Se cree que hay que romper la cáscara del huevo después de comerlo, ya que si no se hace trae mala suerte. Esta práctica era debida a que se temía que las brujas pudieran hacer conjuros contra la persona que había comido el huevo, pinchando la cáscara que había dejado intacta.

La puesta y el empolle de los huevos

La *Historia Natural* de Plinio también ha dado lugar a diversas supersticiones sobre el empolle de los huevos. En el libro XVIII, LXXV, dice que: «Hay que poner los huevos bajo la gallina en luna nueva para que todos se empollen». En el libro X, LXXV, sigue: «Debe ponerse bajo la gallina un número impar de huevos para que se empollen».

Se cree que no se estropearán los huevos puestos en Viernes Santo ni los puestos entre el 15 de agosto, día de la Asunción de la Virgen, y el 8 de septiembre, día del nacimiento de la Virgen.

Nuestra superstición popular sitúa el día favorable para el empolle de los huevos el 2 de febrero, día de la Candelaria, patrona de Santa Cruz de Tenerife.

El huevo y la salud

Otras supersticiones mantienen que pasándose un huevo por los párpados se mejora la vista, y que se alarga la vida si se come el primer huevo puesto por una gallina negra.

Antiguamente se creía que si se llevaba un huevo de gallina durante la misa del día de la Ascensión y después se guardaba, este huevo se convertiría en cera que curaba las heridas. Otra versión dice que había que guardar dos huevos puestos el día de la Ascensión; uno de ellos se transformaría en cera y el otro en aceite cuya mezcla podía servir igualmente para curar las heridas.

El huevo y la adivinación

Existía un procedimiento para adivinar las cualidades del que sería el futuro esposo, y que consistía en verter la clara del huevo en un recipiente con agua: a través de las figuras que se iban formando se interpretaban las preguntas formuladas. Esta práctica se realizaba principalmente la noche de San Juan y ha sido citada en diversos procesos de la Inquisición.

En relación a la leyenda del basilisco, hay que mencionar la creencia según la cual éste nace de un huevo puesto por un gallo que lleva siete años seguidos en un corral. Se trata de un huevo sin yema, pequeño y con vetas, que se empolla en el estiércol. Se cree que si se encuentra este huevo antes de que se empolle se podrá utilizar para conseguir riquezas.

El huevo como amuleto

Plinio el Viejo nos cuenta en su *Historia Natural,* XXIX, XII: «Existe una clase de huevo que es muy famosa entre los celtas, pero que los griegos no mencionan. Un número indeterminado de serpientes aparecen entrelazadas y forman esos objetos redondos con la viscosa saliva que sale de sus bocas y la espuma de sus cuerpos, que se llaman "huevos del viento". Los druidas dicen que las serpientes expulsan esos huevos con su silbido y deben ser recogidos en un manto antes de que toquen la tierra. Se dice que el que los coge debe huir a galope tendido, ya que las serpientes lo persiguen hasta que los separe un río. Una prueba de su autenticidad es que el huevo flota contra la corriente, incluso si está incrustado en oro. Los magos opinan que deben ser cogidos en ciertos períodos de la Luna, como si los acuerdos entre las serpientes y la Luna dependieran del deseo de los hombres. He visto uno de estos huevos: era redondo, casi tan grande como una manzana de mediano grosor, y llama la atención por su dura cáscara salpicada de multitud de hoyos cartilaginosos, como los de los tentáculos de los pulpos. Los druidas los consideran de gran valor. Su posesión hace jactarse de tener éxito en los litigios y ser recibido con agrado por los príncipes».

Los huevos de serpiente se utilizaban como amuleto de la buena suerte.

El huevo como portador de mala suerte

El origen de esta superstición se encuentra en la *Historia Natural* de Plinio el Viejo, X, XV: «Es creencia popular que los cuervos ponen los huevos por el pico (y en consecuencia si una mujer embarazada come un huevo de cuervo, parirá el niño por la boca; y en general tendrá un parto difícil si se traen a casa huevos de cuervo)».

Se cree que tener huevos de pájaros en casa trae mala suerte.

El huevo y otras supersticiones

Existe la opinión de que si un huevo tiene dos yemas, es decir, unos pollitos gemelos, tendrá buena suerte la persona que rompa el huevo y lo descubra, y que la que se los coma tendrá doble suerte: la desconocida y la de comérselos.

Soñar con huevos blancos enteros es augurio de felicidad; si son frescos, lo es de buenas noticias; si están rotos es señal de problemas y enfados.

Las patatas

La patata es un tubérculo originario de América del Sur, cultivada desde tiempo inmemorial por los indígenas, y que fue traída a Europa por los descubridores de aquel continente, habiéndose convertido en una de las bases de nuestra alimentación.

Las supersticiones relacionadas con este tubérculo son de índole positiva, ya que se relacionan con virtudes curativas.

Se dice que la patata es buena para curar el reumatismo.

Existe la creencia de que llevando una patata en el bolsillo o en cualquier otro lugar que tenga contacto con el cuerpo no sólo se cura el reumatismo sino que es una prevención contra su retorno.

Esta superstición se debe a que se cree que cuando la patata se va endureciendo es porque ha absorbido y se ha llenado del ácido úrico proveniente del paciente.

Lo mismo se hacía con las castañas de Indias, que se llevaban en el bolsillo para prevenir los dolores de cabeza y curar las hemorroides.

Una razón justificativa de la creencia en las bondades curativas de la patata podría ser el que la atropina, que es un remedio eficaz contra el reumatismo, se encuentra en los llamados «ojos» de las patatas.

El arroz

El arroz es un cereal de la familia de las gramíneas originario de Asia, Australia y América. La superstición vincula el arroz a la buena suerte para los recién casados.

El origen de esta superstición está en la costumbre romana de echar trigo sobre la cabeza de la novia, cuando entraba en su nueva casa, como símbolo de una vida llena de felicidad y prosperidad.

Antiguamente se acostumbraba a echar trigo o maíz, al paso de los novios después de la ceremonia nupcial, como símbolo de felicidad.

Hoy en día la costumbre ha transformado el trigo en arroz, que se echa a los novios a la salida de la boda. También hay personas que utilizan confetis en vez de arroz.

Soñar con arroz pronostica buena suerte y abundancia de bienes.

El pan

Un alimento tan básico como el pan es objeto de variadas supersticiones, tanto de naturaleza positiva como negativa, y se ha utilizado para prácticas de hechicería. El origen de todas ellas está en que el pan fue el alimento que bendijo Jesús en la Última Cena, al decir: «Tomad y comed todos de él, porque éste es mi cuerpo».

Se dice que trae mala suerte cortar el pan con cuchillo o pincharlo con el tenedor; hay que partirlo con las manos, pues así lo cortó Jesús para repartirlo entre sus discípulos en la Última Cena.

Se creía que llevar consigo un trozo de pan protegía contra maleficios y enfermedades y traía buena suerte, siempre que se hubiera rezado un Padrenuestro y hecho una señal de la cruz sobre él.

También se creía que acarreaba mala suerte arrojar al fuego los trozos de pan que habían sobrado, ya que el que lo hacía estaba alimentando al demonio; tampoco se debía colocar el pan sobre la mesa boca abajo, es decir, de forma inversa a como se coció en el horno, porque ello significaba que el diablo andaba suelto por la casa.

Para evitar disputas entre dos personas se dice que no deben morder del mismo pan.

También se ha utilizado el pan en los conjuros: pinchando el pan con alfileres se conseguía el amor de la persona deseada; las hechiceras utilizaban el pan bendecido en sus pócimas.

Soñar con pan blanco significa abundancia y, por el contrario, hacerlo con pan negro denota escasez o carencia. Si se sueña con pan de cebada el resultado será salud y buena fortuna.

En recuerdo de la representación del pan como cuerpo

de Cristo es costumbre besarlo cuando se cae al suelo.

Si el pan tiene en su miga un gran agujero se cree que presagia una muerte, ya que el agujero simboliza la tumba.

Si un pan se parte dentro del horno es símbolo de mala suerte: muerte, disensiones familiares, etcétera.

Tengamos en cuenta que todas estas supersticiones pertenecen a la época en que el pan se cocía en las casas y cada familia se hacía el suyo en su propio horno.

La manzana

Existen más de tres mil clases de manzanas con nombre propio que se diferencian por su forma, color, dulzura y acidez y también por el aroma y la consistencia de su carne. El manzano es de tronco tortuoso, copa ancha y ramas gruesas; se encuentra en estado silvestre en los bosques húmedos de la península Ibérica. Hasta este siglo era la única fruta fresca que se podía comer en invierno. Del continente europeo pasó a Inglaterra y de allí a América y Australia. Especialmente frecuente en las regiones templadas, se trata del frutal que más se cultiva en el mundo, lo que viene haciéndose desde hace más de tres mil años.

Las supersticiones relacionadas con la manzana hacen referencia a su uso para la adivinación y para ahuyentar la mala suerte.

La manzana, como símbolo, tiene su origen en el episodio del Génesis, 3, 6, en el que Eva, tentada por la serpiente, come y da de comer a Adán el fruto del árbol de la ciencia del bien y del mal, que les había sido prohibido por Dios y que ha sido identificado con la manzana, aunque la Biblia no menciona concretamente que el fruto con el que es tentada Eva lo sea: «Vio, pues, la mujer que el árbol era bueno para comerse, hermoso a la vista y deseable para alcanzar por él, y tomó de su fruto y comió, y dio también de él a su marido, que también con ella comió».

Podemos traer a la memoria que también una manzana desencadenó la legendaria guerra de Troya.

Al parecer, quien lo desea puede saber si va a casarse pelando una manzana: si se pela sin romper la monda es casi seguro que la persona que lo realiza contraerá matrimonio. Y si además se quiere conocer la inicial del futuro/a pareja debe arrojarse la monda de la manzana entera con la mano derecha por encima del hombro izquierdo: al caer formará la inicial del nombre de su futuro/a amante. Lo mismo se obtiene con la peladura de una naranja. Si se es demasiado curioso se puede saber su nombre completo colocando la monda de manzana en el dintel de la puerta de entrada: la primera persona que lo cruce se llamará igual que el futuro esposo/a.

Para evitar las fuerzas negativas que pueden influir en una casa se cree que es muy conveniente colocar tres manzanas rojas muy juntas, pero sin rozarse, en la entrada de la casa. Las manzanas absorberán la energía negativa, tanto la que hay en el interior como la que pretenda entrar, y además perfumará de forma ecológica el ambiente.

El cava (o champán)

Esta bebida espumosa ha sido desde su origen símbolo de alegría, felicidad y suerte, sirviéndose en las ocasiones en que se celebra algún feliz acontecimiento.

Fue creada en la abadía de Hautvillers, en el corazón de la Champagne francesa, por el monje benedictino Dom Pérignon en 1680, quien fue, asimismo, el que dio a los corchos que tapan las botellas su forma especial.

Las supersticiones relacionadas con este vino espumoso tienen connotaciones festivas.

Al parecer, para que el cava traiga buena suerte, el tapón debe salir con fuerza y ruido al ser descorchada la botella. También se dice que trae buena suerte mojarse las sienes si el cava se derrama, sobre todo si es del que cae al descorchar la botella.

Se cree que llevar un corcho de botella de cava en el bolsillo trae buena suerte y también hacer un corte en el corcho de la primera botella descorchada e introducir en la improvisada hucha una moneda.

El mirto

El mirto es un arbusto aromático con pequeñas hojas ovales y persistentes y flores blancas, originario del Mediterráneo, que tradicionalmente se ha considerado como símbolo de buena suerte.

Los griegos y los romanos tenían al mirto por símbolo del amor y estaba consagrado a Venus, alrededor de cuyos templos se plantaban bosquecillos de mirtos. Las novias romanas se adornaban con mirtos el día de su boda. Entre los judíos se consideraba un símbolo de paz y las doncellas judías llevaban una corona de mirtos el día de sus esponsales, pero esta corona no podía ser llevada por las viudas.

Cuenta una leyenda que un mujer sin hijos rogaba a Dios que le concediera algo vivo que cuidar «aunque sea un mirto». Sus plegarias fueron escuchadas y dio a luz un mirto, que plantó y cuidó con mucho esmero. Un príncipe que pasó por el camino vio el mirto y quiso llevárselo a su palacio, a lo que accedió la mujer después de hacerle prometer que lo cuidaría igual que lo había hecho ella. El príncipe puso el mirto en su dormitorio y una noche se despertó, encontrándose a su lado a una maravillosa muchacha, a la que amó hasta la llegada del alba, momento en el que ella desapareció misteriosamente. Durante seis noches seguidas el príncipe recibió la visita de la muchacha para volver a perderla cada mañana. La séptima noche, decidió atarse un bucle de la joven al brazo y, así, al amanecer, pudo al fin contemplar a su amante. Ella le reveló que era el espíritu del mirto y que podía tomar forma humana cada vez que alguien hiciera sonar una campanilla junto a la planta. Unas cortesanas envidiosas descubrieron el secreto, hicieron sonar la campanilla y cuando la joven apareció, se abalanzaron sobre ella y la destrozaron. Un fiel sirviente reunió los restos, los volvió a plantar y, milagrosamente, el mirto resucitó. Enterado el príncipe, hizo encerrar a las cortesanas en una lóbrega mazmorra y vivió feliz para siempre con su mujer-mirto.

El mirto simboliza el amor, la paz y la alegría.

Si se plantan mirtos a ambos lados de la puerta de entrada de una casa es creencia popular que el amor y la paz nunca la abandonarán.

También trae buena suerte el tener un mirto en la ventana de una casa.

Tradicionalmente se consideraba que traía buena suerte a las novias llevar un ramo de mirtos el día de la boda.

Se cree que destruir un mirto es matar el amor y la paz.

El mirto significa amor. Las hojas de mirto, timidez en el amor.

El laurel

Cuenta Ovidio que Apolo, orgulloso por haber dado muerte a la serpiente Pitón, osó desafiar a Cupido, hijo de Venus y Marte. Éste, para castigar tal osadía, cogió dos flechas. Una tenía la punta de oro e infundía amor, la otra era de plomo e inspiraba desdén. Cupido dirigió la primera hacia Apolo y disparó la segunda a Dafne, hija del río Peneo y de la Tierra.

Apolo sintió una violenta pasión por la ninfa, pero ella, herida por la flecha del desprecio, huyó rápidamente tratando de esconderse. Apolo corrió en busca de Dafne, que al verse perdida solicitó la ayuda de su padre. De repente una corteza le rodeó el pecho, su cabello se transformó en hojas verdes, los brazos en ramas, los pies se fijaron en el suelo y la ninfa quedó transformada en laurel. Apolo, que no se dio por vencido, abrazó al árbol y lo cubrió de besos, pero las ramas retrocedieron asustadas. «Si no puedes ser mi amante, me serás consagrada eternamente. Tus hojas serán siempre verdes y con ellas me coronaré», juró el dios. Desde entonces el laurel es símbolo de Apolo y con él se galardona a los vencedores, artistas y poetas.

Las supersticiones relacionadas con el laurel lo consideran una planta de influencia beneficiosa.

El origen de esta superstición se encuentra en la *Historia Natural* de Plinio, II, LVI: «Entre las cosas que crecen en la tierra el rayo nunca cae sobre el laurel. Nunca penetra más de cinco pies dentro de la tierra; en consecuencia, los hombres que temen al rayo piensan que las cuevas más hondas son seguras al igual que las tiendas hechas con la piel de las focas, porque el rayo no cae sobre estos animales al igual que entre los pájaros no cae sobre el águila».

En el libro XV, XXXIX, continúa: «El laurel protege las puertas de nuestros emperadores y pontífices si se cuelga adornando las mansiones y haciendo de guardián de los umbrales».

En el libro XV, XL, sigue relatando: «Ni aun para propiciar el favor de las divinidades debe encenderse un fuego con laurel. El laurel demuestra su negativa al fuego chisporroteando y protestando solemnemente, retorciéndose la madera en sus entrañas y nervios. Se dice que cuando había tormenta, el emperador Tiberio tenía la costumbre de ponerse una corona de laurel como protección contra el rayo».

Lopton, en *Book of Notable Things,* escrito en 1575, mantiene que «ninguna enfermedad y ni siquiera el diablo atacará o hará daño a un hombre que se encuentre al lado de un laurel». Y Culpeter escribe: «Ni bruja ni demonio, ni trueno ni rayo, hará daño a un hombre donde haya un laurel».

Cuando un árbol de laurel se secaba se creía que era una malísima señal, a menudo de muerte. En la obra *Ricardo II* de William Shakespeare, el capitán galés dice:

> Se cree que el rey ha muerto; no nos detendremos
> Todos los laureles de nuestro país se han secado

El laurel ha representado desde la más remota antigüedad la inspiración y la victoria, y pasó desde los antiguos pueblos de la India a Grecia, donde se consagró a los dioses, especialmente a Apolo. Con él se confeccionaban las coronas que premiaban a los triunfadores en el arte o en la guerra.

Agustín de Moreto en su obra *El desdén con el desdén* refiere esta superstición:

Sin duda la sigue un rayo,
pues la defiende un laurel.

Entre la gente del campo se dice que quien va masticando hojas de laurel adquiere el don de la profecía y nunca tiene que temer al rayo.

La manteca de laurel se utilizaba para curar las contusiones y luxaciones. Su fruto comido es carminativo, y el aceite que se extrae de ellos se utiliza como esencia; la madera del laurel es muy olorosa y excelente en ebanistería.

En las recetas medicinales de los curanderos se empleaban las hojas de laurel como ingrediente en las pócimas beneficiosas. Práctica que hemos heredado y que conservamos en la actualidad en las recetas culinarias con magníficos resultados aromáticos. Para utilizarlas, hay que dejarlas secar.

Al parecer, cuando un guiso contiene laurel, a la persona a quien le toca una hoja en su plato hará un viaje muy especial durante el año.

A cuantas personas tengan plantado un arbusto de laurel, las felicitamos porque se dice que tendrán buena suerte mientras el árbol florezca, y además ahuyentará a las brujas y malos espíritus de los alrededores de su casa.

El árbol de laurel significa: gloria, victoria.

La corona de laurel: premio por méritos.

La hoja de laurel: no cambiaré nunca.

El muérdago (*Viscum album*)

El muérdago es una planta parásita perteneciente al género *Viscum.* Crece sobre los troncos y ramas de los árboles. En la especie típica, su fruto es del tamaño de un guisante y de color blanco verdoso, las flores amarillas y las hojas cuneiformes y oblongas.

El muérdago fue muy importante en la mitología nórdica; estaba consagrado al dios de la primavera, Baldur, y se usaba como augurio de buena suerte y adorno en las fiestas de Julfest, que coincidían con nuestra época navideña (solsticio de invierno) y muy probablemente ha sido el origen del tradicional árbol de Navidad.

Cuenta la leyenda que Loki, dios de la mitología nórdica, era pérfido y astuto. Odiaba al bello y bondadoso Baldur, hijo de los dioses Frigga y Odín, y deseaba su muerte. Un sueño previno a Baldur del peligro que le amenazaba, y al enterarse su madre fue a visitar a todos los seres de la tierra para prevenir la desgracia. Transcurrió el tiempo y Baldur se olvidó de su sueño. Loki, sin embargo, seguía deseando la muerte de Baldur. Un día, disfrazado de anciana, fue a ver a Frigga y le preguntó si realmente todos habían jurado no herir a Baldur. La diosa le confió que el muérdago, un pequeño arbusto que crecía cerca de la morada de los dioses, se había escondido en las hojas de un árbol y no había podido verle. Sin perder tiempo, Loki corrió a buscar el muérdago e hizo una flecha con su rama. En la primera fiesta de los dioses logró convencer al hermano ciego de Baldur para que disparase la flecha de muérdago, guiándole él el brazo. La flecha atravesó a Baldur y le ocasionó la muerte. Pero los dioses resucitaron a Baldur y colocaron al muérdago bajo la tutela de Frigga, quien le prohibió volver a tocar la tierra, imperio de Loki. A partir de entonces, el muérdago crece en las alturas de las copas de los árboles.

Los celtas eran antiguas poblaciones de lengua indoeuropea que, entre los siglos VI y X a. C., se instalaron en muchas zonas de Europa occidental, incluidas las islas Británicas. La civilización celta estaba cimentada en un fuerte sentido tribal y una estructura social aristocrática. Los druidas eran los sacerdotes, jueces y sabios y gozaban, por tanto, de gran autoridad. En la Galia y en la Bretaña administraban el culto, arbitraban las contiendas, etcétera. El emperador Tiberio, preocupado por la importancia política que tenían, tomó medidas represivas contra ellos. A partir de entonces los druidas continuaron existiendo como «categoría social» en Irlanda, donde se opusieron a la religión cristiana defendiendo la tradición local y la continuidad celta hasta nuestros días, adquiriendo lugar relevante durante la Edad Media, cuando la actividad de los monjes irlandeses se hizo célebre en Europa y las leyendas celtas entraron de lleno en la literatura europea.

La superstición acerca del muérdago siempre es positiva: es una planta que trae buena suerte.

El origen de esta creencia se recoge en la *Historia Natural* de Plinio, que en el libro XVI, XCV, describe algunas de sus virtudes y señala la recolección sagrada del muérdago por los druidas como un rito galo: «Para los druidas no existe nada más sagrado que el muérdago y el árbol en el que crece, el roble de Valonia; creen que todo lo que crece en los robles ha sido enviado del cielo y es una señal de que ese árbol ha sido escogido por su dios. El muérdago, sin embargo, rara vez se encuentra en el roble de Valonia y cuando se encuentra se recoge con gran ceremonial y especialmente el sexto día de la luna y después de cada treinta años de una nueva generación. Creen que el muérdago tomado como bebida hace fecundos a todos los animales que son estériles y es un antídoto para todos los venenos».

En el libro XIII, XXXIX, continúa: «Alexander Cornelius menciona un árbol llamado el árbol del león, cuya madera se dice que fue usada para construir el Argo, que tiene muérdago semejante al del roble de Valonia, y no se pudre con el agua o se destruye con el fuego, al igual que ocurre con su muérdago».

En el libro XXIV, VI, comenta: «Algunos supersticiosos creen que el muérdago es más eficaz si se coge del roble en luna nueva sin utilizar ningún instrumento de hierro, y sin que toque el suelo; de esta forma sirve para curar la epilepsia».

En el libro XXIV, VI, sigue diciendo: «El muérdago hace concebir a las mujeres si acostumbran a llevarlo consigo, y mascado y aplicado sobre las heridas hace que cicatricen con mayor prontitud».

La tradición céltica fue recogida por los ingleses, que consideran que da buena suerte mantener colgado en el dintel de la puerta de entrada de la casa, o en la cocina, un arbusto de muérdago durante la Navidad. Bajo esta planta se podían besar los jóvenes, y también los no tan jóvenes, según describe Charles Dickens en el capítulo XXVIII de su novela *Los papeles póstumos del Club Pickwick* cuando relata lo que aconteció en unas Pascuas divertidas: «... el viejo Wardle acababa de colgar con sus propias manos una enorme rama de muérdago del techo de la cocina, y esta rama de muérdago dio origen inmediatamente a una escena de regocijada con fusión y divertidas escaramuzas; en medio del barullo, Mr. Pickwick, haciendo honor a su proverbial galantería... tomó la mano de la anciana, y llevándola bajo el místico ramaje, la besó con toda cortesía y delicadeza...».

En España existe la tradición del muérdago, y también del acebo *(ilex aquifolium)*, como adorno navideño portador de buena suerte, que se introdujo a mediados de este siglo.

De acuerdo con la creencia popular trae mala suerte tener adornos navideños (muérdago y acebo) en casa antes de la Nochebuena.

Parece que asimismo hay que retirar los adornos navideños (muérdago y acebo) después de la duodécima noche de Navidad, que coincide con el día de Reyes, y según algunos no sólo hay que retirarlos sino que hay que quemarlos. Si no se hace de esta manera, ocurrirá una desgracia en la casa durante el nuevo año. Esta tradición está recogida en una oda de William Shakespeare, la «Oda al Duodécimo Día».

Antiguamente se decía que los cazadores traían los espíritus malignos del bosque, dada la actividad sanguinaria de la caza. Estos espíritus se aferraban a los *siempreverdes* que pudiera haber en la casa. Es por ello que al tirar o quemar el muérdago y el acebo los habitantes de la casa se deshacían de los espíritus dañinos.

El muérdago significa: venzo todas las dificultades.

El acebo significa: prudencia.

La verbena

En la Antigüedad el nombre de verbena se aplicaba genéricamente a cualquier planta verde olorosa, dedicada a usos sagrados. Desde la época de Plinio el Viejo se utiliza este nombre para designar exclusivamente a la planta que recibe este mismo nombre. Posteriormente se dio el nombre de verbena olorosa a la hierba luisa.

En el mundo grecolatino se hacían con ella coronas para los embajadores y los notables. Era lo único que se utilizaba para limpiar el altar de Júpiter, el rey de los dioses. Los brujos y magos le atribuían propiedades milagrosas, como curar las heridas de guerra y dar inmortalidad a los valientes.

Los celtas la honraban casi tanto como al muérdago. Los encantadores de la Edad Media la utilizaban en sus manipulaciones mágicas, ya que formaba parte de todos sus filtros. También se utilizaba como hierba curativa, ya que era la panacea de todos los males (ictericia, úlceras, enfermedades del corazón, dolor de muelas, partos difíciles, etcétera).

Las supersticiones relacionadas con esta planta hacen referencia a su carácter protector y curativo.

Plinio relata en la *Historia Natural,* XXV, LIX: «No hay planta que tenga tanto renombre como la *Hiera botane* (planta sagrada). Algunos la llaman *asistereon,* y los escritores latinos *verbenaca* (verbena). Es la planta que se lleva por los enviados que acuden a realizar tratos con el enemigo. Con ella se limpia el ara de Júpiter y se purifican las casas. Existen dos clases: una tiene muchas hojas y se cree que es hembra; la otra, el macho, tiene pocas hojas. (...) Los habitantes de las Galias usan ambas clases para predecir la buena fortuna y el porvenir; los magos principalmente dicen de ella las cosas más extraordinarias; la gente se frota con ella para conseguir sus deseos. Aseguran que ayuda a reconciliar a los amigos, usándose asimismo contra las fiebres y para curar cualquier posible enfermedad, y si se la macera en vino cura las mordeduras de las serpientes».

En las iglesias, para librarse del mal, se colgaba verbena en las entradas. Esta verbena debía ser recogida mientras se rezaba un credo.

Cuando iban a la batalla los caballeros llevaban encima un ramo de verbena para poder escapar de sus enemigos.

Contra las pesadillas se solía colgar del cuello un ramo de verbena, o bien se tomaba su jugo antes de ir a dormir.

Se creía que la verbena tenía virtudes mágicas para actuar como filtro amoroso.

Tanto la verbena común como la verbena olorosa tienen propiedades de aplicación terapéutica, y por ello don Ismael del Pan menciona en su *Folklore toledano:* «No hay mujeruca, que a base de verbena y de ruda, aguardiente o aceite, no sea capaz de preparar un nuevo bálsamo fierabrás, para alguno de sus convecinos, afectados de asiento, calenturas o reúma».

Contra la mordedura de las víboras se empleaba la raíz y las hojas de verbena.

También se utilizaba la verbena como remedio contra la escrófula y para combatir la debilidad en los niños.

En las fiestas populares de primavera y verano, como San Antonio, San Juan, San Pedro, Nuestra Señora del Carmen, etcétera, se acostumbraba a comprar o regalar ramas o plantas de verbena, y de ahí parece ser que deriva la frase «irse de verbena» y el nombre de *verbena* que reciben las fiestas populares.

El romero

El romero, cuyo nombre científico es *Rosmarinus officinalis,* que significa rocío del mar, es una planta mediterránea de flores azules. Es una de nuestras hierbas más antiguas y ocupó un lugar privilegiado en la Antigüedad. Los faraones del antiguo Egipto mandaban poner un ramo de romero en su tumba para perfumar su viaje al país de los muertos. Fue consagrado a Venus, y se creyó que proporcionaba la eterna juventud. Los romanos veían en esta planta de hoja siempre verde el símbolo del recuerdo y de la fidelidad, y las novias la llevaban en sus adornos nupciales. La utilizaban los griegos como incienso y los estudiantes porque la hierba tenía fama de reforzar la memoria.

Una leyenda cuenta que María, en su huida a Egipto, echó su manto azul sobre el romero, que en aquel tiempo tenía las flores blancas y, a partir de entonces, en su honor, florecen de color azul.

Se cuenta que la reina Isabel de Hungría, cuando estaba vieja y enferma, recobró la salud y rejuveneció gracias al romero.

Las supersticiones relacionadas con el romero son de signo positivo, de ahí el dicho: «El que pasa por el romero y no lo coge, del mal que le viniere que no se enoje».

Se creía que si se ponía dentro de una tumba una rama de romero, el espíritu del difunto descansaría en paz.

Al parecer, había que rociar la puerta de la casa por la parte interior con una rama de romero y agua bendita para tener buena suerte.

Se dice que si una persona lleva romero tendrá éxito en el amor y en cualquier empresa.

Se cree que si se lleva romero en el bolsillo al asistir a una boda la felicidad de los novios será aún mayor.

Existe la opinión de que si se regala un ramo de flores, para que traiga buena suerte al que lo recibe hay que introducir en él una rama de romero.

Es creencia popular que si el romero crece cerca de una casa estará protegida contra los maleficios. Si se tiene romero en el jardín y florece hay que regalar manojos para expandir la buena suerte; la persona que lo recibe tiene que colocarlo sobre el dintel para que la casa obtenga la energía positiva que transmite esta planta.

Otro dicho es que si el romero crece en un jardín la mujer es la que manda en esa casa.

La mandrágora

La mandrágora es una planta herbácea a la que desde la Antigüedad se le atribuyen propiedades mágicas. El mito sobre las fuerzas mágicas de la raíz de esta planta, que se parece a figuras humanas horripilantes, llegó a Europa procedente de Oriente. Entre sus cualidades se le atribuía la virtud de dar fertilidad a mujeres estériles, y Afrodita, diosa griega del amor y la fertilidad, era llamada algunas veces Nuestra Señora de la Mandrágora. También se cuenta en la *Odisea* que la hechicera Circe utilizó la mandrágora para retener a Ulises en su isla.

En la Biblia, la palabra hebrea que traducimos por mandrágora tiene la misma raíz lingüística que «amar». Los ingleses llaman a la mandrágora «manzana del amor». La palabra alemana que designa esta planta tiene su raíz en *runa,* que significa «misterio».

Plinio, en su *Historia Natural,* aconsejaba que se marcase con una espada tres círculos alrededor de la planta, dándole la espalda al viento, y se terminara el trabajo con la cara hacia el oeste.

En la Edad Media, la mandrágora se relacionaba con el diablo. Se creía que los brujos formaban figuras humanas con las raíces y que al disponer de tal talismán se adquiría la facultad de hacer daño al enemigo o conseguir amor o riquezas; o bien, que si se llamaba a un demonio, éste acudía.

Ya en el Génesis, 30, 14-16, se hace referencia a esta planta: «Salió Rubén al tiempo de la siega del trigo, y halló en el campo unas mandrágoras, y se las trajo a Lía, su madre, y dijo Raquel a Lía: "Dame, por favor, de las mandrágoras de tu hijo". Lía le contestó: "¿Te parece poco todavía haberme quitado el marido, que quieres también quitarme las mandrágoras de mi hijo?". Y le dijo Raquel: "Mira, que duerma esta noche contigo a cambio de las mandrágoras de tu hijo". Vino Jacob del campo por la tarde, y saliéndole Lía al encuentro, le dijo: "Entra en mí, pues te he comprado por unas mandrágoras de mi hijo". Y durmió con ella Jacob aquella noche, y oyó Yahvé a Lía, que concibió y parió a Jacob el quinto hijo».

Las mandrágoras se utilizaban para ayudar a concebir a las mujeres estériles.

También se utilizaba la mandrágora como ingrediente de pócimas y bebedizos para la cura de diversas enfermedades y otros usos menos sanos. Transcribimos una de las recetas para participar en los aquelarres: «La víspera del aquelarre se pone a macerar polvo de catárida, de cáñamo indio y de mandrágora, extracto de belladona, opio y cicuta, un pellizco de hachís y hojas machacadas de beleña y de hierba mora. Se cuece todo durante tres horas al baño María».

La mandrágora se colocaba en el centro de una casa donde habitualmente había peleas para que expulsase de ella todos los espíritus malignos.

Se creía que cuando se arrancaba una mandrágora de la tierra en que estaba plantada emitía un fuerte grito. Arrancar la planta le traía mala suerte a quien lo hacía, por ello se recomendaba que se utilizara un perro para este menester.

Esta creencia la encontramos reflejada en *Romeo y Julieta* de William Shakespeare, acto IV, escena III: «¡Ay de mí! ¿No es posible que enloquezca si despierto tan pronto, rodeada de olores nauseabundos y chillidos como los que profieren las mandrágoras arrancadas del suelo, esos chillidos que harán enloquecer a quien los oiga… ?».

La mandrágora significa horror.

El trébol

El trébol es un género de plantas herbáceas de hojas compuestas, generalmente trifoladas, con las estípulas adherentes al pecíolo. Se incluyen muchas especies, y de ellas existen en España cerca de sesenta diferentes.

Las supersticiones relacionadas con esta planta son de índole positiva.

Según una leyenda, cuando Eva fue expulsada del Paraíso se llevó consigo un trébol de cuatro hojas, que desde entonces procura buena suerte a todo aquel que lo encuentra.

Se tiene al trébol de cuatro hojas por un amuleto de la buena suerte, sobre todo si ha sido encontrado por la misma persona que lo utiliza: el que lo posee se halla a salvo de encantamientos, pero hay que llevarlo siempre consigo, no darlo a otra persona ni tan siquiera enseñarlo.

Asimismo, quien encuentra un trébol de cuatro hojas encontrará a su amor. Los tréboles de cuatro hojas se deben colocar entre las hojas de los libros hasta que se sequen para traer la buena suerte.

Así que anímense a buscar un trébol de cuatro hojas, porque entre las sesenta especies conocidas de esta planta seguro que encontrarán uno.

El perejil

El perejil es una planta que ha dado origen a diversas supersticiones, tanto de signo positivo como negativo, relacionadas generalmente con su entorno y crecimiento.

El perejil deriva su nombre botánico *petroselinum* de *petra,* piedra, porque es entre las piedras y al pie de los muros donde crece espontáneamente. El perejil era para los griegos una hierba sagrada y significaba alegría y festín. Era también el símbolo de la muerte y resurrección, del nacimiento y del triunfo, y tanto los griegos como los romanos adornaban las tumbas de sus muertos con coronas de perejil.

Cuentan los historiadores que los romanos daban perejil a los gladiadores antes del combate porque se creía que proporcionaba fuerza, reflejos y astucia.

La *Ilíada* relata que la isla mágica de la ninfa Calipso estaba cubierta con una alfombra de perejil. La planta se consideraba afrodisíaca, pues la ninfa consiguió seducir a Ulises y retenerlo con ella durante años.

En la Edad Media se comenzó a emplear el perejil por sus cualidades aromáticas gracias a Carlomagno, quien ordenó el cultivo de esta hierba en sus jardines.

Se piensa que es un veneno mortal para los loros.

El perejil tiene fama de ser una hierba misteriosa, ya que sus semillas tardan mucho en germinar, lo que ha dado pie al dicho y la creencia de que «van siete veces con el diablo y vuelven otras siete antes de germinar». Para contrarrestar este parentesco satánico se recomienda sembrar el perejil el día de Jueves Santo.

Parece que trae mala suerte regalar perejil.

Existe la opinión de que trasplantar perejil, sobre todo si se hace de una casa vieja a una nueva, trae mala suerte.

Se cree que el perejil crece mucho mejor junto a un hombre malo que junto a uno bueno. También que crece más rápidamente si lo planta una mujer.

Se dice que en la casa en que manda la mujer el perejil crece abundantemente.

Otra creencia sostiene que no hay que dejar que un extraño plante perejil, ya que esto trae mala suerte para el dueño de la casa.

Antiguamente se pensaba que si una mujer deseaba quedarse embarazada tenía que plantar perejil. También se decía que si se comía perejil se evitaba el embarazo. De ahí la costumbre de las curanderas de intentar provocar abortos utilizando dicha planta.

Al parecer, crece el pelo si se unta con perejil machacado en un almirez de madera.

El perejil significa festín.

El ajo *(Allium sativum)*

Todas las supersticiones relacionadas con este bulbo hacen referencia a su naturaleza protectora contra todo tipo de mal.

Plinio, en su *Historia Natural* XX, XX, opina que: «Cebollas y ajos frescos en vinagre o puestos a secar con miel y vino aplicados en forma tópica curan las mordeduras de los perros, siempre que se tenga puesta la venda durante tres días. Aplicado de la misma forma, sirve para curar las desolladuras».

Sir John Harrington escribe en su *English Doctor* (1609): «Dado que el ajo tiene el poder de salvarnos de la muerte debéis soportarlo, pese al mal aliento que produce; no lo despreciéis como hacen algunos, para quienes sólo hace guiñar los ojos, beber y oler mal».

El doctor Lucas en *Nature's Medicines* dice que lo cura todo, desde las lombrices hasta el agotamiento.

Los curanderos hacían uso del llamado «vinagre de los cuatro ladrones», hecho a base de vinagre y ajos machacados, que se utilizó en los siglos XVI y XVII.

Es creencia popular que hay que sembrar los ajos teniendo en cuenta la fase lunar porque si se hace en luna creciente se salen de la tierra.

El ajo como amuleto se empleaba para contrarrestar el mal de ojo y preservar a los niños de las lombrices. Se solía poner un diente de ajo entre las ropas del niño o en la cuna.

Cuando los campesinos pernoctaban al raso, untaban de ajo las piedras que colocaban a su alrededor para ahuyentar a las víboras, porque según parece preserva de su mordedura.

Se supone que hay que plantar ajos delante de la puerta para tener buena suerte.

Se creía que los ajos colgados alrededor de la casa en la víspera de Todos los Santos ahuyentaban los malos espíritus. También se colgaban en cualquier época ristras de ajo en las casas para evitar la presencia de vampiros.

Soñar con ajos presagia una riña o la revelación de secretos.

La cebolla *(Allium cepa)*

La cebolla es otro bulbo de la familia de las liliáceas al igual que el ajo, y su relación con la superstición es igualmente beneficiosa. La cebolla era utilizada por los pueblos de Asia Menor para prácticas mágicas. Los egipcios la consideraban sagrada, lo mismo que el ajo, y se la reservaban a los inmortales.

Al igual que el ajo, parece que no deben plantarse en la fase de luna creciente porque igualmente se salen de la tierra. Soñar con comer u oler cebollas pronostica la revelación de un secreto.

Se cree que llevar una cebolla en el bolsillo protege contra las enfermedades.

En caso de gripe, se solía colocar un plato con una cebolla cortada en cada habitación de la casa para que el resfriado desapareciera, porque se creía que absorbía todos los gérmenes. Después había que quemar las cebollas.

También se colocaban cebollas cortadas por la mitad en el antepecho de las ventanas para purificar el aire. Al parecer, trae mala suerte conservar una cebolla cortada; hay que usarla por completo para cocinar y no guardar los restos.

En la víspera de Santo Tomás, las jóvenes acostumbraban a colocar bajo la almohada una cebolla pelada con nueve alfileres pinchados, ocho alrededor de uno que se colocaba en el centro, porque se creía que soñarían con la persona amada ya que los alfileres pincharían su corazón.

José A. Sánchez Pérez dice en su libro *Supersticiones españolas* que existe una práctica adivinatoria llamada cromiomancia, que se realiza quitando una a una todas las capas *(crommion)* de una cebolla.

El espino

El espino es el nombre vulgar que reciben muchos árboles y arbustos con espinas, que se distinguen con diferentes apelativos.

Las supersticiones relacionadas con este arbusto hacen referencia a su carácter protector y a la mala suerte que persigue a quien lo daña.

El origen de esta superstición se encuentra en la *Historia Natural* de Plinio, XV, XVII: «Además, los escrúpulos de tipo religioso no nos permiten cruzar todas las especies de plantas mediante injertos; por ejemplo, no podemos hacer injertos en un espino, puesto que es difícil que esté a salvo de los rayos cuando haya sido alcanzado por uno, y se afirma que caerán sobre él el mismo número de rayos en una sola descarga que el número de árboles que le hayan sido injertados».

Se supone que trae mala suerte caminar ayudándose con un palo cortado de un espino.

También parece que trae mala suerte cortar un espino. Significa enfermedad o muerte.

Plinio continúa relatando en la *Historia Natural*, XVI, XXX: «Estos árboles están acompañados en las mismas regiones por el espino, el árbol más propicio para confeccionar antorchas nupciales, porque según relata Masurio fue utilizado con este propósito por los pastores que raptaron a las Sabinas».

Se decía que un espino que se cogiera en Jueves Santo y se guardara en casa la protegía de todo mal.

Un arbusto de espino tenía virtudes protectoras contra la caída del rayo.

El sauce

El sauce es un árbol perteneciente a la familia de las salicáceas. Existen cuatro tipos: el sauce blanco, el sauce negro, el sauce purpúreo y el sauce llorón. El más conocido es el saúce llorón *(Salix babylonica)*, que crece en tierras orgánicas y húmedas, en verdes praderas y junto a las aguas de los ríos y lagos, en las que le gusta mojar sus ramas. Este árbol proviene de China, aunque su difusión hacia Occidente se hizo a través de Babilonia.

Este árbol es símbolo de la tristeza, el luto, la nostalgia; es un árbol romántico, presente en parques y arboledas tenebrosas.

Shakespeare lo menciona con asiduidad: en *Hamlet* Ofelia se ahoga bajo un sauce; y en *Otelo,* Desdémona, antes de que Otelo la estrangule, canta la canción del sauce.

Juan Ramón Jiménez, en su libro *Arias tristes,* hace referencia al sauce en el poema VI.

Las supersticiones relacionadas con este árbol son de signo negativo.

Su origen se encuentra en la Biblia, Libro de los Salmos, 137, 1-3: «Junto a los ríos de Babilonia nos sentábamos y llorábamos acordándonos de Sión. De los sauces que hay en medio de ella colgábamos nuestras cítaras. Allí los que nos tenían cautivos nos pedían canciones; los que nos habían llevado atados, alegría: "Cantadnos algunos de los cantos de Sión"».

He aquí dos versiones de la mala suerte que, según la creencia popular, acarrean las ramas del sauce: encender fuego con ellas o traer ramas con brotes a casa.

Se cree que no debe pegarse a un animal con una rama de sauce porque se pondrá enfermo.

Si se pega a un cachorro con una rama de sauce se dice que dejará de crecer.

El sauce común significa: amor a la soledad; libertad.

El sauce llorón: desesperación.

El fresno

El fresno es un árbol de la familia de las oleáceas y es pariente del olivo, del lilo y de la alheña.

La mitología griega narra cómo el centauro Quirón tenía por costumbre regalar lanzas de fresno a los novios que se casaban ante su gruta.

También nos cuenta que era de madera de fresno el umbral de la morada de Ulises en Ítaca, y que el centauro Folo era hijo de Sileno y de una *meliade,* es decir, de una ninfa de los fresnos.

Según la mitología nórdica, el mundo está protegido por un fresno gigantesco llamado *Yggdrasil,* bajo cuya sombra los dioses celebran consejo. También los celtas y los pueblos mediterráneos divinizaron este árbol.

Las supersticiones relacionadas con el fresno hacen referencia a su naturaleza protectora.

El origen de la superstición se halla en la *Historia Natural* de Plinio el Viejo, XVI, XXIV, que lo menciona como protector contra las serpientes: «En efecto, sirve como excepcional y efectivo antídoto contra las mordeduras de serpientes, si se extrae la savia para hacer una poción y las hojas se aplican a la herida como un emplasto; y tan potentes son las virtudes de este árbol, que no existe serpiente que pueda descansar a su sombra, tanto por la mañana como al atardecer, cuando es más larga. Hemos comprobado el hecho de que si una serpiente y una hoguera son colocados dentro de un círculo formado por las hojas del fresno, el reptil antes se arrojará al fuego que tocar las hojas del árbol».

El médico y naturista griego Dioscórides, que vivió en el siglo I, en su obra *De materia médica,* también recomendaba las hojas de fresno contra las mordeduras de serpiente.

Es una tradición que cuando los campesinos encuentran una víbora hacen un círculo con hojas de fresno a su alrededor y así la inmovilizan y se protegen de su mordedura.

Se dice que cuando los fresnos no producen semillas es un año de desgracias para el país. Esto debe ser muy cierto, puesto que en Inglaterra los fresnos no produjeron semillas durante el año en que el rey Carlos I fue decapitado (1649).

También se cree que llevar semillas de fresno en la mano protege de la tormenta y la brujería.

El fresno simboliza la obediencia.

El roble

Por su corpulencia el roble es denominado el rey del bosque. Era el árbol sagrado de los druidas y de los galos, bajo el que san Luis administraba justicia en Vincennes. En España el célebre árbol de Guernica, bajo el que se reunían las Juntas desde la Edad Media, es asimismo un roble. Se ha utilizado para la curación de diversas enfermedades por sus propiedades terapéuticas y las supersticiones relacionadas con él son de carácter positivo.

Ovidio relata en las *Metamorfosis*, VIII: «Erisicton… despreció a los dioses… y usó su hacha sacrílega contra los árboles del bosque de Ceres, destrozando un gran roble… Desde el corazón del árbol se oía una voz que decía: "Yo que vivo en este árbol soy una ninfa, a la que ama profundamente Ceres. Te advierto, con mi aliento moribundo, que recibirás el castigo por tu maldad". Pero Erisicton continuó. El roble fue derribado… Ceres… hizo que los campos temblasen, con el castigo que le infligió, atormentándolo con el hambre hasta su muerte».

Plinio nos cuenta en la *Historia Natural*, XVI, XCV: «Los druidas –como llaman los celtas a sus magos– no tienen nada más sagrado que el muérdago y el árbol en el que crece, el roble de Valonia. Bosquecillos de robles son elegidos por sus propiedades benéficas y los magos no realizan ningún ritual sin usar las hojas de estos árboles, por lo que se supone que es debido a esta costumbre el motivo de recibir el nombre de druidas, derivado del nombre griego de "roble", pero además creen que cualquier cosa que crezca en un roble ha sido enviada del cielo, y es una señal de que este árbol ha sido escogido por los dioses».

Parece ser que para protegerse contra cualquier maleficio había que trazar un círculo alrededor de uno mismo con una rama de roble.

Se creía que el rocío recogido bajo un roble tenía efectos beneficiosos.

Talar un roble, quemarlo o cualquier otra forma de dañarlo trae mala suerte para el que lo hace, pues se dice que le ocurrirá alguna desgracia.

El roble significa fuerza, libertad.

Las hojas de roble, valentía, valor.

El nogal

Las supersticiones relacionadas con el nogal son de signo negativo, ya que en la Antigüedad existía la creencia de que su sombra era maléfica.

El nogal, cuyo nombre científico es *Juglans regia*, deriva del latín *Jovis glans*, bellota de Júpiter. Así lo reconocían los romanos, que en tiempos de Flaco Pompeyo, hacia el 70 a.C. lo trajeron a España. El nogal es un árbol originario de la India y de Persia, pero se extendió a Europa ya en la Edad de Piedra.

El rey David, en el Cantar de los Cantares, lo menciona: «Al nogueral había yo bajado para ver la floración del valle, a ver si la vid estaba en cierne y se florecía los granados».

La madera del nogal es espléndida, muy apreciada en ebanistería, muy fuerte, de hermoso veteado y no se agrieta ni es atacada por la carcoma.

Se cree que si alguien se queda dormido bajo un nogal se levanta pesado y con dolor de espalda y cabeza.

Existen varios refranes relacionados con esta superstición:

«A la sombra de un nogal no te sientes a descansar.»
«La sombra de nogal con cuidado has de tomar.»
«La sombra de nogal trae mucho mal.»

El nogal significa: intelecto, estratagema.

El saúco

El saúco es una de las pocas plantas conocidas desde la Antigüedad y que todavía se emplea en nuestros tiempos. Los hombres de la Edad de Piedra consumían ya sus bayas, y los antiguos apreciaban las virtudes terapéuticas de las flores y de los frutos. En Europa, el saúco se plantaba para atraer a las divinidades bienhechoras, y el arbusto figura en muchas sagas y leyendas como sede de los espíritus. Más adelante el saúco adquirió popularidad como planta decorativa, y servía a los niños para tallar silbatos.

Este gran arbusto que puede alcanzar una vida de cien años es común en huertas, bosques, matorrales y junto a los muros. Las flores de color blanco amarillo aparecen en ramilletes de abril a junio y desprenden una característica fragancia dulzona. Luego se convierten en pequeñas bayas redondas, negras, brillantes y llenas de jugo rojo.

Como el laurel, es una planta benefactora que protege y cura diversas enfermedades: resfriados, digestiones pesadas, gripe, reumatismo, faringitis, forúnculos e inflamaciones de la piel, por lo que las supersticiones relacionadas con ella le confieren sentido protector y curativo.

Plinio explica en su *Historia Natural,* XXIV, XXXV: «Se da el nombre de Boa (herpes) a una enfermedad que produce que el cuerpo se llene de ampollas rojas en forma de serpiente; para curarlo, hay que azotar al paciente con una rama de saúco».

Se decía que para curar la sordera se introducía una rama de saúco en el oído y se llevaba durante tres días y tres noches. (Por si acaso, no lo intente, ya que los médicos actuales no lo consideran muy apropiado.)

Para combatir el reúma, se llevaba en el bolsillo una rama de saúco con tres, cinco o siete nudos.

Se mascaba una rama de saúco para curar el dolor de muelas.

Se suponía que las personas que llevaban una rama de saúco en el bolsillo estaban protegidas contra encantamientos y hechizos.

Las casas se protegían contra la brujería clavando hojas de saúco en puertas y ventanas.

Parece ser que el saúco protege contra el rayo; cuando hay una tormenta hay que guarecerse bajo un saúco, ya que, según creencia popular, la Cruz del Calvario fue hecha con madera de saúco y por ello el rayo no puede alcanzarlo.

El saúco significa beneficio.

El abedul

Las supersticiones relacionadas con el abedul hacen referencia al carácter mágico de este árbol.

El abedul es el protagonista de las sagas literarias nórdicas, la llamada de fuego del otoño moribundo. En los países eslavos siempre se creyó que en estos árboles habitaban los espíritus del bosque. Las ramas servían para apaciguarlos, como las ramas de los abetos apaciguaban a las Furias. En la Edad Media se creía también en el norte de Europa que las brujas cabalgaban sobre escobas hechas con madera de abedul. También se lo consideraba el árbol de la sabiduría, y por ello los preceptores de la Edad Media sacudían a los alumnos zoquetes con sus ramas.

El abedul es un árbol que crece en climas fríos y húmedos, pero a medida que se aproxima al norte polar va perdiendo altura y se hace enano. En las tierras del norte de España (Galicia, Asturias) el abedul se refugia en hondas umbrías. Su tronco es satinado y blanco y la copa desmelenada.

Se utilizó la flor de abedul para curar las úlceras y llagas y contra los cálculos del riñón y la vejiga.

Se dice que siempre hay que cruzar los dedos cuando se está debajo de un abedul. Esta costumbre se relaciona con la hechicería.

Se ponían ramas de abedul sobre la cuna o el cochecito de un niño para protegerlo de los espíritus.

El abedul significa docilidad.

Las frutas y las flores

Los primeros frutos y flores de la estación ejercen una influencia benéfica en las personas, por lo que las supersticiones relacionadas con ellos son de signo positivo.

Leemos en la *Historia Natural*, XXVIII, v, de Plinio: «Por qué cuando cosechamos los primeros frutos, por ejemplo las manzanas y las peras, en cualquier caso insistimos en decir: "Este fruto es viejo", y rezamos para que otros nuevos ocupen su lugar».

Se cree que mascar el primer helecho que aparece en primavera sirve para curar los dolores de muelas.

Parece ser que comer cualquier cosa hecha con el nuevo trigo significa que no se pasarán necesidades durante todo el año.

Es creencia popular que los deseos que se formulan cuando se comen los primeros frutos de la estación se hacen realidad.

Se dice que la muchacha soltera que recibe la primera flor del ramo de la novia en una boda se casa dentro del año.

Soñar con flores tiene diversas interpretaciones: si éstas son las propias de la estación, pronostica amores. Si se trata de flores que no corresponden a la estación, la interpretación varía según los colores: las blancas significan obstáculos, las amarillas desgracias, las rojas confianza. Coger flores representa cosas útiles; recibirlas, el amor de quien las da.

En cuanto a las frutas, existe la superstición de que el antojo no satisfecho de comerlas produce manchas en la piel que tienen la misma forma que la fruta deseada.

Soñar con frutas también tiene diversas explicaciones:

si la fruta está en sazón, presagia placeres o ganancias. Si la fruta está verde, enfermedades y desgracias. Si son ácidas o salvajes, tristeza. Si las frutas están pasadas, disgustos. Si solamente se la ve, anhelos cumplidos. Si se come, placeres próximos.

Las nueces

La nuez es el fruto del nogal, que, como hemos mencionado, proviene del término *Jovis glans,* bellota de Júpiter, porque los antiguos romanos consagraban la nuez al dios supremo. La nuez es objeto de numerosas supersticiones, generalmente de naturaleza positiva.

Virgilio, en las *Églogas,* VIII, dice: «Lanza nueces al aire, como hacen las novias».

Al parecer, trae buena suerte entregar nueces a una novia porque le auguran un futuro de abundancia.

Si se encuentra una nuez con dos almendras dentro parece que hay que comer una de ellas y echar la otra por encima de la cabeza, mientras se formula un deseo en secreto. Se cree que las nueces con doble almendra sirven para proteger contra el dolor de muelas si se llevan en el bolsillo.

Se aconsejaba a las embarazadas que llevasen en los bolsillos nueces sin romper para evitar abortos.

Según la tradición popular, una nuez de doble almendra actuaba como talismán, protegiendo a quien la llevaba encima del poder de los maleficios.

Las hechiceras gallegas utilizaban frecuentemente la nuez de ciprés en sus conjuros y bebedizos.

Se cree que el año en que hay abundancia de nueces es un año en que nacen muchos niños.

Si se sueña con nueces es augurio de dificultades y riñas.

Las margaritas

La mitología romana consideraba que esta flor tuvo su origen en la metamorfosis de la ninfa Belides. Vertummo, el dios de la vegetación y de los árboles frutales, se enamoró de la ninfa. Ella no correspondió a sus deseos y para escapar de Vertummo se transformó en una margarita.

La leyenda cristiana asocia la margarita con María Magdalena, y cuenta que las lágrimas que ella vertía arrepentida se convertían en margaritas al caer en la tierra.

En el folclore inglés se supone que el uso de la flor detiene el crecimiento. La leyenda cuenta que el hada Milkah alimentaba al hijo adoptivo de un rey con comidas preparadas a base de margaritas para que no creciera y conservara su inocencia de niño. En Irlanda existe una leyenda según la cual las almas de los niños, desde el cielo, esparcen margaritas por las praderas.

La adivinación que se realiza con objetos hallados de improviso o con flores se denomina apantomancia.

Una de las formas de apantomancia es averiguar la respuesta a una pregunta dependiendo de que sean nones o pares los pétalos de una margarita.

Los pétalos de las margaritas tienen, pues, un significado supersticioso para las jóvenes, que arrancan las hojas diciendo «me quiere», «no me quiere». También se utiliza para saber si una persona será soltera, casada, viuda o monja.

Se cree que esta flor sirve de remedio para las úlceras y la locura.

La compra-venta de animales

Las supersticiones relacionadas con la compra-venta de animales hacen referencia a las connotaciones negativas que tiene rehusar una oferta ventajosa, ya que antiguamente se creía que quien procedía de esta manera podía ser víctima de algún maleficio.

Sprenger y Krämer, en el *Malleus maleficarum*, narran el siguiente episodio: «Un hombre estaba negociando con una mujer y no llegaba a un acuerdo acerca del precio de cierto animal; ella, muy enfadada, le gritó: "¡Pronto desearás haber dado tu conformidad!". Entonces, el hombre, que con toda razón estaba molesto con ella, miró por encima de su hombro para ver con qué intención había pronunciado estas palabras; y ¡fíjense bien!, de repente resultó embrujado de tal forma que su boca se torció de oreja a oreja, quedando horriblemente desfigurado».

Se dice que trae mala suerte rechazar una buena oferta por un caballo. Sucede lo mismo si se menosprecia una vaca, oveja o cualquier otro animal doméstico.

Otra creencia mantiene que trae mala suerte ofrecer dinero por un animal cuando no está a la venta.

Se cree que algunos animales, como las abejas, no pueden ser comprados con dinero, sino intercambiados o regalados.

Soñar con la compra de un animal es un buen augurio.

La margarita amarilla grande significa: ¿me amas? La margarita blanca grande: olvido lo pasado. La margarita amarilla pequeña: lo pensaré. La margarita blanca pequeña: inocencia.

El ganado

Las supersticiones relacionadas con el ganado hacen referencia a su utilización para prácticas adivinatorias y hechiceras.

Virgilio narra en la *Eneida,* VI (20 a.C.): «Invocando a voces a Hécate, poderosa en el cielo y en el erebo. Otros degüellan las víctimas y recogen en copas la tibia sangre; el mismo Eneas con su espada inmola en honor de la madre de las Euménides y en el de su hermana una cordera de negro vellón... Enseguida erige los altares para los sacrificios nocturnos que han de hacerse al rey del Estigio y pone en las llamas las entrañas enteras de los novillos, derramando abundante aceite sobre ellas; cuando he aquí que al despuntar el alba empezó a mugir la tierra bajo los pies, retemblaron las selvas y grandes aullidos de perros en las sombras anunciaron la llegada de la diosa... ».

Se decía que quemar las entrañas de una res concedía poder contra las hechicerías.

Si el ganado moría y quería saberse quién era el culpable se creía que había que quemar sus huesos al aire libre y esperar al primero que pasase por ese lugar; era la persona a quien se atribuía la muerte de los animales.

Si algún animal moría, para proteger al resto del ganado parece ser que había que colgar el hueso de la pierna del animal muerto con una soga en la chimenea. Si moría un cordero, se le colgaba de un espino.

Cuando una vaca paría un ternero muerto era conveniente enterrarlo a la entrada del establo o en cualquier otro lugar por donde pasaba el ganado diariamente, para evitar que el resto de las vacas parieran terneros muertos. Otra versión dice que había que quemar el ternero muerto.

Es creencia popular que encontrar un rebaño de frente implica fortuna y suerte, pero si el rebaño se encuentra detrás de nosotros implica mala suerte y ruina.

Se cree que encontrarse una vaca gorda es augurio de buena fortuna, pero si lo que se encuentra es una vaca flaca pronostica la ruina económica.

Soñar con vacas significa una desgracia próxima.

Soñar con una cabra blanca acarrea buena fortuna, y todo lo contrario si la cabra de nuestros sueños es negra.

Encontrarse con un buey representa buena suerte y fortuna.

Soñar con bueyes tiene diversas interpretaciones: si es blanco significa honores; si es negro, peligros; si es gordo, felicidad; si es flaco, escasez; sin cuernos, dinero; subiendo, fatigas; saltando, ganancias; luchando, discordias; labrando, tranquilidad; abrevando, desgracias.

Soñar con toros pronostica una buena posición; los supersticiosos creen que quien sueña con un toro tiene que jugar a la lotería porque es seguro que le tocará un premio.

Los sueños sobre animales tienen su precedente en la Biblia, en el Génesis, 41, en el que José interpreta los sueños del faraón, entre ellos el de las siete vacas gordas y las siete vacas flacas.

El murciélago

El murciélago es un mamífero volador, de poco tamaño, sin apéndices nasales e insectívoro.

Las supersticiones relacionadas con el murciélago están vinculadas a su carácter protector y benéfico.

Según relata Plinio el Viejo en su *Historia Natural*, XXIX, XXVI: «Existen muchas leyendas acerca del murciélago. Si uno de ellos es llevado vivo tres veces alrededor de una casa y clavado al exterior de la ventana con la cabeza hacia abajo actúa como un talismán, y de forma muy especial protege los rediles si se dan tres vueltas al redil con el murciélago y después se le cuelga por las patas en la puerta. Su sangre junto con el cardo son recomendados por los magos como uno de los principales remedios para la mordedura de serpiente».

Desgraciadamente, se ha hecho mucho caso de esta aseveración, y hasta la fecha todavía pueden verse estos pobres animalitos clavados en las puertas de algunas casas de campo.

La antigua costumbre supersticiosa de los campesinos de clavar un murciélago que haya entrado en casa detrás de la puerta, se debe a que se consideraba un amuleto de buena suerte y una protección contra los encantamientos.

En la composición de los filtros utilizados por los hechiceros, la sangre de murciélago ha sido uno de los principales elementos. Del libro *Las sectas satánicas* de Pilar Salarrullana tomamos la siguiente receta que empleaban los hechiceros para volar a los aquelarres: «Se toma ácaro, pentafilón, perejil, agua de acónito, sangre de murciélago, belladona y hollín. Se envuelve todo en sangre menstrual y se frota con ello las partes del cuerpo hasta que se pongan rojas, se dilaten los poros, la piel se abra y se ponga mórbida. Se añade después aceite y grasa o manteca de niño para que el ungüento penetre más en la carne, y se espera a que salga la luna para emprender el viaje».

Se dice que si un murciélago entra en casa habrá una desgracia en la familia, al igual que si vuela contra las ventanas.

También se dice que ver un murciélago durante el día trae buena suerte, pero si se le molesta y sale volando acarrea mala suerte.

La serpiente

La serpiente es un reptil del orden de los ofidios que la humanidad ha temido siempre, aunque actualmente se ha rehabilitado este animal por sus propiedades terapéuticas, ya que, por ejemplo, el veneno de cobra se utiliza para combatir las enfermedades cardíacas.

Las supersticiones relacionadas con la serpiente son de signo negativo, menos las relacionadas con sus poderes curativos.

El origen de esta superstición se encuentra en la Biblia, en el Génesis, 3, 1-14: «Pero la serpiente, la más astuta de cuantas bestias del campo hiciera Yahvé Dios, dijo a la mujer: "¿Conque os ha mandado Dios que no comáis de los árboles todos del paraíso?". Y respondió la mujer a la serpiente: "Del fruto de los árboles del Paraíso comemos, pero del fruto del que está en medio del Paraíso nos ha dicho Dios: No comáis de él, ni lo toquéis siquiera, no vayáis a morir". Y dijo la serpiente a la mujer: "No, no moriréis; es que sabe Dios que el día que de él comáis se os abrirán los ojos y seréis como Dios, conocedores del bien y del mal". (...) Dijo luego Yahvé Dios a la serpiente: "Por haber hecho esto, maldita serás entre todos los ganados, y entre todas las bestias del campo. Te arrastrarás sobre tu pecho y comerás el polvo todo el tiempo de tu vida. Pongo perpetua enemistad entre ti y la mujer y entre tu linaje y el suyo. Éste te aplastará la cabeza, y tú le acecharás el calcañal"».

En la iconografía religiosa siempre se ha representado a la Virgen María pisando la cabeza de la serpiente, ya que ésta es el emblema del mal y del pecado.

La culebra y la mala suerte

El nombre de la serpiente conocida vulgarmente como culebra es en el sur impronunciable. Para contrarrestar el mal agüero que la palabra conlleva se suelen decir las palabras «lagarto, lagarto», añadiendo a veces el gesto de cerrar los dedos pulgar, corazón y anular dejando estirados los dedos índice y meñique. También se suele tocar madera al decir «lagarto, lagarto».

En Castilla la superstición que le achaca ser origen de desgracias se refiere tanto a la palabra como al animal. Se cree que es de mal agüero el mentar u oír nombrar la culebra, y el conjuro para remediar la mala suerte es nombrar al «lagarto» una sola vez.

Se dice que encontrar una culebra en el camino es augurio de una desgracia.

En Asturias se utilizaba el «conjuro de la cervantina» para curar a las vacas que habían sido mordidas por las culebras. Este conjuro acababa diciendo:

> … La culebra maldita
> por debajo del tranco barronco
> raíz del fresno infeliz,
> como se secó la estopa, se le seque la boca,
> como sc secó la paja, se le seque la baba,
> como secó el carbón, se le seque el corazón.

La culebra y la hechicería

En el siglo XVI se explotó la creencia de que para obtener el favor de príncipes y grandes señores era necesario poseer polvos de ceniza que resultaran de quemar una culebra vieja en luna llena.

Para hacer conjuros a fin de que una mujer fuera perdiendo la salud se echaba un cabello de ésta con raíz en una jofaina, y después se arrojaba a tierra. Al cabo del tiempo se convertía en una culebrita, y a medida que el animal iba creciendo, la mujer a quien pertenecía el cabello iba desfalleciendo.

Para captar la voluntad de una persona, la práctica consistía en tomar una aguja enhebrada en seda; atravesar la cabeza de una culebra viva metiéndole la aguja por un ojo y sacándola por el otro; después se pasaba la aguja con la misma hebra por la ropa de la persona cuya voluntad se quería captar sin que se enterase. Con esto se suponía que se despertaba en esa persona un amor apasionado.

La culebra y la salud

Se decía que una piel de culebra o serpiente llevada por una parturienta facilitaba el parto; y también que colocar pieles de estos animales en los gorros o sombreros era un remedio contra el dolor de cabeza.

Se creía que la piel de estos reptiles servía, por ejemplo, para curar las heridas causadas al clavarse los pinchos de un espino; había que ponerla sobre la parte dolorida, ya que de esta forma el pincho, según se creía, salía por sí mismo.

La culebra y otras supersticiones

Existe la creencia general de que han existido casos en que estando dormida una mujer con su hijo se ha introducido una culebra en la habitación y, tras entretener al niño metiéndole la punta de la cola en la boca, se ha puesto a mamar. En el *Lazarillo de Tormes*, tratado II, se alude a esta creencia.

Se supone que matar la primera culebra que se vea augura la victoria sobre los enemigos.

Se creía que la piel de una culebra o serpiente colgada de una viga del techo protegía la casa del fuego.

Soñar con culebras presagia lluvias. Soñar con un áspid es por lo general un mal augurio. Pero si en el sueño el áspid es pisoteado es señal de buena suerte.

El lagarto

El lagarto es un animal que tiene buenas connotaciones: él mismo como elemento curativo y el hecho de pronunciar su nombre.

Podemos encontrar el origen de las supuestas virtudes curativas del lagarto en la *Historia natural* de Plinio, XXX, XXX: «Para las fiebres se utiliza como amuleto el ojo derecho sacado de un lagarto vivo. (...) Un lagarto verde, encerrado vivo en una vasija de su propio tamaño, es un método que, según se dice, sirve para que desaparezcan las fiebres recurrentes».

Se dice que si una persona coge un lagarto con la mano y lo lame de la cabeza a la cola, la lengua de esa persona adquiere el poder de curar quemaduras.

Se cree que la rija o fístula lacrimal y las fiebres intermitentes se curan metiendo una lagartija, animal de la familia del lagarto, en un canuto agujereado y colgado del cuello como amuleto; cuando la lagartija muere la enfermedad desaparece.

Es creencia popular que el lagarto es gran amigo y protector del hombre; a este respecto se cuenta que si una culebra está a punto de morder a un hombre dormido, siempre hay un lagarto que le despierta haciéndole cosquillas con el rabo.

En consecuencia, existe la superstición de que cuando se oye la palabra «culebra» se contrarresta diciendo dos veces la palabra «lagarto».

Por extensión se dice «lagarto, lagarto» como contrahechizo a cualquier situación que pueda resultar perjudicial.

Con relación a los sueños sobre lagartos o lagartijas, su interpretación es negativa, ya que pronostica desgracias provocadas por la deslealtad de un amigo.

El elefante

El elefante es un mamífero de trompa larga que utiliza para coger las cosas, y posee dos incisivos superiores en forma de colmillos y algunas muelas.

Es objeto de diversas supersticiones de signo favorable, para lo cual la figura que lo representa debe tener la trompa levantada.

Del elefante, dice Plinio en su *Historia Natural*, VIII, I: «El animal más grande de la tierra es el elefante; su inteligencia es la más cercana al hombre, entiende la lengua de su país, le gustan las demostraciones de afecto y posee virtudes que son raras hasta en los hombres: honestidad, sabiduría, justicia, también respeto por las estrellas y adoración al Sol y la Luna. Las autoridades manifiestan que en los bosques de Mauritania, cuando brilla la luna nueva, manadas de elefantes bajan a un río llamado Amilo y allí llevan a cabo un ritual de purificación, rociándose ellos mismos con agua, y después de adorar a la Luna regresan a los bosques llevando delante de ellos a sus crías que están cansadas».

Al parecer, trae buena suerte llevar una pulsera o un anillo de pelo de elefante.

Para que una figura de elefante traiga buena buena suerte hay que colocarla de cara al interior de la casa, porque se supone que de esta forma introduce la buena suerte. Existe otra versión según la cual hay que colocar la figura de cara a la puerta de entrada, porque así recibe la buena suerte.

Al que sueña con un elefante se le advierte de un peligro inmediato. Si en el sueño va montado sobre él significa una sorpresa agradable y si le da de comer es anuncio de que gozará de protección.

La liebre

La liebre es un animal considerado impuro en la Biblia, por lo que a partir de aquí su carácter es negativo para las supersticiones populares relacionadas con ella.

El Deuteronomio, quinto y último libro del Pentateuco de Moisés constituido por Génesis, Éxodo, Levítico, Números y Deuteronomio, 14, 7-8, dice así: «... pero no comeréis los que solamente rumian ni los que solamente tienen la pezuña dividida y el pie hendido; el camello, la liebre, el conejo que rumian, pero no tienen la pezuña dividida son inmundos para vosotros... No comeréis sus carnes ni tocaréis sus cadáveres».

César escribe en la *Guerra de las Galias,* V, XII: «Los bretones no consideran lícito comer liebre».

Se dice que comer carne de liebre trae mala suerte y es causa de abortos.

Antiguamente se creía que era uno de los animales en los que las brujas se transformaban para acudir a los aquelarres.

Se achaca a las liebres que traen el fuego: si se ve una liebre corriendo por el jardín probablemente la casa arderá en un futuro próximo.

Si alguien se encontraba con una liebre en el camino era una señal de mal agüero: para contrarrestar la mala suerte había que dar la media vuelta y regresar a casa.

Si una embarazada se cruzaba con una liebre tenía que inclinarse y rasgarse la camisa si no quería que el niño naciera con un labio leporino, y si pisaba la madriguera de una liebre tenía que poner dos piedras dentro para evitar la misma desgracia.

Si la embarazada comía liebre, el niño dormiría con los ojos abiertos.

Los sueños con liebres se libran de su sentido negativo por el carácter contradictorio que conlleva la adivinación de los sueños: el que sueña con liebres hará una transacción favorable.

La pata de conejo

La pata de conejo o liebre, contrariamente a las connotaciones negativas que tiene este animal, se ha considerado un talismán de la buena suerte.

Plinio aconseja en su *Historia Natural*, XXVIII, LXII: «Los enfermos que padecen gota pueden aliviarse llevando siempre consigo una pata de liebre, cortada del animal vivo, como amuleto».

Se supone que la pata derecha de una liebre o conejo, llevada constantemente en el bolsillo, es un buen amuleto contra el reumatismo y los calambres.

Se llevaban patas de conejo o liebre en el bolsillo como prevención contra los encantamientos.

Se dice que los niños recién nacidos tendrán buena suerte y estarán protegidos de los malos espíritus si se les toca con la pata de un conejo. Si la pata de conejo o liebre se pone debajo de la almohada, les previene contra los accidentes.

Se cree que poner una pata de conejo sobre la mesa trae buena suerte en el juego.

Los actores suelen besar una pata de conejo o pasársela por la cara y manos la noche del estreno para tener una buena actuación.

Al parecer, la pata de conejo puede conceder tres deseos.

El gato

El gato es un felino cuya historia y origen se remontan al antiguo Egipto. Los gatos eran animales salvajes que comenzaron su proceso de domesticación hacia el año 3000 a.C., debido a la abundancia de ratones que pululaban en los silos de grano que existían en Egipto. La religión del antiguo Egipto incluyó el gato entre sus símbolos sagrados. El gato estaba considerado como la reencarnación de los dioses en el trance de comunicarse con los hombres y manifestarles su voluntad. El gran valor del gato como cazador de ratones hizo que los egipcios intentasen y lograsen su convivencia doméstica, pese a lo cual el gato no perdió su estatus sagrado.

La misma belleza del animal hizo que la diosa Bastet, símbolo de belleza y fecundidad, fuese representada con cabeza de gato.

Fue tal la adaptación del gato a la vida cotidiana de los egipcios, que su muerte era motivo de duelo familiar; Herodoto, en *Los nueve libros de la historia,* manifiesta que los moradores de la casa se rapaban las cejas en señal de duelo. Tras su muerte, su cuerpo se embalsamaba y momificaba en locales sagrados, y en el lugar de su enterramiento se colocaba junto a ellos ratones embalsamados. En 1890 fueron halladas en la ciudad de Bubastis amplias necrópolis con más de 300.000 momias de gatos.

Quien se atrevía a matar a un gato era acreedor de la pena de muerte.

Los griegos, conocedores del valor del gato como cazador de ratones, intentaron comprar una pareja para hacerlos criar en Grecia; dada la naturaleza sagrada del gato los egipcios se negaron a esta transacción. Pero los griegos, a pesar de este argumento o quizá debido a él, robaron una pareja que llevada a Grecia extendió la raza al resto de Europa.

Los gatos llevaron una existencia placentera hasta que la Iglesia, hacia mediados del siglo XIII, comenzó una terrible persecución contra ellos, considerándolos como símbolo del diablo y cuerpo metamórfico de las brujas. La historia de la brujería en el País Vasco relata un sinnúmero de anécdotas sobre la transformación de las brujas y brujos en animales. Todas son de índole similar. En una de estas historias la protagonista, cansada de que un gato se bebiese la leche recién ordeñada todas las noches, esperó al animal y consiguió en su persecución herirle en una pata. Al sentirse herido el animal gritó como un ser humano. Al día siguiente una pobre vieja, considerada como bruja, amaneció herida en una pierna.

El gato aparecía ligado al paganismo de la Edad Media a través del culto de la diosa Freya, diosa del amor y de la curación según la mitología nórdica. Esta diosa guardaba en su jardín las manzanas con las que se alimentaban los dioses del Walhalla y en su iconografía aparecen dos gatos tirando del carro de la diosa y, como dice Julio Caro Baroja, una tergiversación de origen mítico es la de «confundir al animal que acompaña a un numen o divinidad con la divinidad misma». Por ello, el gato se convirtió en cabeza de turco de las purificaciones de la Iglesia.

La Iglesia alentó de tal forma la persecución de los gatos que llegó a convertirse en espectáculo la quema de estos pobres animalitos en las hogueras de la noche de San Juan.

El aniquilamiento de los gatos fue de tal magnitud que

cuando la peste negra azotó Europa en el siglo XIV, causando más de veinticinco millones de muertos, apenas si quedaban ejemplares para luchar contra las ratas, principales propagadores de la enfermedad. Y al parecer, la plaga fue tan devastadora debido al exterminio de los gatos. En el año 1400, la especie estuvo a punto de extinguirse en Europa. Su existencia se reivindica a partir del siglo XVII debido a su habilidad para la caza de ratas, causantes de tan temibles y desoladoras plagas. A partir del siglo XVIII el gato vuelve a conquistar parte de su antiguo prestigio, y no sólo se utiliza como cazador de roedores e insectos, sino que su belleza lo hace protagonista de cuadros, muy especialmente de los de la escuela inglesa, y de motivos escultóricos.

La dualidad del gato como símbolo de la divinidad y de la representación demoníaca dio lugar a que en las supersticiones relacionadas con él se le considere representante de la mala o la buena suerte, según la circunstancia o lugar en que naciesen.

El gato negro

En el ámbito europeo, las supersticiones sobre el gato son muy similares. Por ejemplo, el gato negro puede traer buena o mala suerte dependiendo del lugar y la circunstancia de su encuentro: unas creencias dicen que el gato negro es portador de mala suerte, mientras que otras creen que la mala suerte la trae el rojo.

Se dice que un gato negro es realmente un vaticinio nefasto si se cruza en el camino de una persona de derecha a izquierda. También que pierde este carácter de maldad si tiene un lunar blanco en alguna parte del cuerpo.

Existen pueblos en donde el encuentro de un gato negro

camino de la iglesia el día de la boda da buena suerte, mientras que en otros es símbolo de desgracias conyugales.

Se cree que el gato negro trae buena suerte en los juegos de azar, sobre todo si se toca alguno antes de que empiece el juego.

También se cree que tener un gato negro en casa es símbolo de buena fortuna.

El encuentro con un gato

Otra superstición mantiene que encontrarse un gato (no importa el color, sino la dirección) viniendo de cara por el camino trae buena suerte, mientras que verlo de espaldas trae mala suerte. Asimismo, es de buen augurio que un gato nos adelante en el camino.

El gato y el mar

Cuando un pescador sale de pesca, considera de buen augurio que un gato le preceda, pero muy malo si se le cruza en su camino.

La gente de mar suele estar muy atenta al comportamiento del gato a bordo. Es tradición popular que si el gato corre, juega o salta pronostica tormentas y galernas; si se arroja el gato por la borda o es ahogado en el mar sobrevendrán calamidades al navío y su tripulación.

El gato y la adivinación

Se piensa que la conducta de los gatos manifiesta:

Si está boca arriba en el suelo, anuncia lluvia.

Si está sentado de espaldas al fuego predice frío y mal tiempo.

Si se lava las orejas, avisa que habrá una visita masculina si se lava la derecha y femenina si se trata de la izquierda.

El gato y la salud

Como remedio contra las enfermedades existían diversas pócimas en las que intervenía algún elemento del gato. Por ejemplo, para curar la tos ferina se hacía un brebaje con nueve pelos de la cola de un gato negro desmenuzados y remojados en agua que se daba a beber al paciente.

Se decía que pasar la cola de un gato negro por los párpados curaba los orzuelos.

En los siglos XVI y XVII existía una pócima o brebaje nocivo en la que entraban los sesos de gato, y que al parecer volvía loco al que la ingiriera.

El gato y la vida

En España se dice que una persona afortunada tiene siete vidas como los gatos; encontramos una referencia a esta superstición en la obra de Shakespeare *Romeo y Julieta,* acto III, escena I: «Mi buen rey de los gatos, sólo deseo una de vuestras nueve vidas… ».

El gato y otras supersticiones

Según la creencia popular el matar un gato o sus crías trae mala suerte, de aquí que algunos prefieren pagar a otros para que los maten en caso de ser muy necesaria su desaparición.

Soñar con un gato es de mal agüero.

La rana y el sapo

Las ranas y los sapos son animales anfibios que viven entre las piedras de charcas, lagunas, estanques, etcétera.

Las supersticiones relacionadas con ellos hacen referencia a su utilización en remedios curativos y como amuletos. También están muy vinculados con la hechicería.

La rana o el sapo y la hechicería

En las narraciones de los aquelarres hechas por los presuntos brujos en sus declaraciones ante los tribunales de la Inquisición, se describe que en los mismos había niños que, alejados de las ceremonias principales, guardaban rebaños de sapos, armados de palos. Estos niños, como los neófitos, estaban bajo la tutela de los maestros y se ocupaban de guardar la manada de sapos, con los que se hacían los venenos; a estos sapos había que tratarlos con gran respeto y veneración.

Los sapos, al ser uno de los animales preferidos por brujos y hechiceros para sus maleficios, se dice que son utilizados para envenenar las aguas. A este respecto era creencia popular que si una persona o un animal se ponía a beber agua en algún arroyo o charco del campo y en aquel momento pasaba un sapo, el agua quedaba envenenada y el que estaba bebiendo moriría pronto.

El sapo cocido se utilizaba en hechicería para hacer pócimas y ungüentos.

La rana o el sapo y la salud

Plinio explica en la *Historia Natural*, XXXII, XXIV: «El ojo derecho de una rana colgado del cuello dentro de un trozo de tela húmeda cura la oftalmía del ojo derecho; de la misma forma, el izquierdo colgado de la misma manera cura la oftalmía del ojo izquierdo».

En el capítulo XXV: «La grasa de la rana, inyectada en el oído, resulta un remedio instantáneo para las enfermedades de ese mismo órgano».

En el capítulo XXVI: «Para curar el dolor de muelas se hace una decocción con una rana hervida en vinagre y se enjuaga con ella la boca».

Y continúa en el capítulo XXIX: «Existe una pequeña rana que trepa a los árboles y croa muy suavemente. Si una persona enferma de tos escupe en la boca de una de ellas y después la deja libre, experimentará una rápida curación, según se dice».

En tiempos de las grandes epidemias se acostumbraba a llevar para evitarlas polvo procedente de una rana disecada, o bien una rana viva en una cajita.

Se decía que una rana disecada y puesta en remojo en vinagre curaba las hemorragias nasales si se ponía contra la frente o se colgaba del cuello. También se utilizaba una rana muerta con un objeto punzante y colgada del cuello dentro de un saquito.

Se creía que la carne de rana servía para refrescar el hígado.

También se creía que un sapo abierto y aplicado en la garganta del paciente hacía reventar las anginas.

La rana o el sapo como amuletos

Plinio relata en su *Historia Natural,* XXXII, XVIII: «Echando en agua hirviendo un huesecito de rana de su parte derecha, el agua inmediatamente se enfriará y no volverá a hervir hasta que el hueso se haya retirado; este huesecito se encuentra dejando que las hormigas se coman la carne de la rana; a veces se ponen los huesos de la rana en aceite; existe en la parte izquierda de la rana un hueso que se llama "ahuyenta perros", que, puesto en aceite, parece que lo hace hervir; este hueso tiene la virtud de calmar la furia de los perros y puesto dentro de una bebida, de reconciliar a los enamorados y poner fin a sus disputas. Si se lleva como amuleto, se dice que actúa como afrodisíaco».

Antiguamente, los brujos utilizaban los huesos de rana, que se obtenían dejando que las hormigas devoraran la carne, como amuletos. Los echaban al agua y unos flotaban y otros se hundían; estos últimos se guardaban en una bolsa de lino blanco que se colgaba al cuello para engendrar el amor, pero si se tocaba a un hombre con la bolsa, lo que se engendraba era el odio.

Al parecer, había que coger los huesos de una rana cuya carne hubiera sido devorada por las hormigas, y a media noche arrojarlos al río. Todos los huesos se iban con la corriente excepto uno; entonces había que coger ese hueso antes que el diablo lo hiciera, guardarlo en el bolsillo o llevarlo colgando del cuello como amuleto. De esta forma la persona quedaba protegida contra la hechicería.

La rana o el sapo y el tiempo

Se supone que los sapos caen con el agua de las nubes cuando llueve con violencia, y por eso a las nubes oscuras y tormentosas las llaman «nubes de sapo». Otra creencia popular es que los sapos comen tierra y que cuando se les ve en el suelo anuncian lluvia.

Hay un refrán dedicado a las ranas: «Rana que canta, señal de agua en su charca».

La rana o el sapo y la suerte

Se tiene por mala suerte que una rana entre en una casa. Se supone que la rana personifica al enemigo, por lo que si se la mata, se vence a uno de ellos.

Otra señal de mala suerte es que si una rana pasa por encima del pie de una persona hay que escupir para contrarrestarla.

Se cree que trae buena suerte encontrar una rana en el camino. Suele significar buena fortuna económica.

Las ranas o el sapo y los sueños

Soñar con sapos es augurio de pobreza y hacerlo con ranas, de indiscreciones.

El asno y el burro

El asno y el burro son dos équidos que han estado muy próximos al hombre, ya que han sido utilizados por éste para realizar las tareas más duras y como bestias de carga.

Las supersticiones relativas a estos animales están relacionadas con pronósticos y agüeros.

En el *Bestiario Toscano,* anónimo de finales del siglo XV o principios del XVI, podemos leer: «El asno salvaje es una bestia perezosa y deforme, y tiene un rebuzno desagradable. Y tiene una forma muy peculiar de rebuznar, así lo hace él; y cuando tiene hambre, él rebuzna con tanta potencia que todo se rompe. Por medio de este asno podemos saber cómo son los falsos hombres, que son perezosos en pensar rectamente y en hablar bien, y en el bien obrar y en otras tantas obras a realizar, y son deformes en cuanto que no se parecen a su creador, porque el asno está desfigurado y no se le parece, ya que su creador no lo hizo a su imagen; y vive en los vicios prohibidos por Dios y no vive para pensar y obrar rectamente, así como lo hizo Nuestro Señor Jesucristo. Porque la Santa Escritura dice: "Mirad, hombres desvengonzados: cuando intentáis ayudaros, os entorpecéis (y atrasáis más que avanzáis)"».

El asno servía para el pronóstico meteorológico. Si se sacudía las orejas llovería muy pronto. Si se revolcaba en el polvo anunciaba buen tiempo y si andaba de través con las orejas levantadas indicaba lluvia.

Parece ser que si se iba montado en un asno y de repente se ponía a correr, sin que se lo indicasen, era presagio de que se tendría mala suerte en el asunto que se estaba tratando.

Al que sueña que un asno va corriendo se le auguran desgracias. Si el asno se detiene es señal de que será víctima de murmuraciones; si el animal rebuzna es presagio de disgustos; y, por último, si el asno está comiendo es augurio de mala suerte.

Se cree que si un burro rebuzna pronostica lluvia.

Cuando ocurre un acontecimiento inesperado se dice que algún burro va a nacer.

Al que sueña con un burro bien enjaezado se le augura felicidad. Si el burro es flaco indica mala suerte.

El cordero

El cordero es un mamífero rumiante ovino que desde la Antigüedad ha simbolizado la inocencia, el candor, la benignidad y la dulzura, siendo considerado apto para ser ofrecido en los sacrificios. Las supersticiones relacionadas con este animal hacen referencia a su utilización con fines curativos.

El origen de esta superstición se halla en la Biblia, en el libro del Génesis, 22, 12-13, en el pasaje que narra el sacrificio de Isaac: «"No extiendas tu brazo sobre el niño –le dijo– y no le hagas nada, porque ahora he visto que en verdad temes a Dios, pues por mí no has perdonado a tu hijo, a tu unigénito." Alzó Abraham los ojos, y vio tras sí un carnero enredado por los cuernos en la espesura, y cogió el carnero y lo ofreció en holocausto en vez de su hijo».

En el Éxodo, 12, 21-23, también hay una referencia a este animal: «Convocó Moisés a todos los ancianos de Israel, y les dijo: "Tomad del rebaño para vuestras familias, e inmolad la Pascua. Tomando un manojo de hisopo, lo mojáis en la sangre del cordero, untáis con ella el dintel y los dos postes, y que nadie salga fuera de la puerta de su casa hasta mañana, pues pasará Yahvé por Egipto, para castigarle, y viendo la sangre del cordero en el dintel y en los dos postes, pasará de largo por vuestras puertas, y no permitirá al exterminador entrar en vuestras casas para herir"».

En el ritual de la misa, después de la Consagración se dice: *Agnus Dei qui tollis pecata mundi* (Cordero de Dios que quitas los pecados del mundo), que significa el poder que dio Cristo a sus discípulos para perdonar los pecados.

Parece ser que la piel del cordero se utilizaba para curar diversas enfermedades. Para curar el tifus y la neumonía se ponía una piel de cordero en la planta de los pies. El reumatismo se curaba poniendo un cordero negro vivo encima de la parte dolorida del cuerpo. Este remedio era el rupestre antepasado de la actual manta eléctrica.

Se creía que contra las mordeduras de las víboras había que colocar sobre la parte afectada una piel de cordero caliente.

Una vez utilizada una piel de cordero para una curación era costumbre enterrarla porque con ella se enterraba la enfermedad.

También se solía colocar un cordero recién nacido a los pies de un niño para curarle el sarampión.

Existía la creencia de que para curar diversas enfermedades de tipo respiratorio había que hacer andar al enfermo entre un rebaño de corderos, o bien traer el rebaño a casa durante varias noches, para que el paciente durmiera en su proximidad.

Al parecer, se utilizaba el aliento de un cordero para curar la tos ferina.

Se cree que el encuentro con un rebaño de corderos trae buena suerte, especialmente si se rebasa pasando en medio del mismo.

Existía la tradición de que cuando fallecía un familiar había que sacrificar un carnero negro.

Soñar con un carnero presagia bienestar, pero si en sueños el carnero acomete es augurio de disgustos.

El cerdo

El cerdo es un mamífero domesticado que desde tiempos muy remotos ha tenido fama de ser un animal impuro y, por ello, las supersticiones relacionadas con él son de signo negativo.

En la Biblia, el libro del Deuteronomio, 14, 7-8, habla de los animales puros e impuros.

Todos recordamos el episodio de la *Odisea* en que la diosa Circe, hija del Sol y de la ninfa Persea, convirtió a los compañeros de Ulises en cerdos para retener al héroe en la isla de Ea, donde habitaba la diosa.

El cerdo es considerado un animal impuro por los judíos y los mahometanos. Tampoco era un animal muy apreciado por los antiguos celtas. Actualmente podemos pensar que estas antiguas creencias no estaban de más, ya que la carne de cerdo es la que produce una tasa más elevada de colesterol, y está prohibida para todas aquellas personas que tienen problemas de este tipo.

A los marineros les traía mala suerte llevar carne de cerdo a bordo de un barco. También creían los marineros que acarreaba mala suerte encontrarse un cerdo por el camino. Para contrarrestarla, tenían que dar media vuelta y esperar un rato para embarcarse.

Se dice que cuando muere un cerdo, pronto caerá enfermo un miembro de la familia. Cuando un niño tenía paperas se creía que envolviéndolo en una sábana, llevándolo a la porqueriza y frotando su cabeza sobre el lomo de un cerdo la enfermedad pasaba del niño al animal.

Soñar con cerdos augura desastres en los asuntos importantes, y sin embargo, la realización de los nimios. También anuncian disgustos familiares. Si se va a emprender un viaje es un mal presagio.

El topo

El topo es un mamífero insectívoro al que desde tiempos muy remotos se le han supuesto virtudes curativas contra diversas enfermedades.

Los orígenes de esta superstición pueden rastrearse en la *Historia Natural* de Plinio, XXX, VII, que dice al respecto: «Si una persona se traga el corazón de un topo, recién extraído del cuerpo y todavía palpitante, recibirá el don de la adivinación y el conocimiento de los hechos futuros. El dolor de muelas puede curarse mediante un diente arrancado a un topo vivo y llevado como amuleto. (...) Una de sus virtudes más significativas es que el topo sirve para neutralizar la mordedura de la musaraña».

Se cree que contra los ataques son efectivas unas gotas de sangre de un topo vivo, extraídas mediante un pinchazo de aguja, y diluidas en un vaso de agua.

Otra creencia sostiene que contra el bocio hay que despellejar un topo y poner la piel sobre la hinchazón.

Contra el dolor de muelas, el reumatismo y la epilepsia se aconsejaba llevar como amuleto un saquito conteniendo las patas de un topo.

Se consideraba que traía buena suerte tener un monedero hecho de piel de topo porque así nunca faltaría el dinero.

La comadreja

La comadreja es un mamífero carnívoro de la familia de los mustélidos de unos 22 centímetros de largo, de cuerpo fino y delgado, patas cortas y pelo de color pardo claro por el lomo y blanco por debajo, y parda la punta de la cola.

Las supersticiones relacionadas con este animal tienen características negativas.

Teofrasto recomienda en los *Caracteres:* «Si una comadreja se le cruza en su camino no debe continuar hasta que otra persona cruce por el camino o bien hasta que haya echado tres piedras a través de él».

Encontrarse con una comadreja era un mal augurio. Para contrarrestar la mala suerte había que echar una moneda en el camino y la mala fortuna del encuentro se transfería al que recogiera la moneda. También se contrarrestaba la mala suerte dando la media vuelta.

Si una comadreja entraba en una casa era señal de una desgracia.

Se creía que las comadrejas podían causar el mal de ojo, y que el aojamiento se deshacía quemando objetos de mal olor.

Las bolsas de dinero hechas con la piel de una comadreja parece que traían buena suerte porque siempre habría dinero dentro; pero para que produjeran este efecto tenían que ser encontradas, no habían de ser compradas ni regaladas.

Si una mujer soñaba con una comadreja se decía que pronto tendría un amor.

La musaraña

La musaraña es un mamífero insectívoro parecido a la rata, del que existen varios géneros. La palabra musaraña proviene del latín *mus araneus*, que quiere decir «ratón araña», por la antigua creencia popular de que la mordedura de este pequeño mamífero era tan venenosa como el picotazo de la araña.

Las supersticiones relacionadas con la musaraña hacen referencia a que es una criatura de mal agüero.

La musaraña y la mala suerte

El origen de esta superstición se encuentra en la *Historia Natural* de Plinio, VIII, LXXXIII: «La mordedura de una musaraña se considera venenosa, pero las especies venenosas no se encuentran hasta más allá de los Apeninos».

Encontrarse con una musaraña en el camino presagiaba mala suerte. Como contrahechizo había que cruzar los pies.

Se pensaba que si una musaraña pasaba por encima del pie de una persona ésta pronto estaría coja.

Se creía que si una musaraña se deslizaba sobre un animal, fuera vaca, caballo u oveja, enfermaría y estaría amenazado con la pérdida de una de sus patas.

La musaraña y los caminos

Plinio en la *Historia Natural*, VIII, LXXXIII, continúa relatando: «Las musarañas mueren si cruzan las huellas de una rueda».

La musaraña y la salud

Plinio, en la *Historia Natural,* XXIX, XXVII, recomienda: «Cuando una musaraña muerde a las bestias de carga se aplica como remedio un ratón, acabado de matar, con sal, o la hiel de un murciélago en vinagre. La misma musaraña abierta por la mitad y aplicada a la herida es también un remedio contra su propia mordedura; pero si se trata de una musaraña preñada se abre sola. Lo mejor es aplicar la misma musaraña que ha herido al animal, pero sirve cualquier otra para este propósito si se la envuelve en barro o se unta con aceite. Otro remedio es aplicar la tierra cogida en la huella de una rueda de carro, ya que se dice que este animal nunca cruza la huella dejada por una rueda».

Se creía que para curar el reumatismo había que llevar una musaraña muerta en el bolsillo.

Las enfermedades del ganado se curaban, parece ser, tocando al animal enfermo con una musaraña muerta.

La musaraña y la hechicería

Las musarañas fueron animales utilizados por los hechiceros como elemento integrante de sus pócimas para adoptar la forma de un animal. La fórmula es la siguiente: «Se coge una musaraña viva, se le quita la bilis y el corazón y se guardan en sitio aparte; se coge su cuerpo y se muele totalmente. Cuando el polvo esté seco, se toma un poco y se mezcla con una gota de sangre del dedo anular de la hechicera; se pone la mezcla en una copa de vino y se bebe por Belcebú».

Y rico, rico, rico… se supone que producía el efecto deseado.

El ratón

El ratón es un mamífero roedor de la familia de los múridos, cuya especie común es muy fecunda y ágil; suele vivir en las casas, royendo y causando pavor a sus moradores.

Las supersticiones relacionadas con este pequeño y tan despreciado roedor se han vinculado desde la Antigüedad con sus grandes virtudes como remedio para curar diversas enfermedades, como la incontinencia nocturna, la tos ferina, etcétera.

Plinio el Viejo en su *Historia Natural,* XXX, XLVII, opina: «La incontinencia de orina en los niños se cura dándole ratón hervido con su comida».

En el libro XXX, XXX: «En el tratamiento de ciertas fiebres, para las que la medicina tradicional carece de remedios, se usan remedios mágicos, y en primer lugar los amuletos que recomiendan: (...) por ejemplo... el hocico de un ratón y la punta de sus orejas, envueltas en tela roja».

El caldo de ratón servía, al parecer, para curar la tos ferina. En Inglaterra existía otra variante de esta receta: ratón frito.

También se daba caldo de ratón a los niños para curarles la tartamudez.

Se decía que un ratón muerto frotado contra la mejilla curaba el dolor de muelas.

Es tradición popular que un ratón en casa es anuncio de desgracias.

Si se sueña con ellos se dice que hay que tener cuidado, porque significa la existencia de un enemigo que traerá problemas al durmiente y soñador.

Las ratas

La rata es un roedor cuya presencia, según la superstición, trae la mala suerte. Sin ir más lejos, recordemos que la rata era el vehículo transmisor de la peste bubónica que tantos estragos causó en Europa.

El origen de esta superstición se encuentra en los *Caracteres* de Teofrasto: «Si una rata roe un saco de comida, hay que acudir al que interpreta las leyes sagradas y preguntar qué hay que hacer; y si la respuesta es "llévalo a un remendón para que lo cosa", hay que hacerlo así, porque si no hace caso a este consejo... tendrá que hacer un sacrificio para alejar los malos presagios».

Plinio comenta en la *Historia Natural,* VIII, LXXXII: «Hay mucha gente que sitúa esta clase de animales que no se pueden catalogar ni como salvajes ni como domésticos entre las criaturas de las que se sabe que presagian acontecimientos trágicos en la vida pública: profetizaron la guerra con los Marsianos royendo los escudos de plata en Lanuvio y la muerte del general Carbo, royendo en Chiusi los cordones que ataban sus sandalias».

Leemos en la obra de san Agustín *De Doctrina Christiana,* I, XX: «Similares prácticas supersticiosas son... cuando tus ropas son roídas por las ratas y esto se entiende como el presagio de futuros males en vez del daño actual. Una vez, cuando el elegante Catón fue consultado por un hombre preocupado porque las ratas le habían roído los zapatos, hizo observar a ese hombre que no había nada extraño en este hecho y que lo que habría sido realmente extraño es que los zapatos hubieran roído a las ratas».

Se piensa que si las ratas roen la ropa de una persona es

un presagio de muerte próxima. También es un mal presagio que roan los muebles de una casa.

Otra creencia sostiene que si se produce una invasión de ratas es presagio de que pronto habrá una guerra.

Se cree que es un mal presagio que una rata entre en una casa. Auguran la muerte si corren por encima de una persona o por la cabecera de la cama de un enfermo.

Los sueños con ratas pronostican enemigos desconocidos.

El cuervo

El cuervo es un pájaro carnívoro, mayor que la paloma, de plumaje negro con visos pavonados.

Las supersticiones relacionadas con el cuervo lo han considerado siempre como un pájaro de mal agüero.

Podemos rastrear el origen de esta superstición en las obras de varios autores: Virgilio relata en las *Églogas,* IX: «Si un cuervo a mi izquierda... no me avisa sobre detener a toda costa esta última pelea, ni tu amigo Moeris ni el mismo Menalcas estarán vivos hoy».

Fedro escribe en sus *Fábulas,* III, XVIII: «... la voluntad de las Parcas... ha asignado las diferentes cualidades de cada animal... para los cuervos ha sido asignada la profecía de los malos presagios...».

Plinio, en su *Historia Natural,* X, XIV, opina: «El cuervo tiene un graznido persistente que es augurio de mala suerte. Se sabe que desde la salida de Arturo a la llegada de las golondrinas se le ve raras veces en bosquecillos y templos de Minerva y nunca en otros lugares, como es el caso de Atenas; es especialmente presagio de mala suerte si se le ve en la época de reproducción, esto es, después del verano». Y en el capítulo XV: «Los cuervos parece ser que son los únicos pájaros que tienen un conocimiento de los acontecimientos, que convierten en augurios; cuando los convidados de Medo fueron asesinados, todos los cuervos del Peloponeso y Ática levantaron el vuelo. Especialmente es un mal presagio cuando les falla el graznido, como si se atragantaran».

Shakespeare en *Julio César,* acto V, dice: «Cuervos y milanos vuelan sobre nuestras cabezas... sus sombras parecen un dosel fatal, bajo el que están nuestros ejércitos listos para rendir su alma... ». Y en *Macbeth,* acto I, escena v, Lady Macbeth dice: «Ocúpate de él. Trae grandes noticias. Está ronco el mismo cuervo que grazna ante la fatal entrada de Duncan bajo mis almenas. Venid espíritus que animáis los pensamientos de muerte... ».

Se cree que ver volar un cuervo o soñar con este pájaro es un mal presagio. Si se le oye graznar es signo de una muerte próxima.

Si el cuervo sobrevuela una casa trae la mala suerte a sus moradores. Si lo hace sobre un rebaño significa que uno de los animales morirá pronto.

Al parecer, trae mala suerte llevar un pluma de cuervo a una casa.

Entre los cazadores se decía que ver volar a un cuervo traería mala suerte para la caza.

Esta idea del cuervo como animal siniestro se nos inculca desde la infancia: en los cuentos y películas infantiles siempre se ha representado a las brujas y demás personajes malignos ayudados por cuervos; recordemos como ejemplo a la figura de Maléfica en la película de Walt Disney *La bella durmiente.*

El poeta y novelista norteamericano Edgar Allan Poe (1809-1849) escribió varios volúmenes de poesía entre los que destaca *El Cuervo y otros poemas* y en él describe las características siniestras de este pájaro.

Otros pájaros de mal agüero:

El grajo: se dice que si un grajo entra por la chimenea, significa una desgracia para los moradores de esa casa.

Se cree que trae mala suerte tener un grajo en casa. También se cree que trae mala suerte si sobrevuelan un pueblo o una casa.

La urraca: encontrar una urraca en el camino trae mala

suerte. Para contrarrestarla, hay que dar media vuelta y desandar el camino. Otra forma de contrarrestar la mala suerte que presagia el encuentro con la urraca es hacer la señal de la cruz en el camino o poner dos ramitas en forma de cruz.

Se cree que ver volar a una urraca es señal de presagios funestos.

Si se oye parlotear a una urraca en un árbol se considera que anuncia la visita de un extraño.

Otros pájaros relacionados con la superstición, pero no de carácter siniestro, son:

La abubilla: antiguamente los mercaderes llevaban en el bolsillo una cabeza de abubilla para que no les engañaran en los tratos. Existe la creencia popular de que la abubilla hace su nido invisible.

El águila: si se sueña con un águila que vuela muy alto es un buen presagio. Si el ave ataca al que sueña es anuncio de un accidente fatal y si lo levanta por los aires significa que entre sus allegados ocurrirá un fallecimiento.

Las golondrinas: el anidamiento próximo de golondrinas, grandes consumidoras de insectos nocivos para el hombre, es considerado señal de buena fortuna.

La corneja

La corneja es un ave parecida al cuervo, algo mayor que la paloma, con cabeza, alas y cola negras y el cuerpo de color ceniciento oscuro.

Aunque la corneja estaba consagrada a Apolo, era considerada un ave fatídica. Se la invocaba al contraer matrimonio como símbolo de fidelidad conyugal, porque la corneja no vuelve a unirse a otra al morir su primera pareja.

Las supersticiones relativas a la corneja empezaron considerándola como un ave de buen agüero, y para obtener su protección se llevaban como amuletos medallas que tenían grabada la figura de una corneja.

Al interpretarse el vuelo del ave, si volaba hacia la izquierda era presagio de buena suerte para el dueño de la finca donde anidaba. En cambio, si volaba hacia la derecha, era señal de malos auspicios.

En el *Cantar de Mío Cid* se cita la corneja: «A la exida de Biuar ouieron la corneia diestra e entrando a Burgos ouieron la siniestra».

A partir del siglo XV se la consideró ave de mal agüero. Se decía que su graznido continuado era señal de lluvia.

Cervantes menciona en *El Quijote* que el graznar de la corneja es un mal augurio:

> El rugir del león, del lobo fiero
> el temeroso aullido, el silbo horrendo
> de escamosa serpiente, el espantable
> baladro de algún monstruo, el agorero
> graznar de la corneja, y el estruendo
> contrastado en mar instable

Canción de Grisóstomo (capítulo XIV)

También Garcilaso de la Vega habla de la corneja como ave de mal agüero.

Según una creencia popular, soñar con una corneja es augurio de buenos negocios.

La cigüeña

La cigüeña es un ave cuyo sentido virtuoso ha sido reconocido universalmente desde la Antigüedad. De ellas se ocuparon Platón y Aristóteles, que nos refieren que los cigoñinos alimentan a sus padres en la vejez, y esto es en reciprocidad al cuidado que prestan a sus crías, ya que al parecer calientan con tal afán el nido que pierden sus plumas.

San Isidoro fue quien recogió la tradición antigua referente a esta ave.

Debido a estas características, las supersticiones relacionadas con la cigueña son de buen augurio.

Se cree que en la casa donde anidan unas cigüeñas habrá felicidad y estará preservada de incendios.

También se interpreta su vuelo. Si se las ve volar hacia la derecha es augurio de buena suerte, pero si vuelan hacia la izquierda es un mal presagio.

La creencia en que la cigüeña trae a los niños procede de las tradiciones y el folclore alemán y holandés, y los trae a casa envueltos en un mantón que cuelga de su pico.

Soñar con una cigüeña en verano anuncia un robo y si es en invierno presagia una tempestad.

El búho

Al búho, ave rapaz nocturna, se le ha considerado tradicionalmente un ave siniestra. Tiene dos mechones de plumas erectas con aspecto de orejas, y los cercos de plumas alrededor de los ojos, incompletos por debajo.

Leemos en los *Caracteres* de Teofrasto: «Si sorprende a un búho en su camino, exclamará "¡Gloria a Atenas!" antes de continuar».

Ovidio relata en su obra *Ibis*: «El búho de la noche se sienta en el tejado de la casa de enfrente y emite sus gritos de mal agüero con un sonido fúnebre».

Se cree que la voz del búho pronostica la proximidad de algún acontecimiento terrible, por ser esta ave signo de mal agüero.

Según la creencia popular, el grito del búho blanco es señal de muerte próxima. También anuncia una muerte en la casa si un búho se posa en un tejado o vuela alrededor de las ventanas por la noche.

Por el contrario, existe la costumbre de considerarlo como amuleto, ya sea vivo, disecado o reproducido para usarlo como dije o colgante.

En algunos cementerios de Navarra tienen como objeto simbólico, además de los tradicionales, el búho.

Al ser el búho un ave nocturna, si por azar se le ve de día, se tiene su presencia por un presagio de especial mala suerte.

A este respecto, Plinio en la *Historia Natural*, X, XVI, ya decía: «El búho-águila es un pájaro fúnebre y se le considera como un mal presagio; vive en los desiertos y lugares que no se frecuentan sino que son inaccesibles; es una criatura de la noche cuya voz no es una nota musical sino un grito. Consecuentemente, cuando se ve en las ciudades o durante el día en cualquier circunstancia es un augurio fatal; pero conozco varios casos en que se han posado sobre las casas de varias personas sin que haya habido consecuencias fatales».

Plinio relata también que un día 7 de marzo se realizó una ceremonia de purificación porque un búho había entrado en el Capitolio.

Al igual que se hacía con el murciélago, existía la costumbre de clavar en las puertas de las granjas búhos con las alas extendidas, porque de esta forma se protegía la casa de maleficios.

Se cree que al que sueña con un búho se le augura un funeral.

La lechuza, ave similar al búho, también rapaz y nocturna, goza y sufre de las mismas supersticiones que el búho.

La lechuza es igualmente un ave de mal agüero: si se oye su grito anuncia un luto próximo.

Si pasa chillando por encima de la casa donde hay un enfermo, o se posa en el tejado por la noche, se dice que el enfermo muere. Y si se oye su grito durante un parto, vaticina la muerte del recién nacido.

Se cree que las lechuzas se beben el aceite de las lámparas de las iglesias.

Oír cantar a una lechuza pronostica que se avecina el mal tiempo.

Las palomas

La paloma es un ave que siempre ha encarnado la imagen de la armonía, la pureza, la candidez y la paz, cuando en su pico lleva un ramo de olivo. Como símbolo del Eros sublimado, la paloma habitaba la encina de Dodona consagrada a Zeus. El Talmud la hace maestra de castidad y para Orígenes, uno de los pensadores más importantes de la Antigüedad cristiana, los ojos del hombre iluminado son comparables a los de las palomas.

El Espíritu Santo se ha representado pictóricamente bajo la forma de una paloma, como símbolo de la gracia de Dios y su sabiduría.

Popularmente, la paloma es esencialmente el animal que no tiene hiel; por uno u otro camino la paloma se ha convertido en la representación de un animal puro, candoroso y dulce.

Las supersticiones relacionadas con esta ave son de diverso signo, puesto que no siempre su presencia es señal de buenos augurios.

En el Génesis, 8, 8-11, se narra: «Siete días después, para ver si se habían secado ya las aguas sobre la faz de la tierra, soltó una paloma, que como no hallase dónde posar el pie, se volvió a Noé, al arca, porque las aguas cubrían todavía la superficie de la tierra. Sacó él la mano, y cogiéndola la metió en el arca. Esperó otros siete días, y al cabo de ellos soltó otra vez la paloma, que volvió a él a la tarde, trayendo en el pico una ramita verde de olivo».

En el Cantar de los Cantares la paloma aparece con frecuencia como metáfora de la amada: «¡Qué bella eres, amada mía, qué bella eres! ¡Palomas son tus ojos!».

Se creía que una paloma cortada por la mitad y colocada a los pies del paciente bajaba las fiebres, y que si se ponía en la cabecera curaba los dolores de cabeza, el delirio, la melancolía y la locura.

También se suponía que para curar cualquier enfermedad había que matar dos palomas y atarlas a las plantas del paciente. Un pariente cercano debía coger luego las palomas y llevarlas a un sitio que no pudiera ser cruzado ni por vivos ni por muertos, por ejemplo un precipicio, y dejarlas allí. Al parecer, los que seguían este ritual se curaban.

Se cree que si alguien siente un antojo repentino por comer pichón o paloma bajo cualquier forma de guiso denota que su muerte está próxima.

Es creencia popular que ver el primer vuelo de unas palomas sin estar al acecho significa un enfado amoroso. En cambio, se cree que oír arrullarse a dos palomas representa éxito en el amor.

Si en una conversación o estando a la mesa se habla de palomas o pichones se cree que trae buena suerte para quien lo oye y mala suerte para la persona que habla.

Si se ve a las palomas bañándose se dice que es señal de que habrá pronto un cambio de tiempo.

Hay quien opina que si entra una paloma en casa es augurio de mala suerte. Si se posa sobre una mesa es señal de enfermedad y si lo hace sobre una cama, de muerte.

También se cree que trae mala suerte si revolotea alrededor de una casa.

Por el contrario, se dice que trae buena suerte tener una almohada hecha de plumas de paloma, porque nadie se morirá encima de esta almohada.

Si alguien sueña con pichones se le augura un feliz acontecimiento.

El troglodites

El troglodites es un pájaro de unos 10 centímetros de largo y 16 de envergadura, pardo-rojizo, con rayitas casi negras y gris blanquecino por el pecho, cola y alas cortas y uñas largas. Se le ha confundido indebidamente con el reyezuelo.

Las supersticiones relacionadas con esta ave son de carácter positivo.

Plinio, en su *Historia Natural*, X, XCV, relata: «Los animales tienen cierta clase de amistades y antipatías entre ellos, y estos sentimientos se suman a los diversos hechos que hemos explicado acerca de cada especie en su lugar de origen. Existen hostilidades entre el águila y el troglodites (cresta dorada), ya que éste es llamado el rey de los pájaros».

Es señal de buena suerte para los moradores de una casa que un troglodites haga su nido cerca de ella.

También trae buena suerte coger un troglodites y llevar una pluma suya en el bolsillo.

Se cree que trae mala suerte robar un nido de troglodites.

El gallo

El gallo es un ave del orden de las galliformes, de aspecto arrogante y cabeza adornada de una cresta roja, carnosa y ordinariamente erguida.

Las supersticiones relacionadas con este animal tienen por lo general sentido negativo. El gallo se utilizaba para las artes adivinatorias y la hechicería.

El cacareo del gallo

Petronio (año 65) en *El Satiricón*, 74, escribe: «Mientras hablaba, un gallo cantó. El presagio desconcertó a Trimalción, que hizo derramar vino debajo de las mesas y también rociar las lámparas con vino puro. Se quitó también el anillo para pasárselo a la mano derecha.

»–Debe de haber alguna razón para que esta bocina de mal agüero haya sonado –dijo–. Seguro que pronto habrá un incendio o va a morir en la vecindad alguna persona. ¡Lejos de nosotros cualquier desgracia! Y quien me traiga a este profeta, recibirá su propina».

También podemos leer en las *Homilías a los Efesios*, XII de san Juan Crisóstomo: «Se puede ver a un hombre... persiguiendo con celo las riquezas, y pensando que nada conseguirá debido al cacareo de un solo gallo».

En el Nuevo Testamento se narran las tres negaciones de san Pedro antes de que cante el gallo. Se dice que oír cacarear a un gallo es presagio de mala suerte.

Si cacarea a medianoche es que el ángel de la muerte está sobre la casa y pronostica una muerte en la familia.

Cuando un gallo cacarea ante la puerta de una casa se cree que avisa a sus moradores de la visita de un extraño.

Antiguamente, en el norte y centro de España, el canto de un gallo anunciaba una victoria. Si el gallo cantaba durante el día en el interior de la casa presagiaba un disgusto conyugal. Si cantaba en hora desusada era señal de cambio de tiempo.

Es tradición popular que si el gallo cantaba a deshora anunciaba la proximidad de las brujas; en este caso y para contrarrestar sus malas artes era conveniente echar un puñado de sal al fuego.

En los pueblos costeros del sur se decía que cuando un gallo cantaba antes de la medianoche presagiaba un naufragio o la fuga de una muchacha de su casa.

El gallo de la muerte

José A. Sánchez Pérez, en *Supersticiones españolas*, refiere así la superstición del gallo de la muerte en la montaña de Santander: «Una vez cada cien años ponen los milanos un huevo colorado; del huevo sale una pájara mitad negra y mitad blanca; la pájara vive cincuenta años justos; al morirse se produce en su descomposición un gusano que poco a poco va convirtiéndose en un gallo negro que es el gallo de la muerte».

El gallo y la adivinación

La suerte de adivinación utilizando un gallo recibe el nombre de alectoromancia y se realiza de la siguiente forma: sobre un tablero de 28 casillas que corresponden a las 28 letras del abecedario se coloca un grano de trigo en cada una. Se coge un gallo al que se le hace tragar un papel con palabras cabalísticas y se le deja suelto sobre el tablero observando cuáles son las letras que pica. A partir de ellas se realiza la adivinación del porvenir.

El gallo y la hechicería

Antiguamente se hacían sortilegios amatorios entre cuyos ingredientes entraban los testículos de gallo. También se utilizaba el corazón de un gallo atravesado por alfileres para hacer ligamentos.

En las misas negras se solían sacrificar gallos negros para propiciar los favores del diablo. Por el contrario, en las ceremonias del vudú se sacrifica un gallo blanco.

El gallo y otras supersticiones

En algunas provincias del norte de España es de mal agüero tener un gallo completamente blanco en casa.

Si se oye en sueños el canto de un gallo es presagio de buenas noticias, pero soñar con una riña de gallos en el corral anuncia disgustos.

Las abejas

El simbolismo de las abejas nos llega a través de la antigua civilización cretense. Las abejas representaban la alegoría del saber. Los griegos las consideraron símbolo de fecundidad y del espíritu independiente del cuerpo material. Virgilio, en el libro IV de las *Geórgicas*, vincula su naturaleza al deseo de Júpiter de representar en ellas la fecundidad y el espíritu desligado de la materia. Los autores clásicos, siguiendo el hilo del espíritu desvinculado del cuerpo, las consideraron las almas de los nonatos.

La miel y la cera que producen han hecho que la abeja sea apreciada desde siempre por las virtudes curativas y alimenticias de la miel y por la utilidad de la cera, que tanto valor tuvo en la Antigüedad para la confección de tablillas para escribir y posteriormente para la fabricación de las velas para los ritos religiosos.

Las supersticiones relacionadas con estos insectos hacen referencia a su carácter benéfico.

Plinio el Viejo, en su *Historia Natural*, XI, XV, manifiesta: «En el caso de las abejas se dice que si se molesta al enjambre, la colmena perece. En consecuencia, uno de los primeros deberes de las personas que recogen la miel es ir limpias y decentemente vestidas; las abejas detestan la caspa y la menstruación en las mujeres».

Recogiendo las palabras de Plinio el Viejo, la tradición popular sostiene que las abejas rehúyen a las personas desaseadas o de mal comportamiento.

De acuerdo con una superstición gallega, por las noches pueden verse las almas de los difuntos en forma de enjambre de abejas.

En el País Vasco las abejas eran consideradas parte de la familia. Se les comunicaba por medio de la persona designada por la familia los acontecimientos más importantes de la vida familiar, tales como las bodas, nacimientos o defunciones, y en el caso de las bodas se les dejaba un trozo de la tarta nupcial en el panal; si se trataba de una defunción se enlutaba la colmena: en caso de no respetar esta costumbre se creía que las abejas morían o abandonaban la colmena.

Esta consideración de las abejas como miembros de la familia obligaba a que cuando se vendía una colmena la transacción no se hiciera con dinero sino mediante el intercambio de otros bienes.

Se cree que a quien mata a una abeja le perseguirá la mala suerte.

Si se sueña con ellas es presagio de fortuna, pero si en el sueño pican significa la traición de un amigo; si durante el sueño hacen miel auguran felicidad y triunfos sociales. Si hacen la colmena en un tronco muerto anuncian una muerte en la familia del propietario del terreno.

Las avispas

Las avispas son insectos muy similares a las abejas, de 1 a 1,5 centímetros de largo, de color amarillo con franjas negras y con un aguijón en la extremidad posterior del cuerpo.

Las supersticiones relacionadas con las avispas hacen referencia a su utilización como amuletos.

Veamos lo que escribe Plinio en la *Historia Natural*, XXX, XXX: «Para el tratamiento de ciertas fiebres, la medicina tradicional no tiene ningún remedio efectivo; es por ello por lo que se utilizan remedios mágicos, entre ellos los amuletos en primer lugar: el polvo en el que un halcón se ha revolcado, puesto dentro de un lienzo y atado con una cinta roja, o el diente más largo de un perro negro. También la avispa llamada *pseudosphex*, que vuela de forma especial, si se coge con la mano izquierda y se coloca debajo de la barbilla del paciente, aunque otras personas utilizan la primera avispa que ven en el año en curso».

Se decía que había que matar la primera avispa que se viera para asegurarse la buena suerte y verse libre de enemigos durante todo el año.

Antiguamente existían curanderos que utilizaban las avispas como amuletos y también fabricaban ungüentos con el abdomen machacado de estos insectos.

Soñar con una avispa que pica es presagio de desgracias.

Las moscas, los moscardones, las polillas, las mariposas y los abejorros

Las moscas y moscardones, debido a su protagonismo en la cuarta plaga de Egipto, Éxodo, 8, 16, son considerados emisarios de la mala suerte.

En el libro del Éxodo se narra cómo Dios envió los tábanos sobre Egipto, cuarta de las diez terribles plagas que asolaron el reino del faraón como castigo por no dejar libre al pueblo de Israel: «Yahvé dijo a Moisés: "Levántate temprano y preséntate al faraón, al tiempo que sale él para ir a las aguas, y dile: Así habla Yahvé: Deja ir a mi pueblo a que me sacrifique. Si no dejas ir a mi pueblo, voy a mandar tábanos contra ti, y contra tus servidores, y contra tu pueblo, contra vuestras casas y se llenarán de ellos las casas de los egipcios y la tierra que éstos habitan..."».

Se cree que cuando las moscas se ponen pegajosas es señal de lluvia inminente.

Para evitar que entraran las moscas en casa durante el verano existía la costumbre de colgar el Miércoles de Ceniza tres huesos ensartados a la puerta de la casa.

Por el contrario, la mosca augura buena suerte si entra en casa durante el invierno; en este caso parece que no hay que matarla porque si no la suerte cambia. Otro símbolo de buena suerte es que caiga dentro de la bebida que estamos a punto de tomar.

Si entra en casa un moscardón, moscón o mariposa negra se supone que presagian una desgracia próxima. Esto se puede evitar matando al insecto.

Si el moscardón revolotea alrededor de una luz anuncia mal tiempo.

Se cree que si a una persona le roza la cara un moscardón es un aviso de que morirá pronto.

Otros insectos que la tradición asocia con los antedichos son:

El abejorro: su significado supersticioso es idéntico al del moscardón.

Las mariposas: las mariposas blancas son símbolo de buena suerte, sobre todo si entran en una casa. En cambio, las negras pronostican malos augurios.

Se cree que si se ven volar tres mariposas juntas es signo de muerte o de mala suerte.

La polilla: al parecer, quien sueña con polillas tiene algún mal amigo.

El escarabajo

El escarabajo es un insecto coleóptero, cuyas patas son cortas y acodadas, las tibias anteriores son espinosas y a propósito para cavar, y casi todas las especies tienen alas bien desarrolladas.

Los antiguos egipcios consideraban al escarabajo como animal sagrado, símbolo del Creador y principio del mundo animado.

Este animal aparece dibujado en todos los monumentos con especial relieve y también se utilizó como amuleto de la buena suerte.

Las supersticiones relacionadas con este insecto hacen referencia a su carácter curativo y portador de buena suerte.

En la *Historia Natural* de Plinio el Viejo, XI, XXXV, leemos: «Las alas de los escarabajos son delgadas y frágiles. No tienen aguijón, pero una gran variedad de ellos tienen largos cuernos con dos púas y pinzas dentadas que juntan a voluntad para morder; actualmente se cuelgan del cuello de los niños como amuletos contra ciertas enfermedades».

Se decía que el escarabajo colgado del cuello de un paciente servía para curar enfermedades como la tos ferina, dolores de estómago, etcétera.

Es creencia popular que el escarabajo verde con brillos metálicos es el que da la buena suerte y se utiliza como talismán y amuleto.

Por el contrario, los negros son de mal agüero, y si se encuentran deben ser eliminados, ya que según cuenta la tradición de los pueblos de origen celta este escarabajo, conocido como «El Diablo Negro», fue el que avisó a los soldados romanos del lugar exacto en que se encontraba Jesús en el huerto de Getsemaní, gritándoles: «Está aquí».

Otra superstición dice que pisar un escarabajo causa lluvias y tormentas.

La araña

La araña es un arácnido que tiene de cuatro a seis hileras de ojos (órganos productores de la seda) y tráqueas en forma de bolsas comunicantes con el exterior. Las supersticiones relacionadas con ella hacen referencia tanto a su consideración como amuleto para remedio de diversas enfermedades, como el hecho de ser portadora de buena suerte.

La araña y la salud

El origen de esta superstición se encuentra en la *Historia Natural* de Plinio, XXX, xxx: «En casos de fiebres terciarias vale la pena intentar probar con la tela de una araña llamada *lycos* que sirve para diversos usos; aplicada junto con el animal en un emplasto hecho con resina y cera sobre las sienes y la frente, o la misma araña llevada como amuleto colgada de un junco, que se dice es un gran remedio para otro tipo de fiebres».

Contra las fiebres se utilizaban amuletos confeccionados con arañas. Se ponían bolas de yeso mezcladas con arañas en las muñecas y en las sienes del enfermo. También se colgaban de su cuello diversos objetos que contenían arañas: cáscaras de nuez, una cajita o una bolsa, porque se creía que conforme la araña iba debilitándose hasta morir la fiebre desaparecía paulatinamente.

Otro remedio utilizado contra la fiebre era tragar una araña o su tela previamente introducidas en un trozo de manzana o de pan. También se creía que se conseguía el mismo efecto tragándose el agua en la que se había metido una araña viva.

En otro lugar de la *Historia Natural*, XXIX, XXXVI, Plinio continúa aconsejando: «Para las fracturas del cráneo se aplican telas de araña con aceite y vinagre, que no deben retirarse hasta que la herida haya cicatrizado. También son eficaces las telas de araña para detener la sangre de las heridas hechas al afeitarse, pero las hemorragias de la cabeza se detienen aplicando a la herida la sangre de un ganso o pato, o la grasa de estas aves mezclada con aceite de rosas».

Se tenía a las telas de araña por un remedio excelente para detener las hemorragias nasales o las de cualquier herida.

Otra práctica que se llevaba a cabo cuando alguien era mordido por un perro rabioso era cortar la herida con un cuchillo, chupar la sangre y cubrir la herida con una tela de araña.

Para curar la tos ferina se ponía una araña dentro de una cáscara de nuez o una bolsita, se cerraba y se colgaba del cuello del enfermo. Se creía que cuando la araña moría la tos ferina se curaba.

La araña y la buena suerte

Existe la creencia de que las arañas son de buen agüero. Hay un refrán que dice: «Cuadra sin arañas, bestias nunca sanas».

Parece que si se ve una araña por la mañana augura una mala semana; si se ve al mediodía pronostica una alegría; si se ve por la noche vaticina que se cumplirá un deseo.

Si se ve tejer a una araña se cree que alguien prepara un engaño. Si se la ve hilar hacia abajo presagia dinero. Si se descuelga del techo sobre una persona augura que ésta verá pronto aumentar su capital mediante un legado.

Se dice que sobre todo las arañas pequeñas son portadoras de buena suerte. Si se encuentra una, hay que tirarla por encima del hombro izquierdo.

Se cree que si se encuentra una araña entre las ropas o sobre una persona es augurio de que ésta recibirá dinero.

Es creencia popular que trae mala suerte matar una araña o destruir una telaraña.

También las arañas predicen el tiempo que va a hacer. Si suben por el hilo anuncian buen tiempo, y cuando bajan, mal tiempo.

Si se sueña con arañas es augurio de una traición.

Los niños

Las supersticiones referidas a los niños son de naturaleza diversa, tanto positivas como negativas.

Charlotte Brontë, en el capítulo XXI de su obra *Jane Eyre*, escribe: «Cuando tenía apenas seis años, una noche oí comentar a Bessie Leaven y a Marta Abbot que la primera había soñado con un niño pequeño y que soñar con criaturitas es un presagio de infortunios, para uno mismo y para sus familiares. Esto lo habría olvidado de no ser por una circunstancia que inmediatamente aconteció y que hizo que siempre lo recordara. Al día siguiente Bessie fue enviada a su casa para que pudiera estar junto al lecho de muerte de su hermana menor».

Se dice que soñar con niños significa que ocurrirá alguna desgracia.

Se cree que si un niño se interpone entre dos personas que van andando juntas tendrán un disgusto o una pelea.

También se cree que el niño es señal de buen augurio solamente cuando viaja a bordo de un barco, ya que su inocencia protege de los naufragios. Su presencia hará que el viaje sea placentero.

Se supone que para que un bebé tenga buena suerte hay que echar un diente de ajo en el agua de su primer lavado.

Es creencia popular que acarrea mala suerte mecer la cuna sin estar en ella el niño.

También se cree que cuando por la noche es necesario sacar al niño de casa, entre sus ropas se debe poner un diente de ajo o una corteza de pan para evitar el mal de ojo.

Parece ser que si un niño enciende cerillas se orinará en la cama por la noche.

El séptimo hijo

Se atribuía al séptimo hijo de un matrimonio una serie de poderes que lo distinguían de los demás.

El origen de esta superstición se encuentra en que el siete es el número divino en todas las culturas y religiones.

Se dice que la suerte de las personas cambia cada siete años y que el mejor augurio es nacer el día siete y más aún si es del séptimo mes. Asimismo, siete son los colores del arco iris, los planetas, los pecados capitales, los sacramentos, las maravillas del mundo y los sellos del Apocalipsis.

Según la tradición de la gnosis, los siete arcontes gobernaban los siete cielos de los planetas.

Se suponía que el séptimo hijo, al que se llamaba Septimus, recibía el poder de curar enfermedades debido a su relación con la antigua superstición del número siete. A este respecto existía la creencia de que los séptimos hijos tenían cualidades especiales para ser grandes médicos.

Al parecer, las verrugas desaparecían utilizando el agua con que se había bautizado al séptimo hijo de una pareja.

Se creía que un séptimo hijo alejaba el mal de ojo y curaba las enfermedades tocando la parte afectada del paciente.

Existía la creencia de que las personas que estaban dotadas del don de la adivinación eran séptimos hijos de un séptimo hijo.

Respecto a los varones se pensaba que los hombres-lobo o lobinsones eran séptimos hijos (véase *La luna*); en el caso de las mujeres, las séptimas hijas tenían fama de ser brujas, pero brujas que practicaban la magia blanca, es decir, brujas buenas.

En cuanto a los sietemesinos, también existe la superstición de que tienen poder para curar enfermedades.

La virginidad

Desde la Antigüedad las doncellas eran consagradas al servicio divino, como las célebres vestales, doncellas romanas consagradas al culto de la diosa Vesta que, a su vez, provenía del culto al fuego en el hogar.

Casi todas las supersticiones que se han relacionado con la virginidad hacen referencia a sus cualidades curativas.

Plinio, en la *Historia Natural,* XXVIII, x, relata: «Contra la epilepsia se dice que una virgen debe tocar al paciente con su pulgar derecho; esta práctica ha llevado a la creencia de que las personas que padecen epilepsia deben comer carne de animales vírgenes».

Sprenger y Krämer recogen en el *Malleus maleficarum:* «Hemos oído contar que una pobre y muy devota doncella tenía un amigo que había sido embrujado con una enfermedad en los pies, de la que los médicos estaban seguros que no había medicina que pudiera curarla. Pero ocurrió que la doncella fue a visitar a su amigo enfermo, quien al verla suplicó que bendijera sus pies. Ella accedió, y no hizo otra cosa que rezar en silencio el Padrenuestro... haciendo al mismo tiempo la señal de la cruz. El enfermo sanó inmediatamente».

Para curar la tos ferina se creía en las virtudes de un trozo de pan con mantequilla ofrecido por una doncella.

Se pensaba que para curar los dolores de garganta una doncella tenía que poner su mano sobre la parte dolorida y escupir tres veces.

Para curar las mordeduras de las víboras había que colgar del cuello del herido una piedra recogida sobre la tumba de una doncella.

Se creía que para curar las lombrices había que coger

un matojo de milenrama que creciera sobre la tumba de una doncella, hervirlo en agua, mezclarlo con vino y tomarlo en ayunas durante seis mañanas alternativas.

Leemos en las *Instrucciones Bautismales* de san Juan Crisóstomo: «Si se encuentra a una doncella por casualidad en el camino es augurio de mala suerte durante ese día».

Se decía, por tanto, que tener buena o mala suerte durante el día dependía de si la primera persona que se cruzaba en el camino era una doncella.

Otro dicho mantenía que la hierba crecía más verde sobre la tumba de una virgen.

Cuando nacía un niño, para traerle buena suerte se creía que debía ser cogido en brazos por una doncella antes de ponerlo junto a su madre.

Era creencia popular que las doncellas tenían el don de interpretar imágenes y signos para las prácticas adivinatorias.

La precocidad

Según la superstición, la precocidad en un niño es señal de muerte prematura.

El origen de esta superstición lo encontramos en la *Historia Natural* de Plinio, VII, LI: «Y mientras que los signos de muerte son innumerables, no existen signos referentes a la salud que sean seguros; por esto el ex censor Catón pronunció como si fueran palabras proféticas dirigidas a su hijo, acerca de que la precocidad en los jóvenes es una señal de muerte prematura».

Al parecer, los niños predestinados a morir a temprana edad son más ingeniosos, discretos y perfectos en todos los sentidos que los que tienen una larga vida asegurada. También se decía que los niños demasiado listos vivían poco tiempo.

Se cree que si un niño de pocas semanas está demasiado espabilado para su corta edad no vivirá para ver su vigésimo cumpleaños.

Las prostitutas

Antiguamente se consideraba a las prostitutas portadoras de buena suerte, consideración que ha ido variando de signo a lo largo del tiempo.

San Juan Crisóstomo escribe en sus *Instrucciones Bautismales*: «Si se encuentra a una prostituta, el día será feliz y abundantes los negocios».

Se decía que algunas personas eran portadoras de la buena suerte, y esto ocurría con las mujeres que llevaban una vida poco acorde con la moralidad reinante, tales como las prostitutas o las mujeres que tenían fama de tener muchos amantes. Suponían el éxito para cualquier persona que se cruzara con ellas por la calle.

Por el contrario, traía mala suerte la presencia de una prostituta a bordo de un barco porque atraía las tempestades. Para contrarrestar esta situación había que echarla por la borda como sacrificio a Neptuno.

En la Edad Media se creía que si se encontraba en la calle a una mujer caminando con la cabeza descubierta era señal de mala suerte salvo que fuera una prostituta o una mujer de vida disipada, porque en este caso traía buena suerte.

El cojo, el jorobado

Las supersticiones relacionadas con los defectos físicos tienen connotaciones variadas, tanto positivas como negativas, según cual sea el defecto en cuestión.

En la *Historia Natural* de Plinio, XXVIII, VII, podemos leer: «Se escupe cuando a un epiléptico le da un ataque, para alejar de nosotros la infección. De la misma forma alejamos la hechicería y la mala suerte que conlleva el encontrar a una persona que cojea de su pierna derecha».

San Juan Crisóstomo escribe en sus *Instrucciones Bautismales*: «... a menudo un hombre sale de su casa y ve un hombre... que es cojo, interpretándolo como un mal presagio».

Es creencia popular que encontrarse con un cojo es signo de una desgracia o un disgusto, pero este presagio se contrarresta si inmediatamente después se encuentra a un segundo cojo; esto procede de la creencia de que si se ve un cojo, poco después se ve otro.

Se supone que trae mala suerte encontrarse con una mujer coja cuando se está a punto de iniciar un viaje.

Los pescadores temían embarcarse si se cruzaba un cojo en su camino hacia el barco.

Se decía que los novios tendrían mala suerte si encontraban un cojo cuando se dirigían hacia la iglesia.

Soñar con un cojo presagia una desgracia.

La joroba es otro defecto físico que, al contrario de la cojera, es portadora de buena suerte.

Tradicionalmente se ha dicho que la persona que se encontraba un jorobado tendría buena suerte y más aún si podía tocar la joroba.

En cuestiones de juego, el aficionado a la lotería

sabe que según la sabiduría popular, pasar un décimo por la espalda de un jorobado asegura el premio seguro.

También existen como amuletos de la buena suerte figuritas con la representación de un jorobado.

Los vampiros

Según la creencia popular, el vampiro es el espectro o cadáver que se alimenta de la sangre de las personas y de los animales para conservar su inmortalidad, ya que la sangre es el vehículo de la vida.

La creencia en los vampiros es remotísima. En los escritos de las más antiguas civilizaciones hallamos vestigios de muertos alimentándose a expensas de los vivos; entre los babilonios, los semitas, en Egipto con el mito del *khu,* encontramos referencias al vampirismo. En el Museo Británico hay una tablilla en la que se relata el descenso de la diosa Isthar (Astarté) a los umbrales de la región infernal, cuando al pedir al guardián que abra las puertas amenaza:

Guardián, abre tu puerta
abre tu puerta y entraré.
Si no abres la puerta y no puedo entrar
la embestiré, romperé sus barras,
forzaré sus candados, despedazaré sus dinteles
HARÉ LEVANTAR A LOS MUERTOS
PARA QUE DEVOREN A LOS VIVOS
daré plena potestad a los muertos sobre los vivos.

En el *Libro de los Muertos* encontramos múltiples alusiones al regreso de los no muertos. La superstición pasó de Egipto a Grecia, siendo los magos griegos los iniciadores de la macabra ceremonia de clavar una estaca en el corazón de un cadáver del que se sospechaba que era un vampiro, por hallarse incorrupto y con sangre en los labios. La creencia se propagó a Roma, y fueron los magos romanos los que por primera vez recomendaron el ajo como defensa contra el vampiro, debido a su fuerte olor.

La leyenda de los vampiros es de carácter universal. Existen en lugares tan alejados de Europa como China (que tiene muchos puntos de contacto con las leyendas eslavas) o en el archipiélago de la Polinesia con referencia a los *tii* o almas de los muertos, en la Melanesia, Indonesia, India, y entre las tribus africanas y suramericanas.

En Europa la superstición vampírica tiene su mayor arraigo en Centroeuropa, aunque está extendida por todo el continente.

En la antigua Escandinavia la idea de los no muertos originó la leyenda de que podían volver a la vida en forma de monstruos insaciables de sangre como refleja la *Grettis Saga.* Ocurre lo mismo entre los primitivos sajones y entre los celtas.

La superstición eslava, cuya máxima exponente son las leyendas de Transilvania, es la más conocida. La leyenda nace de la historia del príncipe Vlad III Tepes el Empalador, que ostentaba el título de Vaivoda de Valaquia. El término eslavo *vaivod* significa príncipe, título que ostentaban los soberanos de Moldavia, Valaquia y Transilvania. El reinado de Vlad III se inicia a partir del año 1456 y se hizo célebre por sus luchas contra los turcos y por una crueldad tan extrema que el pueblo lo consideraba como la encarnación del diablo. El príncipe Vlad era conocido también por el nombre Dracul, lo mismo que su padre; Dracul significa «diablo» en rumano y su origen proviene de los caballeros de la Sagrada Orden del Dragón a la que pertenecían; el dragón para los eslavos constituía la representación del diablo. En esta leyenda se inspiró el escritor irlandés Bram Stoker (1847-1912) para escribir su célebre novela *Drácula* (Londres, 1897), cuyo protagonista es el conde Drácula, vampiro originario de Transilvania, que ha protagonizado un sinfín de películas, la primera de las cuales es la célebre *Nosferatu* de F. W. Murnau (1922). La versión femenina del mito del vampiro es *Carmilla,* del escritor irlandés Joseph Sheridan Le Fanu (1814-1873).

En España también se ha recogido esta superstición; en Cataluña se conocen las leyendas vampíricas del conde Estruch, del siglo XII, relatadas por el escritor Salvador Sainz Rof en su novela *Estruch,* localizada en Llers, en el Alt Empordà (Gerona) donde se conservan las ruinas de su castillo; y las del señor de Pratdip, Baix Camp (Tarragona), datada en el siglo XIII. La leyenda del caballero Onofre de Dip ha sido relatada por el escritor Joan Perucho en *Les Històries Naturals.* Aunque parece ser que el origen de la leyenda del vampiro de Pratdip procede de la existencia en la Edad Media de unos perros carnívoros llamados «dips».

En Galicia existe la creencia en las brujas chupadoras de sangre, conocidas como las meigas chuchonas, versión femenina del vampiro, que también se recoge en la brujería vasca.

El origen de la superstición de los vampiros se encuentra en el intento de los pueblos primitivos de explicar cierto tipo de enfermedades, como la anemia perniciosa.

Tylor expone en el volumen II de su libro *Primitive culture* (1878): «Al ver que ciertos individuos se iban debilitando sin causa aparente y encanijándose de día en día como si perdiesen la sangre, el animismo salvaje hubo de encontrar una causa de este fenómeno e imaginó ciertos demonios o espíritus maléficos que devoran el alma o el corazón o chupan la sangre de sus víctimas (…) tal es el origen de la creencia en el vampiro».

Existen ciertos individuos hematófagos cuya naturaleza les impele a comer carne cruda y vísceras sanguinolentas. Es un tipo de personas que han sido consideradas como vampiros por el acervo popular.

Las tumbas

Las tumbas, cementerios, sepulcros, etcétera, son lugares que por su carácter tétrico han estado siempre presentes en la cultura popular como objeto de diversas supersticiones de signo contrario.

Las supersticiones favorables están avaladas por Beda el Venerable, que en la *Historia Ecclesiastica,* III, IX, escribe: «Muchas personas cogen tierra de la tumba de san Osvaldo y la mezclan con agua, dándola de beber a los enfermos, que se curan».

Al parecer, los dolores de cuello, como la tortícolis, se curan mediante el rocío que se ha recogido. A continuación se pasa con él tres veces de la cabeza a los pies de la tumba del último joven fallecido antes del 1 de mayo. Este rocío debe ser recogido el 1 de mayo antes de la salida del sol.

Soñar con cementerios se identifica con la prosperidad en los negocios.

Por el contrario, el comentario de Teofrasto en el tratado de los *Caracteres morales* es de tipo negativo: «El hombre supersticioso nunca camina sobre una tumba».

Se dice que trae mala suerte despedirse entre tumbas.

También trae mala suerte recoger las flores que crecen entre las tumbas y caminar sobre las que están en el suelo de las iglesias y catedrales.

Se creía que las mujeres embarazadas no debían caminar entre tumbas, ya que traía mala suerte para el futuro niño. Otra creencia mantiene que pasar sin querer por encima de una tumba oculta produce sarpullidos y erupciones.

Algunas de estas supersticiones están unidas a las

creencias sobre las ánimas de los difuntos: se cree que al que pasa cerca de un cementerio le ocurrirá una desgracia y que si se llama de noche a la puerta del cementerio acuden todas las ánimas de los difuntos para ver quién llama.

Los difuntos

Las supersticiones relacionadas con la muerte son muy diversas y con diferentes connotaciones, tanto positivas como negativas.

Dios te libre del día de las alabanzas

Ya en la Antigüedad griega y romana existía la costumbre de hablar siempre bien de las personas que habían fallecido, tanto personalmente como mediante las plorantes o plañideras que lloraban y loaban las virtudes del difunto por encargo. En España existe este dicho: «Te vas a quedar como la judía de Zaragoza, que cegó llorando duelos ajenos», y que se refiere a una plañidera de Zaragoza. Esta costumbre procede del temor que se tenía no sólo a causar desasosiego a las almas de los difuntos, sino a ser molestados con su visita *non grata* si se decía algo que pudiera molestarles.

Por ello trae mala suerte hablar mal de un difunto; siempre hay que decir cosas positivas de ellos. Los discursos que loan las virtudes de un fallecido se llaman panegíricos.

Los difuntos y la salud

En la *Historia Natural* de Plinio, XXVIII, XI, se puede leer: «La escrófula, las enfermedades de las glándulas parótidas y las enfermedades de garganta se pueden curar con el contacto de la mano de una persona que ha fallecido prematuramente. Algunos afirman que cualquier cadáver puede producir el mismo efecto, siempre que sea del mismo sexo que el paciente, y que la parte afectada sea tocada con el dorso de la mano izquierda».

Se decía que la mano de un difunto curaba diversas enfermedades. Las personas afectadas con llagas eran llevadas en secreto al lugar donde yacía un difunto y su mano era pasada sobre la llaga. Si la venda se dejaba sobre el ataúd durante el funeral, el resultado era una cura perfecta.

Se suponía que el toque de la mano de un difunto curaba las verrugas.

En Galicia existía la superstición de «dar mano de ángel» a los que padecían una enfermedad incurable; se trataba de pasar tres veces la palma de la mano derecha de un niño que acababa de morir por la parte afectada del enfermo. La operación se hacía de noche, con el enfermo colocado de rodillas y con un cirio encendido en la mano.

El entierro

Los entierros también son ceremonias cargadas de contenido supersticioso.

En el norte dc España y con origen en el folclore de Galicia, se cree que si se encuentra el entierro de un amigo es muy peligroso, porque el difunto lo llamará. Cruzarse con un ataúd vacío trae mala suerte, pues se cree que la persona que lo cruza es la destinada a llenarlo; no sucede lo mismo si el ataúd va lleno.

Si una persona tiene una grave enfermedad se suele recurrir a efectuar el simulacro de su entierro, pues al desenterrarlo se supone que la persona ha resucitado libre del mal, que se ha quedado enterrado.

En el sur existe la creencia de que cruzarse con un entierro es de mal agüero.

Soñar con ir a un entierro es presagio de buena fortuna, pero si se sueña con el propio es signo de reveses económicos.

Relacionada con difuntos y entierros está la superstición de la Santa Compaña, propia de Cantabria y Galicia. La Santa Compaña es una procesión de almas en pena que sale de noche por los campos. Camina siempre por la misma vereda y al caminante que se la encuentra le obligan a acompañarle. Esta procesión está formada por dos filas de figuras cubiertas con sábanas que llevan cirios encendidos, un ataúd en el medio, tocan campanillas y entonan cantos fúnebres. Son las almas de personas que en vida hicieron alguna promesa y no la cumplieron; por ello vagan indefinidamente hasta encontrar quien la cumpla por ellos; es, en resumen, la historia de todos los fantasmas. Si alguien se encuentra con la Santa Compaña, para evitar que le obliguen a acompañarla, ha de hacer un círculo en el suelo y meterse dentro de él.

Los difuntos y otras supersticiones

En el sur de España nace la creencia de que hacerse el muerto trae mala suerte, porque se supone que pronto se hará realidad la imitación.

Si se sueña que una persona fallecida nos llama hay que responder en el mismo sueño con energía que no vamos. Si un difunto nos tira del vestido es presagio de enfermedad. Si se sueña que se le abraza significa que se tendrá una larga vida.

La calavera

La calavera, a pesar de su aspecto macabro, no nos resulta terrorífica pues estamos acostumbrados a verlas desde pequeños tanto en las banderas de los barcos piratas de las novelas y películas como en las clases de ciencias naturales y en el tan paseado monólogo de *Hamlet* «ser o no ser... ».

Las supersticiones relacionadas con la calavera hacen referencia a sus poderes curativos.

La calavera y la salud

Encontramos el origen de esta superstición en la *Historia Natural* de Plinio, XXVIII, II: «Para curar la epilepsia Artemon había prescrito agua tomada de una fuente por la noche y bebida en la calavera de hombre que hubiera sido asesinado y cuyo cuerpo no se hubiera quemado».

Se creía que el agua bebida en una calavera curaba la epilepsia y también el dolor de muelas.

Plinio continúa diciendo en la *Historia Natural*, XXVIII, XI: «Cualquier planta que haya crecido en una calavera, si se masca, hace que se desprenda la muela enferma, y las úlceras que se tocan con un hueso humano no se extienden».

Si el musgo que crecía en una calavera se secaba y convertía en polvo había que aspirarlo por la nariz para curar los dolores de cabeza.

También se empleaba el musgo crecido en una calavera para detener las hemorragias nasales.

Más adelante, Plinio manifiesta en el mismo libro XXVIII, II: «Apolonio nos informó de que el remedio más eficaz contra el dolor de muelas es frotar las encías doloridas con el diente de un hombre que haya fallecido de muerte violenta».

Uno de los remedios contra el dolor de muelas consistía en que el paciente extrajera con sus propios dientes un diente de una calavera y, después de esta operación, tenía que llevarlo en el bolsillo como amuleto.

Parece ser que el dolor de muelas también se curaba frotando el diente de una calavera contra el diente o muela causante del dolor.

Se creía que el dolor de muelas se aliviaba enterrando el diente extraído a una calavera al lado de la casa del paciente.

La calavera y otras supersticiones

Se decía que si se encontraba una calavera enterrada en una casa o en sus proximidades había que dejarla en su sitio, porque si se desenterraba y cambiaba de lugar, la mala suerte perseguiría a los habitantes de la casa que se habían atrevido a profanarla.

Existía la creencia entre los labradores que encontrarse una calavera humana era anuncio de muerte próxima en la familia o bien de un animal del que la había encontrado.

Entre los estudiantes de medicina es frecuente la posesión de una calavera para estudios de anatomía y a menudo sus familias les obligan a deshacerse de ellas, porque se dice que es de mal agüero.

Por el contrario, se consideraba como amuleto para tener buena suerte una sortija con una calavera.

Soñar con una calavera presagia que hay que obrar con cautela.

Las sombras

Ver la sombra incompleta de una persona por cualquier motivo es señal de mal agüero.

La sombra es el reflejo de un cuerpo cuando está contra la luz. Todos sabemos la importancia que tiene, ya que se cree que su ausencia es la característica de los fantasmas, vampiros y otros espíritus malignos, cuya imagen no proyecta sombra ni tampoco se refleja en un espejo, de ahí el origen de esta superstición.

En el cuento infantil *Peter Pan* se nos enseña lo malo que es perder la sombra.

Se dice que si se ve la sombra incompleta de una persona por cualquier circunstancia significa que ésta morirá pronto.

De acuerdo con el folclore judío, si en la noche del *Rosh Ashono,* Año Nuevo hebreo, se veía que a la sombra de una persona le faltaba la cabeza era un mal augurio, ya que presagiaba la muerte de esa persona en el curso del año.

Se cree que es de mal augurio pisar deliberadamente la sombra de una persona.

Antiguamente era creencia popular que si alguien bailaba solo y su sombra se proyectaba en una pared estaba bailando con el diablo.

El Liceu

A las once de la mañana del día 31 de enero de 1994 ardía el Gran Teatro del Liceo de Barcelona, el más importante escenario de ópera de toda España.

La superstición está aquí: el teatro del Liceo, más o menos como lo conocimos, había sido construido en el año 1850 sobre el emplazamiento del antiguo convento del Monte Sión. Todavía podía apreciarse en el escenario dónde estuvo el altar mayor y dos altares más, uno a cada uno de sus costados. Pero a una de las monjas no le gustó nada que su convento se convirtiera en una sala de espectáculos y vaya usted a saber de cuántas cosas más... Alzó su voz pero no la escucharon. Y su venganza fue maldecir la construcción que iba a alzarse sobre el convento imprecando tres terribles tragedias. Ésta, que ha acabado con él, es la última. La primera fue el incendio que tuvo lugar en 1861, y que destruyó el teatro casi por completo. Y la segunda, los destrozos que causaron las dos bombas Orsini tiradas al patio de butacas por el anarquista Santiago Salvador, catástrofe en la que perecieron veinte personas.

Profecía y superstición se unen; la monja era la madre Ràfols, que, muy enfadada, por cierto, con el futuro y pecaminoso destino de su convento trató de amedrentar a sus constructores, que no obstante no sintieron el menor reparo en la realización de tan bella construcción. Y aunque otras maldiciones que no dijo la madre Ràfols se han cernido sobre los promotores de la reforma del edificio, éstas no fueron consignadas.

Libros consultados

ADORNO, Theodor W.: *Filosofía y superstición*, Madrid, Alianza, 1972.
ALBERTI, Rafael: *La arboleda perdida. Memorias*, 2 vols., Barcelona, Círculo de Lectores, 1988.
—: *La arboleda perdida. Memorias*, 2 vols., Barcelona, Seix Barral, 1975.
ALONSO DEL REAL, Carlos: *Superstición y supersticiones*, Madrid, Espasa-Calpe (Austral, nº 1487), 1971.
ANÓNIMO: *Poema de Mío Cid*, Madrid, Alianza, 1995.
Antología de la poesía lírica griega (trad. de Carlos García Gual; pról. de Bruno Snell), Barcelona, Círculo de Lectores (Biblioteca Universal), 1995.
ARQUÍLOCO DE PAROS y otros: *Poetas líricos griegos*, Madrid, Espasa-Calpe (Austral, nº 1332), 1981.
Arte de brujería y relación del auto de fe celebrado en la ciudad de Logroño en los días 7 y 8 de noviembre de 1610, siendo Inquisidor General el cardenal arzobispo de Toledo Don Bernardo de Sandoval y Rojas.
AUSONIO, Decio Magno: *Églogas*, Madrid, Cátedra, 1988.
BALAGUER, Víctor: *Al pie de la encina. Historias, tradiciones y recuerdos*, Madrid, 1893.
BAUCO, L. y F. MILOCCA: *Diccionario del Péndulo de Foucault*, Madrid, Palas Atenea, 1989.
BÉCQUER, Gustavo Adolfo: *Obras completas*, Madrid, Aguilar, 1969.
Biblioteca Práctica Salvat, 12 vols., Barcelona, Salvat Editores, 1981.
BONNET, Elena y Margarita CANDÓN: *A buen entendedor...*, Madrid, Anaya & Mario Muchnik, 1993.
BRONTË, Charlotte: *Jane Eyre*, Barcelona, Círculo de Lectores, 1996.

CARO BAROJA, Julio: *Algunos mitos españoles. Ensayo de mitología popular*, Madrid, Editora Nacional, 1946.
—: *Algunos mitos españoles y otros ensayos*, Madrid, Editora Nacional, 1944.
—: *Análisis de la cultura. Etnología, historia, folklore*, Madrid, C.S.I.C.
—: *De la superstición al ateísmo. Meditaciones antropológicas*, Madrid, Taurus, 1986.
—: *El mito del carácter nacional. Meditaciones a contrapelo*, Madrid, Seminarios y Ediciones S.A., 1970.
—: *Estudios sobre la vida tradicional española*, Barcelona, Península, 1988.
—: *Inquisición, brujería y criptojudaísmo*, Barcelona, Círculo de Lectores-Galaxia Gutenberg, 1996.
—: *Las brujas y su mundo*, Madrid, Alianza, 1995.
—: *Los pueblos de España. Ensayos de Etnología*, Barcelona, Editorial Barna, 1946.
—: *Los pueblos del norte de la Península. Análisis histórico-cultural*, Madrid, C.S.I.C.
—: *Ritos y mitos equívocos*, Madrid, Ediciones Istmo, 1974.
CASTAÑEDA, Martín de: *Tratado de las supersticiones y hechicerías y de la posibilidad y remedio dellas (1529)*, Madrid, Sociedad de Bibliófilos Españoles, Gráficas Ultra, 1946.
CATULO, Cayo Valerio: *Poemas*, Barcelona, Plaza & Janés, 1984.
CERVANTES, Miguel de: *Don Quijote de la Mancha*, Barcelona, Círculo de Lectores, 1994.
CÉSAR, Julio: *Guerra de las Galias* (trad. de José Goya; pról. de Luis Alberto de Cuenca), Barcelona, Círculo de Lectores (Biblioteca Universal), 1997.
CHAMISSO, Adelbert von: *El hombre que vendió su sombra*, Madrid, Espasa-Calpe (Austral, nº 126)

CIRUELO, Pedro: *Reprobación de las supersticiones y hechicerías del Maestro...*, Toledo, Rafael Gómez Menor, 1952.
COLINAS, Antonio: *La llamada de los árboles*, Barcelona, Elfos, 1988.
COROLEU, José: *Las supersticiones de la humanidad*, 2 vols., Barcelona, Jaime Seix, 1880-1881.
CORTÉS, Gerónimo: *Fisonomía y varios secretos de la naturaleza*, Barcelona, Josep Girall, 1741.
COTARELO, Emilio: «Vida literaria de don Enrique de Villena», en *La España Moderna*, t. LXX, oct. 1844.
COVARRUBIAS OROZCO, Sebastián de: *Tesoro de la lengua castellana o española* (ed. a cargo de Martín de Riquer), Barcelona, Alta Fulla Editorial, 1989.
Diamante del paraíso. Devocionario, Madrid, 1863.
Diccionario de Autoridades, Madrid, Gredos, 1990.
Diccionario de la Lengua Castellana, en el que se explica el verdadero sentido de las voces, su naturaleza y calidad, con las frases y modos de hablar, los proverbios o refranes, y otras cosas convenientes al uso de la lengua. Compuesto por la Real Academia Española en Madrid, por los Herederos de Francisco del Hierro. Año de 1737.
Diccionario hispánico universal, Panamá, Éxito, 1970.
DICKENS, Charles: *El amigo común*, Barcelona, Montaner y Simón, 1940.
—: *Los papeles póstumos del Club Pickwik*, Barcelona, Círculo de Lectores, 1982.
—: *Los papeles póstumos del Club Pickwik*, Madrid, Alianza, 1996.
El amor del rey Salomón. Pasión de amor en el Cantar de los cantares. Poema de Salomón, rey de Israel y de Judá, entre 972 y 932 a. C., a partir de la traducción de fray Luis de León, la Biblia de Jerusalén y The New English Bible, Madrid, Anaya & Mario Muchnik (Aguamarina), 1993.

El Fisiólogo (atribuido a San Epifanio) y *El bestiario toscano* (ed. de Santiago Sebastián), Madrid, Tuero, 1986.

El poder del amor, Centro de Información del Diamante, De Beers.

FREUD, Sigmund: *La interpretación de los sueños* (trad. de Luis López Ballesteros; pról. de Carlos Castilla del Pino), Barcelona, Círculo de Lectores (Biblioteca Universal), 1995.

—: *La interpretación de los sueños,* Barcelona, Planeta-De Agostini (Obras Maestras del Pensamiento Contemporáneo), 1992.

GARBUTT, H.W.: «Native Witchcraft and Superstition in South Africa», en *Journal of the Anthropological Institute of Great Britain and Ireland,* Londres, 1909.

GARCÍA LORCA, Federico: *Obras Completas. Poesía,* vol. I, Barcelona, Círculo de Lectores-Galaxia Gutenberg, 1996.

GÓMEZ ACOZAR, Carlos: «Los juegos mágicos», en *El Correo Catalán,* 17 de agosto de 1980.

GORDON, Ángel: *El Gran Libro de los Vampiros. Tratado de Upirología,* Barcelona, Ediciones Aura (La Barca de Caronte), 1986.

GRANJEL, Luis: *Algunos aspectos de la literatura antisupersticiosa española de los siglos XVI y XVII,* Acta Salmanticense. Medicina, t. II, nº 1, Salamanca, Universidad de Salamanca, 1953.

GREENWAY, Kate: *El lenguaje de las flores,* Barcelona, Elfos (Miniaturas selectas), 1986.

Guía para conocer los diamantes, Centro de Información del Diamante, De Beers.

HEINE, Henrich: *Memorias del señor Schnabelewopski,* Barcelona, Mondadori, 1991.

HERCULANO, Alejandro: «La dama del pie de cabra»,

en *Leyendas completas* (trad. y notas de Javier Costa Clavell), Barcelona, Iberia, 1957.

HERNÁNDEZ, José Luis Alfonso: *Léxico del marginalismo del Siglo de Oro,* Acta Salmanticense. Filosofía y Letras, Salamanca, Universidad de Salamanca, 1977.

HERÓDOTO: *Historia* (trad. de Carlos Schrader; pról. de Arnaldo Momigliano), Barcelona, Círculo de Lectores (Biblioteca Universal), 1996.

—: *Los nueve libros de la historia* (trad. y pról. de María Rosa Lida), Barcelona, Lumen, 1981.

HOLDEN, Edith: *La felicidad de vivir con la naturaleza. El diario de Edith Holden,* Barcelona, Blume, 1984.

HOMERO: *Ilíada* (trad. de Emilio Crespo; pról. de Carlos García Gual), Barcelona, Círculo de Lectores (Biblioteca Universal), 1995.

—: *Odisea* (trad. de José Luis Calvo; pról. de Tzvetan Todorov), Barcelona, Círculo de Lectores (Biblioteca Universal), 1996.

HORACIO: *Odas y epodos* (trad. de Manuel Fernández-Galiano; pról. de Vicente Cristóbal), Barcelona, Círculo de Lectores (Biblioteca Universal), 1997.

I Ching. El Libro de las Mutaciones. Edición de Richard Wilhelm. Versión completa con presentación y notas de D.J. Volgelmann. Prólogos de C.G. Jung y Richard Wilhelm. Y el poema «Para una versión del I King», de Jorge Luis Borges, Barcelona, Círculo de Lectores, 1997.

— *I Ching. El Libro de las Mutaciones.* Edición de Richard Wilhelm. Versión completa con presentación y notas de D.J. Volgelmann. Prólogos de C.G. Jung y Richard Wilhelm. Y el poema «Para una versión del I King», de Jorge Luis Borges, Barcelona, Edhasa, 1977.

HORACIO: *Sátiras. Epístolas. Arte poética* (ed. de Hora-

cio Silvestre), Madrid, Cátedra (Letras Universales, nº 241), 1996.
JAHODA, Gustav: *Psicología de la superstición*, Barcelona, Editorial Herder (Biblioteca de Psicología, nº 31), 1976.
KELLY, Isabel: *Folk Practices in North Mexico*, University of Texas Press, Austin Institute of Latin American Studies (Latin American Monographs, nº 2).
KERSAINT, Jean-Pol de: *Toda la numerología*, Madrid, Edaf (La Tabla de Esmeralda), 1982.
La Sagrada Escritura, Madrid, Biblioteca de Autores Cristianos.
LE FANU, Joseph Sheridan: *Carmilla*, Barcelona, Edicomunicación, 1997.
MARKALE, Jean: *Pequeño diccionario de mitología céltica* (trad. de Jordi Quingles), Palma de Mallorca, José de Olañeta Editor, 1993.
MARTÍNEZ DE TOLEDO, Alfonso: *Libro del Arcipreste de Talavera llamado reprobación del amor mundano o Corbacho*, Madrid, Castalia, 1992.
MELLOT, Jean: *La superstición, sucedánea de la fe*, Andorra, Editorial Casal i Vall, 1961.
MENÉNDEZ Y PELAYO, Ramón: *Historia de los heterodoxos españoles*, Madrid, C.S.I.C., 1992.
MENÉNDEZ PIDAL, Ramón: *Flor nueva de romances viejos*, Madrid, Espasa-Calpe (Austral, nº 100), 1989.
MESSEGUÉ, Maurice: *Mi herbario de salud*, Barcelona, Plaza & Janés, 1991.
MESTRES, Apel.les: Colección de naipes españoles dibujados por Apel.les Mestres.
MICHELET, Jules: *La Bruja*, Cerdanyola, Labor, 1984.
MIGNE: *Dictionnaire des sciences occultes*, París, 1861.
MUCHNIK, Jacobo: *Cuentos sin cuento*, Barcelona, Muchnik Editores, 1985.

MUCHNIK, Mario: *Mundo judío. Crónica personal*, Barcelona, Lumen, 1985.
MUÑOZ ESPINALT, Carlos: *Las supersticiones*, Barcelona, Toray, 1958.
NOBLÓN, Laura: «Los diamantes», en *Markerama*, nº 157.
OVIDIO NASÓN, Publio: *Fastos*, Madrid, Gredos (Biblioteca Clásica Gredos, nº 121), 1988.
—: *Las metamorfosis*, Madrid, Espasa-Calpe (Austral, nº 1326), 1993.
PERSIO FLACO, Aulo: *Sátiras* (ed. de Rosario Cortés), Madrid, Cátedra (Letras Universales, nº 107), 1988.
PERUCHO, Joan: *Les històries naturals*, Barcelona, Cercle de Lectors, 1991.
—: *Les històries naturals*, Barcelona, Ed. 62-Península, 1994.
PETRONIO ARBITRO, Cayo: *El Satiricón* (ed. y trad. de Julio Picasso), Madrid, Cátedra (Letras Universales, nº 34), 1988.
PIOBB, P.V.: *Formulario de alta magia*, Madrid, Edaf (La Tabla de Esmeralda, nº 8), 1980.
PLINIO SEGUNDO, Cayo ("El Viejo"): *Historia natural*, Madrid, Gredos, 1995.
—: *Història natural* (trad. de Marçal Olivar), Barcelona, Fundació Bernat Metge, 1925.
—: *Natural History*, Cambridge, Massachusetts, Harvard University Press.
—: *Histoire naturelle de Pline*, París, Le Chevalier et Cie. Editeurs, Garnier Frères Libraires, 1851.
PLINIO CECILIO SEGUNDO, Cayo ("El Joven"): *Cartas*, Madrid, C.S.I.C., 1963.
— *Epistolari* (trad. de Marçal Olivar), Barcelona, Fundació Bernat Metge, 1925.
PLUTARCO: *Alejandro y César. Fabio Máximo y Pericles (Vidas paralelas)* (trad. de Jorge Bergua y Aurelio Pérez Jiménez; pról. de Aurelio Pérez Jiménez), Barcelo-

na, Círculo de Lectores (Biblioteca Universal), 1997.
—: *Vidas paralelas*, Barcelona, Argos Vergara, 1972.
Razas, pueblos y linajes, Madrid, Revista de Occidente, 1957.
Refranero clásico español (ed. de Felipe C.R. Maldonado), Madrid, Taurus, 1990.
Refranero español. Colección de ocho mil refrànes populares ordenados, concordados y explicados por José Bergua. Precedidos del *Libro de los proverbios morales* de Alfonso de Barros. Nota preliminar sobre proverbios y vida interesantísima y sorprendente, hasta ahora desconocida, de Alonso de Barros, por Juan Bergua, Madrid.
RIBERA, Luis: *Misal diario completo*, Barcelona, Editorial Regina, 1984.
ROJAS, Fernando de: *La Celestina*, Madrid, Cátedra (Letras Hispánicas, nº 4), 1989.
RUMEU DE ARMAS, Antonio: *Hernando Colón, historiador del descubrimiento de América*, Madrid, Agencia Española de Cooperación Internacional, 1973.
Sagrada Biblia. Versión directa de los textos primitivos por Mons. Juan Straubinger, Madrid, Prensa Católica, 1971.
SAINZ ROFES, Salvador: *Estruch,* Tarragona, 1991.
SALARRULLANA, Pilar: *Las sectas satánicas,* Madrid, Ediciones Temas de Hoy, 1991.
SAN AGUSTÍN: *Confesiones. Meditaciones. Manual*, Barcelona, Plaza & Janés, 1961.
—: *De Doctrina Christiana*, Madrid, Biblioteca de Autores Cristianos.
SAN JUAN CRISÓSTOMO: *Homilías a los Corintios. Homilías a los Efesios,* Madrid, Biblioteca de Autores Cristianos.
—: *Instrucciones bautismales,* Madrid, Biblioteca de Autores Cristianos.

SÁNCHEZ DRAGÓ, Fernando: *Gárgoris y Habidis. Una historia mágica de España*, Barcelona, Círculo de Lectores, 1984.
—: *Gárgoris y Habidis. Una historia mágica de España*, Madrid, Hiperión, 1980.
SÁNCHEZ PÉREZ, José Antonio: *Supersticiones españolas*, Madrid, S.A.E.T.A., 1948.
SATZ, Mario: *El lenguaje de los pájaros*, Barcelona, Elfos (Miniaturas selectas), 1987.
SCHNITZER, Rita: *Los secretos de las hierbas*, Barcelona, Elfos (Miniaturas selectas), 1988.
—: *Las virtudes de las plantas*, Barcelona, Elfos (Miniaturas selectas), 1985.
—: *Leyendas y mitos de las flores*, Barcelona, Elfos (Miniaturas selectas), 1984.
SEDDON, George: *Libro guía de plantas de interior*, Barcelona, Salvat Editores (Guía del Saber Vivir, nº 7), 1981.
SEOANE: *Remedios y supersticiones en Cuba*, La Habana, Biblioteca Folklórica de la Universidad Central.
SEYMOUR, John: *Los placeres del huerto: historia, leyenda, cultivo, virtudes, sabores y colores de hierbas, frutos y verduras*, con ilustraciones de Peter Morter, Barcelona, Mondadori, 1987.
SHAKESPEARE, William: *Teatro* (trad. y pról. de José Mª Valverde), Barcelona, Círculo de Lectores (Biblioteca Universal), 1996.
—: *Obras completas*, Madrid, Aguilar, 1993.
SOLÉ SEGARRA, J.: *Supersticiones médicas en Cataluña*, Publicaciones Médicas, 1947.
SPRENGER, Jakob y Henricus INSTITOR: *Malleus maleficarum ex plurimis authoribus coacervatus*, 2 vols., Lyon, 1584.
STEVENSON, Violet: *Flores y plantas en casa*, Barcelona, Editorial HMB, 1979.

STOKER, Bram: *Drácula*, Barcelona, Círculo de Lectores, 1993.

SUETONIO: *Histoire des douze Cesars,* París, Bibliothèque Nationale (Collection des meilleurs auteurs anciens et modernes), 1872.

TÁCITO, Publio Cornelio: *Los Anales*, Barcelona, Planeta, 1990.

TEOFRASTO: *Caracteres morales. Enquiridión o máximas. La tabla de Cebes*, Madrid, Espasa-Calpe (Austral, nº 733).

TORRES Y VILLARROEL, Diego de: *Vida, ascendencia, nacimiento, crianza y aventuras del doctor don Diego de Villarroel* (ed. a cargo de Guy Mercadier), Madrid, Castalia, 1990.

VIRGILIO, Publio Maronis: *Bucolica. Georgica Aeneis*, Florencia, Apud G. Barberá, 1940.

—: *Georgicas* (intr. y notas de Teresa Cupaiuolo), Milán, Carlo Signorelli Editor, 1946.

ZURITA, Jerónimo: *Anales de la Corona de Aragón*, Zaragoza, Anubar Ediciones, 1967.

Índice alfabético

Abedul (El) 287
Abejas (Las) 342
Abejorros (Los) 345
Abracadabra 50
Abraxas (Las) 90
Agua (El) 157
Agua bendita (El) 178
Ahorcado (La soga del) 63
Ajo (El) 274
Alabanzas (Las) 184
Alfileres (Los) 18
Amarillo (El color) 101
Ámbar (El) 87
Amuletos, talismanes, mascotas 68
Anillo de la boda (El) 168
Animales (La compra-venta de) 292
Año Nuevo (El) 121
Araña (La) 349
Arroz (El) 250
Asno y el burro (El) 316
Atizador (El) 24
Atrás (Mirar y volverse hacia) 225
Avispas (Las) 344
Azul (El color) 98

Bautizo (El) 162
Bendita (El agua) 178
Biblia (La) 55
Blanco, (El color) 95
Boda (El anillo de) 168
Bostezo (El) 224

Búho (El) 334
Burro (El asno y el) 315

Cadenas de cartas (Las) 60
Calavera (La) 370
Cama (La) 45
Carbón (El) 17
Cartas (Las cadenas de) 60
Cava (El) 255
Cebolla (La) 276
Cedazo y las tijeras (El) 28
Cera (La figura de) 53
Cerdo (El) 319
Cigarrillo (El) 36
Cigüeña (La) 333
Cojo (El) 359
Color amarillo (El) 101
Color azul (El) 98
Color blanco (El) 95
Color negro (El) 97
Color rojo (El) 91
Color verde (El) 99
Comadreja (La) 322
Cometas (Los) 143
Comida (La) 237
Compra-venta de animales (La) 292
Conejo (La pata de) 305
Coral (El) 82
Cordero (El) 318
Cordones (Los) 34
Cordón umbilical (El) 220
Corneja (La) 331
Cruz (La) 172

Cruzar entre dos personas 228
Cruzar las piernas 230
Cuadros (Los) 47
Cuchillos (Los) 21
Cuervo (El) 328

Dedo pulgar (El) 200
Diamante (El) 80
Dientes (Los) 206
Difuntos (Los) 367
Domingo (El) 128
Dormir 221

Elefante (El) 302
Escalera (La) 43
Escarabajo (El) 347
Escoba (La) 30
Escupir 198
Espejo (El) 37
Espino (El) 277
Estornudo (El) 232
Etites (Las) 84
Excrementos (Los) 194

Figura de cera (La) 53
Flores (Las frutas y las) 288
Fresno (El) 280
Frutas y las flores (Las) 288
Fuego (El) 151
Fundido (El plomo) 79

Gallo (El) 339
Ganado (El) 293
Gato (El) 306

Habitación superior (La) 48
Hemorragia (La) 191
Hierro (El) 75
Hijo (El séptimo) 351
Hilo rojo (El) 93
Hipo (El) 236
Huevos (Los) 245

Impares (Los números) 117
Izquierdo (El pie) 216

Jorobado (El) 359

Lagarto (El) 301
Laurel (El) 258
Lavado (La purificación del) 180
Lengua (La) 208
Libro (El) 56
Liceu (El) 373
Liebre (La) 303
Luna (La) 132
Luna nueva (La) 139

Madera (La) 15
Mandrágora (La) 269

Manzana (La) 253
Marea (La) 161
Margaritas (Las) 291
Mariposas (Las) 345
Martes y trece 126
Mascotas (Amuletos, talismanes) 68
Matrimonio (El) 164
Mayo (El mes de) 124
Menstruación (La) 189
Mes de mayo (El) 124
Mirar y volverse hacia atrás 225
Mirto (El) 256
Misa (La) 176
Moscardones (Los) 345
Moscas (Las) 345
Muérdago (El) 261
Murciélago (El) 295
Musaraña (La) 323

Naipes (Los) 58
Negro (El color) 97
Niños (Los) 352
Nogal (El) 284
Novia (La) 170
Nudos (Los) 61
Nueces (Las) 290
Nueva (La luna) 139
Nuevo (El Año) 121
Numerar 120
Número trece (El) 119
Números (Los) 102
Números impares (Los) 117

Ojo (El) 211
Ópalo (El) 85
Oraciones (Las) 183
Orejas (Las) 209
Orina (La) 192
Oro (El) 72

Palmas (Las) 182
Palomas (Las) 336
Pan (El) 251
Paraguas (El) 35
Pata de conejo (La) 305
Patatas (Las) 249
Pelo (Las uñas y el) 202
Péndulo (El) 64
Perejil (El) 272
Perlas (Las) 89
Personas (Cruzar entre dos) 228
Pie (El) 215
Pie izquierdo (El) 216
Piernas (Cruzar las) 230
Plata (La) 74
Plomo fundido (El) 79
Polillas (Las) 345
Pozo (El) 66
Precocidad (La) 357
Préstamo (El) 238
Prostitutas (Las) 358
Pulgar (El dedo) 200
Purificación del lavado (La) 180

Rana y el sapo (La) 312
Ratas (Las) 326
Ratón (El) 325
Rayos y los truenos (Los) 146
Roble (El) 282
Rojo (El hilo) 93
Rojo (El color) 91
Romero (El) 267

Sal (La) 239
Saliva (La) 195
Sangre (La) 185
Sapo (La rana y el) 311
Sauce (El) 278
Saúco (El) 285
Séptimo hijo (El) 353
Serpiente (La) 297
Silbar 227
Silencio (El) 231
Soga del ahorcado (La) 63
Sol (El) 140
Sombras (Las) 372
Sueños (Los) 222
Superior (La habitación) 48

Talismanes (Amuletos, mascotas) 68
Tiempo (El) 130
Tijeras (El cedazo y las) 28
Tijeras (Las) 25
Topo (El) 321
Trébol (El) 271
Trece (El número) 119

Trece (Martes y) 124
Troglodites (El) 338
Tropezón (El) 235
Truenos (Los rayos y los) 146
Tumbas (Las) 365

Umbilical (El cordón) 220
Umbral (El) 49
Uñas y el pelo (Las) 202

Vampiros (Los) 361
Velas (Las) 40
Verbena (La) 265
Verde (El color) 99
Verrugas (Las) 218
Virginidad (La) 355
Volverse (Mirar y - hacia atrás) 225

Zapatos (Los) 31

Diseño: Emil Tröger
Ilustración de la portada: Julio Vivas

Círculo de Lectores, S.A. (Sociedad Unipersonal)
Valencia, 344, 08009 Barcelona
1 3 5 7 9 7 9 1 0 8 6 4 2

Licencia editorial para Círculo de Lectores
por cortesía de Grupo Anaya, S.A., Anaya & Mario Muchnik

Depósito legal: B. 33362-1997
Fotocomposición: punt groc & associats, s.a., Barcelona
Impresión y encuadernación: Printer industria gráfica, s.a.
N. II, Cuatro caminos s/n, 08620 Sant Vicenç dels Horts
Barcelona, 1997. Impreso en España
ISBN 84-226-6673-1
N.º 30494